개념편

덕윤리

심규덕 지음

창조와 지식

일러두기　본 저에 법령, 회칙, 규칙 등 명칭만 기재된 경우 그2024. 6. 법령, 회칙, 규칙 등이2024. 6. 기준 최신으로 개정된 것을 의미합니다.

조문이나 판례, 결정 '원문'의 경우 본 저의 각 해당 본문의 내용 바로 뒤에 첨부하고자 하였으나, 본 저 본문의 내용이 조문이나 판례, 결정 원문의 요약이 아닌 그 자체가 되는 경우에는 본 저가 추구하는 '컴팩트함'을 고려하여 과감히 이를 생략하는 대신 본문 말미의 괄호 안에 해당 조문 또는 판례의 번호를 기재하였습니다.

머리말　법조윤리 시험을 본지도 어느덧 5년이 다 되갑니다. 항상 완벽한 상태로 시험에 임하는 것을 모토로 삼던 저에게는 살면서 처음 치르는 느낌의 시험이었습니다.

모두가 어렵지 않게 합격하는 시험. 그래서 준비시간도 길지 않은 시험. 나아가, 너무 많은 시간을 투여해도 손해고, 방심해서 떨어지면 큰일 나는 시험. 그래서 '적당히' 공부해야 한다는 시험. 그래도 누군가는 떨어지는 시험.

그래서, 시험장에 들어가는 직전까지 내가 그 누군가가 되지는 않을까하는 걱정 속에서 준비를 했던 기억이 납니다.

그런데 명심해야 하는 것은 앞으로 여러분들이 로스쿨에서 치르는 시험 중 상당수가 그런 불안감 속에서 치러지고, 그 순간에 믿을 수 있는 것은 열심히 공부한 나 자신 뿐이라는 점입니다. 법이라는 과목이 원래 그렇습니다.

그렇지만 후회없이 준비한 학생들에게 확실한 결과를 보상하는 것이 강사의 책임입니다. 무지막지해 보이고, 다소 생소한 법리이지만, 중요한 개념을 이해하고 암기량을 줄이면, 어렵지 않게 법조윤리시험에 합격하고 남은 여름 방학을 보람차게 보낼 수 있습니다. 막연한 암기나 반복이 아닌 중요 개념에 대한 알기 쉬운 설명과 효율적인 암기 방법으로 여러분들의 여름 방학을 지켜드리겠습니다.

법공부가 아무리 어렵고 양이 방대하더라도, 제가 법조윤리라는 과목에 있어서는 완벽을 만들어 드리겠습니다.

또한 이 책을 펴내기에 앞서, 제 평생의 은사이자 제게 법조윤리라는 과목을 처음 가르쳐 주신 황정현 교수님과 정동주 변호사님, 저를 변호사로 키워준 최웅구 변호사님, 그리고 이 모든 과정을 함께해준 제 인생의 든든한 멘토이신 백성준 전문위원님께 감사드립니다.

Contents | 목차

덕조윤리 개념편

법조윤리 개관

01

1 법조윤리의 의의

1. 법조의 의의: 법관, 검사, 변호사

2. 법조윤리: 법조가 그 직무수행에 있어 준수하여야 할 행동기준. 단순한 윤리에 국한되지 않고 법조에 대한 법률상 의무를 포함하는 개념으로 이해.

2 법조윤리의 주된 규범

1. 법령

   ◉ 변호사법, 변호사법시행령
   ◉ 외국법자문사법, 외국법자문사법 시행령, 외국법자문사법 시행규칙
   ◉ 법관징계법, 법관징계규칙, 법관윤리강령(대법원규칙)
   ◉ 검사징계법, 검사윤리강령(법무부훈령)
   ◉ 민법, 민사소송법, 형법, 형사소송법 등

2. 대한변호사협회 회칙 및 규칙

   <u>총회 의결사항임.</u>
   ◉ 대한변호사협회 회칙
   　회칙 개정은 법무부장관 인가사항(변호사법 제79조).
   ◉ 변호사윤리장전
   　'윤리강령'과 '윤리규약'으로 구성됨.
   　대한변호사협회 법규집은 변호사윤리장전을 회칙으로 분류.
   ◉ 외국법자문사윤리장전
   ◉ 변호사등록규칙
   ◉ 변호사징계규칙 등

3. 대한변호사협회 규정

   <u>이사회 의결사항임.</u>
   ◉ 변호사 광고에 관한 규정
   ◉ 변호사 전문분야 등록에 관한 규정
   ◉ 공익활동 등에 관한 규정
   ◉ 변호사징계양정규정 등

4. 변호사의 직무단계별 규정 체계

가. 변호사 개업 관련 규정

◎ 변호사법

변호사의 자격: 제4조, 제5조

변호사의 등록과 개업 등: 제7조~제20조

법률사무소, 사무직원: 제21조~제22조

◎ 변호사윤리장전 윤리규약

제7조, 제8조

나. 법무법인 등 업무의 형태 관련 규정

◎ 변호사법

법무법인: 제40조~제58조

법무법인 (유한): 제58조의2~제58조의17

법무조합: 제58조의18~제58조의31

◎ 변호사윤리장전 윤리규약

법무법인 등: 제46조, 제50조

사내변호사: 제51조, 제52조

◎ 외국법자문사법

다. 자치조직 관련 규정

◎ 변호사법

지방변호사회: 제64조~제77조의2

대한변호사협회: 제78조~제87조

법조윤리협의회: 제88조~제89조의10

라. 위임계약 관련 규정

◎ 변호사법

제3조(변호사의 직무)

◎ 민법

제680조~제692조(위임)

◎ 변호사윤리장전 윤리규약

제13조~제30조

마. 변호사법 및 관련규정상 의무 관련 규정

의무	변호사법	관련규정
성실의무	제1조 제2항	윤리장전(변호사윤리장전 윤리규약) 제13조(성실의무),제20조(수임 시의 설명 등), 제21조(부당한 사건 수임금지)
품위유지의무	제24조 제1항	윤리장전 제5조
진실의무	제24조 제2항	윤리장전 제2조(기본윤리), 제11조(위법행위 협조금지), 제36조(재판절차에서의 진실의무)
회칙준수의무	제25조	윤리장전 제3조, 변협회칙(대한변호사협회 회칙) 제9조
비밀유지의무	제26조	윤리장전 제18조, 제41조, 제47조 민사소송법 제315조 형사소송법 제112조 형법 제317조
공익활동 등 지정업무 처리의무	제27조	윤리장전 제4조 변협회칙 제9조의2 공익활동 등에 관한 규정
장부작성 보관의무	제28조	변호사법 시행령 제7조
수임사건의 건수 및 수임액 보고의무	제28조의2	–
변호사선임서 지방변호사회 경유 및 제출의무	제29조, 제29조의2	윤리장전 제23조 변협회칙 제9조 제6항
연고관계 선전금지	제30조	윤리장전 제20조 제4항
광고	제23조	변호사 광고에 관한 규정 변호사 전문분야 등록에 관한 규정
보수	–	윤리장전 제31조~제34조 변협회칙 제44조
수임제한, 업무제한, 구성원 등 업무제한	제31조, 제51조, 제52조	변호사법 시행령 제7조의2, 제7조의3 윤리장전 제22조, 제42조, 제48조, 제54조
계쟁권리 양수금지	제32조	윤리장전 제34조 제2항
독직행위금지	제33조	윤리장전 제43조~제45조
변호사 아닌 자와의 동업금지	제34조	윤리장전 제19조
사건 유치 목적의 출입금지	제35조	윤리장전 제39조, 제19조 제1항
재판·수사기관 공무원과 직무취급자의 사건 소개금지	제36조, 제37조	윤리장전 제40조
겸직 제한	제38조	윤리장전 제6조
연수	제85조	변호사 연수 규칙

바. 징계 및 벌칙 관련 규정

◎ 변호사법

　　징계 및 업무정지: 제90조~제108조

　　벌칙: 제109조~제117조

◎ 변호사징계규칙

참고　**변호사윤리장전 위반시 변호사 징계 여부**

변호사윤리장전 위반 행위는 대한변호사협회 회칙 위반에 해당하여 변호사법 제91조 제2항 제2호 징계사유에 해당할 수 있음.

변호사법
제91조(징계사유) ② 제90조제2호부터 제5호까지의 규정에 해당하는 징계사유*(주: 제명, 정직, 과태료, 견책)*는 다음 각 호와 같다.
1. 이 법을 위반한 경우
2. 소속 지방변호사회나 대한변호사협회의 회칙을 위반한 경우
3. 직무의 내외를 막론하고 변호사로서의 품위를 손상하는 행위를 한 경우

덕조윤리 개념편

변호사의
사명과 직무

02

1 변호사의 사명

= 기본적 인권 옹호 & 사회정의 실현 (변호사 직무의 공공적 성격)

> 변호사법
> 제1조(변호사의 사명) ① 변호사는 <u>기본적 인권을 옹호하고 사회정의를 실현함을 사명으로 한다.</u>
> ② 변호사는 <u>그 사명에 따라 성실히 직무를 수행하고 사회질서 유지와 법률제도 개선에 노력하여야 한다.</u>

> 변호사윤리장전 윤리강령
> 1. 변호사는 <u>기본적 인권의 옹호와 사회정의의 실현을 사명으로 한다.</u>
> 2. 변호사는 성실 · 공정하게 직무를 수행하며 명예와 품위를 보전한다.
> 3. 변호사는 법의 생활화 운동에 헌신함으로써 국가와 사회에 봉사한다.
> 4. 변호사는 용기와 예지와 창의를 바탕으로 법률문화향상에 공헌한다.
> 5. 변호사는 민주적 기본질서의 확립에 힘쓰며 부정과 불의를 배격한다.
> 6. 변호사는 우애와 신의를 존중하며, 상호부조 · 협동정신을 발휘한다.
> 7. 변호사는 국제 법조 간의 친선을 도모함으로써 세계 평화에 기여한다.

> 변호사윤리장전 윤리규약
> 제1조(사명) ① 변호사는 <u>인간의 자유와 권리를 보호하고 향상시키며, 법을 통한 정의의 실현을 위하여 노력한다.</u>
> ② 변호사는 <u>공공의 이익을 위하여 봉사하며, 법령과 제도의 민주적 개선에 노력한다.</u>

2 변호사의 지위

1. 변호사법상 지위

= 공공성 지닌 전문직, 독립적으로 직무 수행

> 변호사법
> 제2조(변호사의 지위) 변호사는 공공성을 지닌 법률 전문직으로서 독립하여 자유롭게 그 직무를 수행한다.

2. 변호사의 상인성 여부 [소극(判)]

> **참고 1** **상법상 상인의 종류**
>
> 상법상 상인에는 당연상인과 의제상인이 있음. 당연상인은 자기 명의로 상법 제46조에서 정한 기본적 상행위나 제47조에서 정한 보조적 상행위를 하는 자를 말하며(상법 제4조), 상행위를 하지 아니하나 일정한 형식을 갖추고 상인적 방법으로 영업하는 자(상법 제5조 제1항) 또는 상행위를 하지 아니하나 회사라면(상법 제5조 제2항) 의제상인으로 본다.
>
> **참고 2** **상호등기의 실익**
>
> 'A법률사무소' 명칭을 상법에 따른 상호로 등기하게 되면 동일 특별시·광역시·시·군에서 동종영업의 상호로 등기하지 못하고, 부정한 목적의 유사상호 사용을 배척할 수 있음(상법 제22조, 제23조 제1항).

사. 판례는 변호사의 상인성을 부정함.

변호사는 상법 제5조 제1항이 규정하는 '상인적 방법에 의하여 영업을 하는 자'라고 볼 수는 없으므로 의제상인에 해당하지 아니함.

> 대법원 2007. 7. 26.자 2006마334 결정 [등기관처분에대한이의]
> [1] 변호사의 영리추구 활동을 엄격히 제한하고 그 직무에 관하여 고도의 공공성과 윤리성을 강조하는 변호사법의 여러 규정에 비추어 보면, 위임인·위촉인과의 개별적 신뢰관계에 기초하여 개개 사건의 특성에 따라 전문적인 법률지식을 활용하여 소송에 관한 행위 및 행정처분의 청구에 관한 대리행위와 일반 법률사무를 수행하는 변호사의 활동은, 간이·신속하고 외관을 중시하는 정형적인 영업활동을 벌이고, 자유로운 광고·선전활동을 통하여 영업의 활성화를 도모하며, 영업소의 설치 및 지배인 등 상업사용인의 선임, 익명조합, 대리상 등을 통하여 인적·물적 영업기반을 자유로이 확충하여 효율적인 방법으로 최대한의 영리를 추구하는 것이 허용되는 상인의 영업활동과는 본질적으로 차이가 있다 할 것이고, 변호사의 직무 관련 활동과 그로 인하여 형성된 법률관계에 대하여 상인의 영업활동 및 그로 인한 형성된 법률관계와 동일하게 상법을 적용하지 않으면 아니 될 특별한 사회경제적 필요 내지 요청이 있다고 볼 수도 없다. 따라서 근래에 전문직업인의 직무 관련 활동이 점차 상업적 성향을 띠게 됨에 따라 사회적 인식도 일부 변화하여 변호사가 유상의 위임계약 등을 통하여 사실상 영리를 목적으로 그 직무를 행하는 것으로 보는 경향이 생겨나고, 소득세법이 변호사의 직무수행으로 인하여 발생한 수익을 같은 법 제19조 제1항 제11호가 규정하는 '사업서비스업에서 발생하는 소득'으로 보아 과세대상으로 삼고 있는 사정 등을 감안한다 하더라도, 위에서 본 변호사법의 여러 규정과 제반 사정을 참작하여 볼 때, 변호사를 상법 제5조 제1항이 규정하는 '상인적 방법에 의하여 영업을 하는 자'라고 볼 수는 없다 할 것이므로, 변호사는 의제상인에 해당하지 아니한다.
> [2] 변호사가 변호사법 제40조에 의하여 그 직무를 조직적·전문적으로 행하기 위하여 설립한 법무법인은, 같은 법 제42조 제1호에 의하여 그 정관에 '상호'가 아닌 '명칭'을 기재하고, 같은 법 제43조 제2항 제1호에 의하여 그 설립등기시 '상호'가 아닌 '명칭'을 등기하도록 되어 있으므로, 이러한 법무법인의 설립등기를 '상호' 등을 등기사항으로 하는 상법상 회사의 설립등기나 개인 상인의 상호등기와 동일시할 수 없다.
> [3] 변호사는 그 직무수행과 관련하여 의제상인에 해당한다고 볼 수 없고, 조세정책적 필요에 의하여 변호사의 직무수행으로 발생한 소득을 사업소득으로 인정하여 종합소득세를 부과한다고 하여 이를 달리 볼 것은 아니며, 변호사가 상인이 아닌 이상 상호등기에 의하여 그 명칭을 보호할 필요가 있다고 볼 수 없으므로 등기관이 변호사의 상호등기신청을 각하한 처분이 적법하다고 한 사례.

아. 판례는 변호사에 대한 성공보수금 지급채무가 영업에 관한 채무가 아니라고 봄.

변호사는 상법상 의제상인이 아니므로 성공보수금 지급채무는 영업에 관한 채무가 아니고 변호사 사무소도 영업소라고 볼 수 없으며, 이에 따라 성공보수금 지급채무는 지참채무로서 변호사의 주소지 관할법원에 관할권이 있음.

> 대법원 2011. 4. 22.자 2011마110 결정 [이송]
> 변호사 甲이 乙과의 소송대리 위임계약에 따라 성공보수금 지급을 구하는 소를 제기한 사안에서, 성공보수금 지급채무가 민법 제467조 제2항 단서에서 의미하는 '영업에 관한 채무'라거나 혹은 甲의 변호사 사무소가 위 조항에서 의미하는 '영업소'라고 볼 수는 없고, 이때 乙의 이행채무는 지참채무로서 甲의 주소지 관할법원에 관할권이 있다고 한 사례

자. 판례는 법무법인의 상인성을 부정함.

법무법인은 상법 제5조 제1항 또는 상법 제5조 제2항 중 어떠한 경우에도 해당하지 않아 의제상인이 될 수 없으므로, 변호사가 소속 법무법인에 대하여 갖는 급여채권은 상사채권에 해당하지 않아 상사 법정이율(연 6%)이 적용되지 않음.

> 대법원 2023. 7. 27. 선고 2023다227418 판결 [추심금]
> 변호사는 상법상 당연상인으로 볼 수 없고, 변호사의 영리추구 활동을 엄격히 제한하고 그 직무에 관하여 고도의 공공성과 윤리성을 강조하는 변호사법의 여러 규정과 제반 사정을 참작하여 볼 때, 변호사를 상법 제5조 제1항이 규정하는 '상인적 방법에 의하여 영업을 하는 자'라고도 볼 수 없어 위 조항에서 정하는 의제상인에 해당

하지 아니하며, 이는 법무법인도 마찬가지이다.

한편 상법 제5조 제2항은 회사는 상행위를 하지 아니하더라도 상인으로 본다고 규정하고, 상법 제169조는 회사는 상행위나 그 밖의 영리를 목적으로 하여 설립한 법인을 말한다고 하고 있다. 그런데 법무법인은 변호사가 그 직무를 조직적·전문적으로 수행하기 위하여 변호사법에 따라 설립하는 것으로서 변호사법과 다른 법률에 따른 변호사의 직무를 업무로서 수행할 수 있다(변호사법 제40조, 제49조). 변호사법은 법무법인에 관하여 변호사법에 정한 것 외에는 상법 중 합명회사에 관한 규정을 준용하도록 하고 있을 뿐(제58조) 이를 상법상 회사로 인정하고 있지 않으므로 법무법인이 상법 제5조 제2항에서 정하는 의제상인에 해당한다고 볼 수도 없다.

따라서 변호사가 소속 법무법인에 대하여 갖는 급여채권은 상사채권에 해당한다고 할 수 없다.

3 변호사의 직무

1. 변호사의 직무의 의의

= **법률사무** (변호사법 제3조, 제109조 제1호)

가. 변호사법 제3조

: 소송에 관한 행위, 행정처분의 청구에 관한 대리행위, 일반 법률사무

> 변호사법
> 제3조(변호사의 직무) 변호사는 당사자와 그 밖의 관계인의 위임이나 국가·지방자치단체와 그 밖의 공공기관(이하 "공공기관"이라 한다)의 위촉 등에 의하여 소송에 관한 행위 및 행정처분의 청구에 관한 대리행위와 일반 법률 사무를 하는 것을 그 직무로 한다.

나. 변호사법 제109조 제1호

: 비변호사의 법률사무 취급에 대한 벌칙 규정인 변호사법 제109조 제1호를 통하여 법률사무의 취급은 변호사에 한하여 할 수 있다는 점을 간접적으로 파악할 수 있음.

> 변호사법
> 제109조(벌칙) 다음 각 호의 어느 하나에 해당하는 자는 7년 이하의 징역 또는 5천만원 이하의 벌금에 처한다. 이 경우 벌금과 징역은 병과(倂科)할 수 있다.
> 1. 변호사가 아니면서 금품·항응 또는 그 밖의 이익을 받거나 받을 것을 약속하고 또는 제3자에게 이를 공여하게 하거나 공여하게 할 것을 약속하고 다음 각 목의 사건에 관하여 감정·대리·중재·화해·청탁·법률상담 또는 법률 관계 문서 작성, 그 밖의 법률사무를 취급하거나 이러한 행위를 알선한 자
> 가. 소송 사건, 비송 사건, 가사 조정 또는 심판 사건
> 나. 행정심판 또는 심사의 청구나 이의신청, 그 밖에 행정기관에 대한 불복신청 사건
> 다. 수사기관에서 취급 중인 수사 사건
> 라. 법령에 따라 설치된 조사기관에서 취급 중인 조사 사건
> 마. 그 밖에 일반의 법률사건

다. 법률사무의 의의에 관한 판례

◉ 변호사의 직무는 법률사건에 관한 법률사무를 행하는 것으로서, 법률상의 권리·의무에 관하여 다툼이나 의문이 있거나 새로운 권리의무관계의 발생에 관한 사건 일반에 관하여, 그 분쟁이나 그 분쟁이나 논의의 해결을 위하여 법률상의 효과를 발생, 변경 또는 보전하는 사항을 감정·대리·중재·화해·청탁·법률상담 또는 법률관계 문서작성 및 당사자를 조

력할 수 있는 기타의 방법 등으로 처리하는 것이라 할 수 있고, <u>법률사건에 관한 일체의 사무를 취급하는 것을 의미하는 것은 아님.</u> (대법원 2006. 5. 11. 선고 2003두14888 판결)

◎ <u>변호사법 제109조 제1호에서 정한 '그 밖의 법률사무'는 직접적으로 법률상의 효과를 발생·변경·소멸·보전·명확화하는 행위는 물론이고, 위 행위와 관련된 행위도 이에 해당됨.</u> (대법원 2015. 7. 9. 선고 2014도16204 판결)

　▸ '용역계약에 따라 당시 계속 중이던 소송 또는 진행 중이던 수사와 관련하여 관계자들을 찾아가 진술을 녹취하고, 그 녹취 내용에 대한 녹취록 작성을 맡기는 등의 사실조사행위와 자료수집행위': 그 밖의 법률사무 O (후술)

◎ (변호사법 제109조 제1호의) 입법 취지와 같은 법 제3조에서 일반 법률사무를 변호사의 직무로 규정하고 있는 점을 감안하면, <u>같은 법 제109조 제1호가 규정한 '기타 일반의 법률사건'은 법률상의 권리·의무에 관하여 다툼 또는 의문이 있거나 새로운 권리의무관계의 발생에 관한 사건 일반을 말하는 것이므로, 법률적 지식이 없거나 부족한 보험가입자를 위하여 보험금 청구를 대리하거나 사실상 보험금 청구사건의 처리를 주도하는 것은 '기타 일반의 법률사건'에 관하여 법률사무를 취급하는 행위로 볼 수 있다.</u> (대법원 2022. 10. 14. 선고 2021도10046 판결)

2. 변호사의 행위가 법률사무인지 문제되는 경우

가. 채권추심 등

◎ 채권추심업무: 법률사무 O, 채권추심업에 관한 금융위원회의 허가 불요.

◎ 서류 작성 및 접수 대행: 법률사무 O. 신청사건에서의 서류의 작성 및 접수 대행 역시 법률사무 O, 별도의 법무사등록 불요.

　▸ Ex. 해외이주신고 대리: 법률사무 O

◎ 온라인 법률사무: 법률사무 O.

　▸ [참고] 다만 포털사이트와 수임료 또는 상담료 중 일부를 대가로 지급하는 것은 변호사법 제34조 제1항(유상 유치행위 금지) 및 제5항(보수 분배 금지) 위반이 될 수 있음, [제9장 '변호사의 직무에 관한 의무' 참조]

나. 부동산 중개행위

◎ <u>법률사무 X</u>, 공인중개사 자격을 필요로 함.

◎ 변호사가 공인중개사를 겸업하는 경우 소속 지방변호사회의 허가 필요. [제9장 '변호사의 직무에 관한 의무' 참조]

다. 지적재산권 업무

◎ 법률사무 O, 변리사 등록 없이 지적재산권(변리) 업무할 수 있음.

　▸ 변호사는 변리사 자격도 동시에 취득. 다만 "변리사로서" 해당 업무를 하기 위하여는 변리사 실무수습을 마친 후 특허청장에게 변리사 등록 및 변리사회 가입 필요(변리사법 제3조 제2호, 제5조 제1항, 제11조)

　▸ 변호사가 변리사로 등록하고 변리사 업무를 하고자 할 때 소속 지방변호사회의 허가 불요. 그러나 특허법인에 소속하여 직무를 수행하고자 할 때에는 소속 지방변호사회의 허가 필요. [제9장 '변호사의 직무에 관한 의무' 참조]

◎ 법무법인이 특허청에 대한 대리 등 업무를 수행하기 위해서는 변리사 자격을 가진 구성원이나 그와 같은 구성원 및 소속 변호사를 담당변호사로 지정하여야 하고, 변리사 자격이 없는 변호사는 이에 관여할 수 없음(대법원 2022. 2. 10. 선고 2017두68837 판결).

  ▸ 근거: 법무법인은 이 법과 다른 법률에 따른 변호사의 직무에 속하는 업무를 수행할 수 있으며(변호사법 제49조 제1항), 법무법인은 다른 법률에서 변호사에게 그 법률에 정한 자격을 인정하는 경우 그 구성원이나 구성원 아닌 소속 변호사가 그 자격에 의한 직무를 수행할 수 있을 때에는 그 직무를 법인의 업무로 할 수 있음(동법 제49조 제2항).

◎ 법무법인의 구성원 및 구성원 아닌 소속 변호사는 별도로 변리사 사무실 설치 금지.

  ▸ 근거: 법무법인의 구성원 및 구성원 아닌 소속 변호사는 자기나 제3자의 계산으로 변호사의 업무를 수행할 수 없음 (변호사법 제52조 제1항).

라. 세무 업무

◎ 법률사무 O, 세무사 등록 없이 변호사로서 조세상담 및 자문 등을 할 수 있음(세무사법 제20조 제1항 단서)

  ▸ 다만 "세무사로서" 해당 업무를 하기 위하여는 세무사 자격시험에 합격하여 기획재정부에 세무사 등록을 하여야. (2018. 1. 1. 이후 변호사 자격을 취득한) 변호사는 세무사 자격을 자동 취득하지 않고, 세무사 자격시험 합격 없이 세무사 등록을 하지 못하고, 세무사 명칭을 사용할 수 없음. (세무사법 제6조, 제20조)

  ▸ '세무사 자격시험에 합격하여 기획재정부에 등록'을 한 자가 아니면 세무대리를 할 수 없도록 하여, 2003. 12. 31. 당시 사법시험에 합격하였거나 사법연수생이었던 자를 제외하고 2003. 12. 31.부터 2017. 12. 31.까지 사이에 변호사 자격을 취득한 자는 세무사 자격이 인정됨에도 불구하고 "세무사로서" 그 직무에 해당하는 세무대리를 일체 할 수 없도록 규정한 세무사법 제6조 제1항 및 제20조 제1항에 대하여 헌법재판소는 직업선택의 자유를 침해하였다고 판단하여 헌법불합치결정을 내림(헌법재판소 2018. 4. 26. 선고 2015헌가19 결정). 이에 따라 2021. 11. 23. 세무사법이 일부개정되어 '세무사 자격시험에 합격하여 기획재정부에 등록'하지 아니하였더라도 1개월 이상 실무교육을 받은 후 변호사 세무대리업무등록부에 등록하면 세무대리를 할 수 있음(단, 조세에 관한 신고를 위한 장부 작성의 대행은 제외).

    ↘ 정리

    ↘ 2003. 12. 31. 당시 사법시험 합격 또는 사법연수생: 세무사 자격 취득, 세무사 자격시험 합격 없이 세무사로 등록

    ↘ 2018. 1. 1. 당시 변호사의 자격이 있는 자: (현행법) 세무사 자격 취득, 세무대리업무등록 O(변호사 세무대리업무등록부에 등록, 단 조세에 관한 신고를 위한 장부 작성 대행은 할 수 없음), 세무사 자격시험 합격하여야만 세무사로 등록 가능.

    ↘ 2018. 1. 1. 이후 변호사의 자격이 있는 자: <u>세무사 자격 취득 X, 세무사 자격시험 합격하여야만 세무사로 등록 가능.</u>

  ▸ 변호사가 세무사로 등록하고 세무사 업무를 하고자 할 때 소속 지방변호사회의 허가 불요. 그러나 세무법인에 소속하여 직무를 수행하고자 할 때에는 소속 지방변호사회의 허가 필요. [제9장 '변호사의 직무에 관한 의무' 참조]

◎ 법무법인의 구성원 및 구성원 아닌 소속 변호사는 별도로 세무사사무실 설치 금지(근거: 변호사법 제52조 제1항).

◎ 판례는 '세무사법에 따라 세무사 등록을 할 수 있는 변호사가 법무법인의 구성원 또는 소속 변호사로 근무하는 것'은

세무사 등록 거부사유인 '영리를 목적으로 하는 법인의 업무집행사원·임원 또는 사용인이 되어 영리 업무에 종사하는 경우'에 해당하지 않는다고 봄(대법원 2016. 4. 28. 선고 2015두3911 판결).

◎ 판례는 세무조정반 지정 대상에서 세무조정 업무를 수행할 수 있는 변호사가 구성원으로 되어 있거나 소속된 법무법인을 제외한 법인세법 및 소득세법 시행령 조항은 모법의 위임범위를 벗어나고, 헌법상 직업수행의 자유를 침해하며 평등원칙에 위배되어 무효라고 판시하였음(대법원 2021. 9. 9. 선고 2019두53464 전원합의체 판결). → 이에 따라 현행법은 조정반 지정 대상에 변호사법에 따라 설립된 법무법인, 법무법인(유한), 법무조합이 포함됨.

3. 비변호사의 행위가 법률사무인지 문제되는 경우 (변호사법 제109조 제1호)

> 변호사법
> 제109조(벌칙) 다음 각 호의 어느 하나에 해당하는 자는 7년 이하의 징역 또는 5천만원 이하의 벌금에 처한다. 이 경우 벌금과 징역은 병과(倂科)할 수 있다.
> 1. 변호사가 아니면서 / 금품·향응 또는 그 밖의 이익을 받거나 받을 것을 약속하고 또는 제3자에게 이를 공여하게 하거나 공여하게 할 것을 약속하고 / 다음 각 목의 사건에 관하여 / 감정·대리·중재·화해·청탁·법률상담 또는 법률 관계 문서 작성, 그 밖의 법률사무를 취급하거나 이러한 행위를 알선한 자
> 가. 소송 사건, 비송 사건, 가사 조정 또는 심판 사건
> 나. 행정심판 또는 심사의 청구나 이의신청, 그 밖에 행정기관에 대한 불복신청 사건
> 다. 수사기관에서 취급 중인 수사 사건
> 라. 법령에 따라 설치된 조사기관에서 취급 중인 조사 사건
> 마. 그 밖에 일반의 법률사건

가. 요건 1: 변호사가 아닐 것

[주의] 변호사법 제109조 제1호 위반과 관련된 모든 논의는 변호사가 아닐 것을 기본적 전제로 한다는점, 아래 각 판례에서 행위주체는 모두 변호사가 아닌 자라는 점에 유의할 것.

나. 요건 2: "이익을 받거나 받을 것을 약속" 또는 "제3자에게 이를 공여하게 하거나 공여하게 할 것을 약속"할 것

◎ 이익의 수수: '법률사무와 관련한 단순한 실비변상'은 이익의 수수에 해당 X. 그러나 '실비변상을 빙자하여 법률사무의 대가로 경제적 이익을 취득한 경우'는 이익의 수수에 해당 O. (대법원 2015. 7. 9. 선고 2014도16204 판결)

◎ "약속": 명시적, 묵시적으로 모두 가능.

다. 요건 3: "다음 각 목의 사건에 관하여"

'한국감정원의 부동산시가감정업무': "법령에 따라 설치된 조사기관에서 취급 중인 조사 사건"(제1호 라목)에 해당 X.

> 대법원 1988. 4. 12. 선고 86도5 판결 [변호사법위반]
> 변호사법 제78조 제2호의 후단에서 말하는 '법령에 의하여 설치된 조사기관에서 취급중인 조사사건'이라 함은 사인의 공법상 또는 사법상의 권리의무나 법률관계에 대하여 이를 조사하거나 조정 해결하는 절차로써 그 절차에 관여하는 것이 법률사무를 취급하는 변호사의 직역에 속하는 것을 이른다 할 것이므로 한국감정원에서 하는

부동산시가감정업무는 이에 해당하지 아니한다.

라. 요건 4: "감정·대리 등 법률사무"

"감정" (제1호)

▸ 판단 기준: 법률적 전문지식에 기하여 구체적 사안에 판단을 내리는 행위여야 "감정"에 해당함. 따라서 법률이 아닌 다른 전문지식에 기한 것은 제외됨.

▸ '아파트관리 및 하자보수공사 회사의 통상적 하자보고서 작성'은 감정 X, 그러나 '손해배상청구에 필요한 자료제공의 일환으로 실시한 아파트 하자감정'은 감정 O(변호사법상 감정에 해당하고 법률적 전문지식에 기한 판단 행위이기 때문). (대법원 2007. 9. 6. 선고 2005도9521 판결)

▸ '교통사고 분석보고서 작성'은 원칙적으로 감정 X(법률이 아닌 물리적 운동법칙에 기한 판단이기 때문), 그러나 '실체적 진실과 무관하게 미리 결론을 정해 놓고 이를 정당화하는 자료를 수집하여 분석보고서를 작성하는 것'은 감정 O. (대법원 1995. 2. 14. 선고 93도3453 판결)

"대리" (제1호)

▸ 판단 기준: 비변호사가 본인의 위임에 따라 대리인의 이름으로 사건을 처리하는 경우뿐만 아니라, 본인을 위하여 사실상 사건 처리를 주도하면서 외부적 형식만 본인이 직접 행하는 것처럼 하는 경우도 포함.

> 대법원 2016. 12. 15. 선고 2012도9672 판결 [변호사법위반]
> 변호사가 아닌 사람이 의뢰인으로부터 법률사건을 수임하여 사실상 그 사건의 처리를 주도하면서 의뢰인을 위하여 그 사건의 신청 및 수행에 필요한 모든 절차를 실질적으로 대리한 행위를 하였다면, 비록 그중 일부 사무를 처리할 자격이 있었다고 하더라도 위 행위는 그러한 사무 범위를 초과한 것으로서 변호사법 제109조 제1호에서 금지하는 법률사무를 취급하는 행위에 해당한다.
> 또한 변호사법 제109조 제1호에서 금지하는 '대리'에는 본인의 위임을 받아 대리인의 이름으로 법률사건을 처리하는 법률상의 대리뿐만 아니라, 법률적 지식을 이용하는 것이 필요한 행위를 본인을 대신하여 행하거나, 법률적 지식이 없거나 부족한 본인을 위하여 사실상 사건의 처리를 주도하면서 그 외부적인 형식만 본인이 직접 행하는 것처럼 하는 경우도 포함된다.

▸ '아파트 관리수탁업체가 소송비용 일체를 무이자로 대납하는 방법으로 소송비용을 부담하고 사실상 변호사를 선임하여 하자보수보증금 청구소송을 제기하고 진행을 주도': 변호사법 제109조 제1호에서 금지하는 대리 O(대법원 2014. 7. 24. 선고 2013다28728 판결).

▸ '의뢰인을 대신하여 고소장을 작성하고 제출', '형사사건에서 피의자(피고인)을 대신하여 답변서를 작성 및 제출하는 등 사실상 사건 처리를 주도', '경찰의 교통사고 현장검증 등에 의뢰인 대신 참가하여 의견을 개진': 대리 O.

▸ '경매입찰을 사실상 대리', '경매사건 기일 연기나 취하를 부탁하고 경매신청 취하서를 의뢰인 대신 제출', '개인의 파산사건 및 개인회생사건의 신청을 대리하고, 모든 절차를 실질적으로 대리': 대리 O.

↳ 법무사는 「채무자 회생 및 파산에 관한 법률」에 따른 개인의 파산사건 및 개인회생사건 신청의 대리를 할 수 있으나, 각종 기일에서의 진술의 대리는 할 수 없음! (법무사법 제2조 제1항 제6호). 따라서 법무사가 건당 수임료를 받고 개인회생 사건을 수임하여 의뢰인을 위하여 신청 및 후속절차를 모두 대신하여 수행한 행위는 대리 O, (다른 요건도 충족하여) 변호사법 제109조 제1호 위반 O. (만일 신청만을 대리하였다면 변호사법 위반 X.)

- ▸ 변리사의 대리행위: 판례는 변리사에게 허용되는 소송대리는 변리사법 제8조에 따른 특허심판원의 심결에 대한 심결취소소송으로 한정되고, 특허 등의 침해를 청구원인으로 하는 침해금지청구 또는 손해배상청구 등 민사사건에서의 소송대리는 허용되지 않는다고 판시하였음.

  > 대법원 2012. 10. 25. 선고 2010다108104 판결
  > 甲 등 변리사들이 상표권 침해를 청구원인으로 하는 민사소송에서 원고의 소송대리인 자격으로 상고장을 작성·제출한 사안에서, 위 상고는 변호사가 아니면서 재판상 행위를 대리할 수 없는 사람이 대리인으로 제기한 것으로 부적법하다고 한 사례

- ▸ 공인노무사의 대리행위: 공인노무사에게 허용되는 대행 및 대리는 '노동 관계 법령'에 근거하여 관계 기관에 대하여 행하는 신고 등의 대행 및 대리에 한정되며(공인노무사법 제2조 제1항 제1호~제3호), 형사소송법은 '노동 관계 법령'에 해당하지 않음.

  - ↳ '근로감독관에 대하여 근로기준법 등 노동 관계 법령 위반사실을 신고하는 행위라도 범인에 대한 처벌을 구하는 의사표시가 포함되어 있는 고소·고발'은 "노동 관계 법령에 따라 관계기관에 대하여 행하는 신고 등의 대행 또는 대리" X(변호사법 제109조 제1호 위반 O). '노동조합 및 노동관계조정법 위반으로 고소당한 피고소인이 그 수사절차에서 근로감독관에게 답변서를 제출' 역시 "노동 관계 법령에 따라 관계기관에 대하여 행하는 진술" X(변호사법 제109조 제1호 위반 O). (대법원 2022. 1. 13. 선고 2015도6329 판결)

◉ "화해" (제1호)

- ▸ 판단 기준: 법률사건의 당사자 사이에서 서로 양보하여 그들 사이 분쟁을 그만두게 하는 것으로서, 재판상 화해와 민법상 화해(민법 제731조) 모두 포함.
- ▸ '상가의 분양 및 임대에 관하여 분쟁이 발생한 이해관계인들 사이에 화해, 합의서, 분양계약서의 작성 및 등기사무 등을 처리': 변호사법 제109조 제1호에서 금지하는 화해 O (대법원 1998. 08. 21. 선고 96도2340 판결)
- ▸ '손해사정인이 금품을 받거나 보수를 받기로 하고 교통사고의 피해자측과 가해자가 가입한 자동차보험회사 등과 사이에서 이루어질 손해배상액의 결정에 관하여 중재나 화해': 손해사정인의 업무범위 내 X → 변호사법 제109조 제1호에서 금지하는 화해 O (대법원 2001. 11. 27. 선고 2000도513 판결)

◉ "법률상담" (제1호)

- ▸ '공인노무사가 의뢰인에게 노동 관계 법령에 관한 내용을 넘어서 수사절차에 적용되는 형사소송법 등에 관한 내용까지 상담을 하는 것': 노동 관계 법령에 관한 상담을 하는 과정에서 불가피하게 이루어졌다는 등의 특별한 사정이 없는 한 구 공인노무사법에서 정한 직무의 범위를 벗어난 것으로 보아야 함(변호사법 제109조 제1호에서 금지하는 법률상담 O) (대법원 2022. 1. 13. 선고 2015도6326 판결).
- ▸ '공인노무사의 고소·고발장 작성을 위한 법률상담': 공인노무사 직무의 범위를 벗어난 것(변호사법 제109조 제1호에서 금지하는 법률상담 O) (대법원 2022. 1. 13. 선고 2015도6329 판결).
- ▸ '민사소송 당사자로부터 법률적 지원을 부탁받고 당사자를 만나 변호사선임 문제 등을 논의한 후 소송 관련 서류와 함께 착수금 명목의 금원을 교부받은 경우': 변호사법 제109조 제1호에서 금지하는 법률상담 O (대법원 2005. 5. 27. 선고 2004도6676 판결)

○ **"그 밖의 법률사무" (제1호)**

▸ '부동산등기부등본을 열람하여 등기부상에 등재되어 있는 권리관계 등을 확인·조사하거나 그 내용을 그대로 보고서 등의 문서에 기재하는 행위': 변호사법 제109조 제1호에서 정한 "법률사무" 해당 X. / 다만 '부동산권리관계 내지 부동산등기부등본에 등재되어 있는 권리관계의 법적효과에 해당하는 권리의 득실·변경이나 충돌 여부, 우열관계 등을 분석하는 이른바 권리분석 업무까지 나아간 경우': 변호사법 제109조 제1호에서 말하는 "법률사무" 해당 O. (대법원 2008. 2. 28. 선고 2007도1039 판결)

▸ '용역계약에 따라 당시 계속 중이던 소송 또는 진행 중이던 수사와 관련하여 관계자들을 찾아가 진술을 녹취하고, 그 녹취 내용에 대한 녹취록 작성을 맡기는 등의 사실조사행위와 자료수집행위': 그 밖의 법률사무 O. (대법원 2015. 7. 9. 선고 2014도16204 판결)

마. 요건 5: "취급" 또는 "알선"

"알선": 법률사건의 당사자와 그 사건에 관하여 대리 등의 법률사무를 취급하는 상대방 사이에서 양자간에 법률사건이나 법률사무에 관한 위임계약 등의 체결을 중개하거나 그 편의를 도모하는 행위를 말함. / 현실적으로 위임계약 등이 성립하지 않아도 무방. / 그 대가로서의 보수를 알선을 의뢰하는 자뿐만 아니라 그 상대방 또는 쌍방으로부터 지급받는 경우도 포함. / 비변호사가 비변호사에게 알선하는 경우는 물론 변호사에게 알선하는 경우도 이에 해당. (대법원 2009. 6. 11. 선고 2009도1968 판결)

바. 효과: 7년 이하의 징역 또는 5천만원 이하의 벌금에 처함

사. 변호사법 제109조 제1호 위반행위의 사법적 효력

○ 판례는 강행법규 위반으로 그 자체로 반사회적으로서 무효이며, 그 사법적 효력이 없는 행위와 불가결하게 수반되는 부수적 행위도 무효.

> 대법원 2014. 7. 24. 선고 2013다28728 판결 [대여금등]
> 변호사법 제109조 제1호는 강행법규로서 같은 법조에서 규정하고 있는 이익취득을 목적으로 하는 법률행위는 그 자체가 반사회적 성질을 띠게 되어 사법적 효력도 부정된다. 그리고 변호사법 제109조 제1호를 위반하여 소송 사건을 대리하는 자가 소송비용을 대납한 행위는 성격상 대리를 통한 이익취득 행위에 불가결하게 수반되는 부수적 행위에 불과하므로, 위와 같이 대납하는 소송비용을 소송 종료 후에 반환받기로 하는 약정은 특별한 사정이 없는 한, 이익취득 약정과 일체로서 반사회질서의 법률행위에 해당하여 무효라고 보아야 하고 이 부분만을 따로 떼어 효력을 달리한다고 볼 것은 아니다.

○ [비교판례] 비변호사와 소송당사자 간 소송물 일부 양도약정이 변호사법 위반으로 무효라 하더라도 그 무효는 그 대가약정부분에 한정되고, 소송대리인 선임권한을 위임한 부분까지 무효로 볼 수는 없음.

> 대법원 1987. 4. 28. 선고 86다카1802 판결 [소유권이전등기]
> 변호사 아닌 자 갑이 소송당사자인 을로부터 소송사건을 떠맡아 을을 대리하여 갑의 비용과 책임하에 소송대리인을 선임하는 등의 일체의 소송수행을 하여 을을 승소시켜 주고 그 대가로서 소송물의 일부를 양도받기로 하는 내용의 양도약정이 변호사법에 저촉되어 무효라 하더라도 그 무효는 그 대가 약정부분에 한정된다 할 것이고, 그 대가 약정부분이 아닌 소송대리인 선임권한 위임부분까지 무효로 볼 수는 없으므로 갑이 변호사보수금을 현실적으로 지급하지 아니 하였다면 을로서는 갑이 위 약정에 따라 을의 이름으로 선임한 변호사에 대하여

그 보수금의 지급채무를 여전히 부담하고 있다 할 것이다.

4. 비변호사의 변호사 등 표시 또는 기재가 문제되는 경우 (변호사법 제112조 제3호)

> 변호사법
> 제112조(벌칙) 다음 각 호의 어느 하나에 해당하는 자는 3년 이하의 징역 또는 2천만원 이하의 벌금에 처한다. 이 경우 벌금과 징역은 병과할 수 있다.
> 3. 변호사가 아니면서 / 변호사나 법률사무소를 표시 또는 기재하거나 이익을 얻을 목적으로 법률 상담이나 그 밖의 법률사무를 취급하는 뜻을 표시 또는 기재한 자

- (위 조항에서) '변호사를 표시 또는 기재'한다고 함은 '변호사'라는 명칭을 사용하여 '변호사법에 따른 변호사'임을 표시 또는 기재하는 것을 말함(대법원 2022. 7. 28. 선고 2019도7563 판결).
- '아파트 입주자대표회의 임원 선거에 출마하면서 경력에 미국로펌 국제변호사라고 기재한 홍보물을 부착': '미국로펌 국제변호사'는 변호사법상 변호사의 자격을 가진 것으로 오인할 수 있는 표현에 해당 X (서울동부지방법원 2019. 5. 16. 선고 2016노1433 판결),

4 변호사의 감독

변호사는 소속 지방변호사회, 대한변호사협회 및 법무부장관의 감독을 받음(변호사법 제39조).

5 변호사의 자치 (지방변호사회, 대한변호사협회)

1. 의의

일반적으로 변호사의 자격심사나 징계를 변호사의 자율로 하고, 변호사의 직무활동이나 규율에 관하여 법원, 검찰청 등 행정관청의 감독을 받지 않는다는 원칙

2. 변호사법상 주요 내용

- 변호사로서 개업을 하려면 대한변호사협회에 등록을 하여야 함. & 등록을 하려는 자는 가입하려는 지방변호사회를 거쳐 등록신청을 하여야 함. (변호사법 제7조)
- 대한변호사협회에 등록하지 않고 변호사의 직무를 수행한 변호사는 형사처벌(3년 이하의 징역 또는 2천만원 이하의 벌금). (변호사법 제112조 제4호)
- 대한변호사협회가 변호사징계위원회를 열어 징계 여부 및 종류를 결정.

3. 지방변호사회 (주요 내용)

제목 (조문)	내용
목적 및 설립 (변호사법 제64조)	• 목적: 변호사의 품위 보전, 변호사 사무의 개선과 발전 도모, 변호사의 지도와 감독에 관한 사무 수행 • 설립: 지방법원 관할 구역마다 1개의 지방변호사회(단 서울특별시에는 1개) • 법적형태: 법인
설립 절차 (변호사법 제65조)	• 회원이 될 변호사가 회칙을 정하여 대한변호사협회를 거쳐 법무부장관의 인가(회칙을 변경할 때에도 동일, 즉 대한변호사협회를 거쳐 법무부의 인가를 받아야)
회원 가입 및 탈퇴 (변호사법 제68조)	• 대한변호사협회에 등록을 한 변호사는 가입하려는 지방변호사회의 회원이 됨 • 소속 변경등록을 한 변호사는 새로 가입하려는 지방변호사회의 회원이 되고, 종전 소속 지방변호사회를 당연히 탈퇴 • 등록이 취소된 변호사는 소속 지방변호사회를 당연히 탈퇴
주요 업무 (변호사법 제72조~제76조)	• 법원에 국선변호인 예정자 명단을 제출하고 국선변호인의 변호 활동을 지원 • 재정결정에 따라 법원의 심판에 부쳐진 사건에 대한 공소유지 변호사의 추천, 「민사조정법」에 따른 조정위원의 추천 (주: 공소유지 변호사 제도는 형사소송법 개정에 따라 현재 존재하지 않으며, 공소유지는 검사가 수행하고 있음) • 회원인 변호사 상호간 또는 그 회원인 변호사와 위임인 사이에 직무상 분쟁이 있으면 당사자의 청구에 의하여 이를 조정 (직권 X) • 회원들의 학력, 경력, 주요 취급 업무, 업무 실적 등 사건 수임을 위한 정보를 의뢰인에게 제공하여야 (징계관련 정보 X)
감독 (변호사법 제77조)	• 대한변호사협회와 법무부장관의 감독을 받음 • 총회의 결의 내용을 지체 없이 대한변호사협회와 법무부장관에게 보고하여야(인가사항은 아님) • 법무부장관은 결의가 법령이나 회칙에 위반된다고 인정하면 대한변호사협회의 장의 의견을 들어 취소할 수 있음
비밀 준수 (변호사법 제77조의2)	• 지방변호사회의 임직원이거나 임직원이었던 자는 법률에 특별한 규정이 있는 경우가 아니면 수임사건의 건수 및 수임액의 보고(제28조의2), 공직퇴임변호사의 수임자료(제89조의4제1항) 및 특정변호사의 수임자료(제89조의5제1항)에 관한 업무처리와 관련하여 알게 된 비밀 누설 금지

4. 대한변호사협회 (주요 내용)

제목 (조문)	내용
목적 및 설립 (변호사법 제78조)	• 목적: 변호사의 품위 보전, 법률사무의 개선과 발전, 그 밖의 법률문화의 창달 도모, 변호사 및 지방변호사회의 지도 및 감독에 관한 사무 수행 • 법적 형태: 법인
설립 절차 (변호사법 제79조)	• 지방변호사회는 연합하여 회칙을 정하고 법무부장관의 인가를 받아 대한변호사협회를 설립(회칙을 변경할 때에도 동일, 즉 법무부장관 인가를 받아야)
감독 (변호사법 제86조)	• 법무부장관의 감독을 받음 • 총회의 결의 내용을 지체 없이 법무부장관에게 보고하여야 • 법무부장관은 결의가 법령이나 회칙에 위반된다고 인정하면 이를 취소할 수 있음
회원의 종류 (대한변호사협회회칙 제7조)	• (1) 단체회원: 지방변호사회 • (2) 법인회원: 법무법인·법무법인(유한)·법무조합 및 공증인가합동법률사무소·합작법무법인 • (3) 개인회원: 개업신고를 한 변호사 • (4) 외국회원: 외국법자문사 (주: 개인회원에 포함되는 개념이 아님에 유의할 것)
회원의 의무 (대한변호사협회회칙 제9조)	• 회칙, 규칙, 규정 및 결의를 준수하고 이 회로부터 지정 또는 위촉받은 사항을 신속·정확하게 처리하여야 • 회칙, 규칙 또는 총회의 의결에 의하여 부과한 분담금, 특별회비 및 등록료 등을 납부하여야 • 이 회가 지정한 업무를 성실하게 처리하고, 이 회의 운영에 적극 협력하여야 • 개인회원, 법인회원은 법률사건 또는 법률사무에 관한 수임장부를 작성하여 보관하여야 • 개인회원이나 법인회원은 재판계속 중인 사건 및 수사 중인 형사사건(내사 중인 사건을 포함한다)에 관하여 변호 또는 대리하고자 하는 경우 법원 또는 수사기관에 변호인선임서 또는 위임장 등을 제출하여야 • 개인회원이나 법인회원은 법률사건 또는 법률사무에 관한 변호인선임서나 위임장을 제출할 때에는 소속 지방변호사회를 경유하여야 • 외국회원은 이 회의 회원임을 표시할 경우 이 회의 "외국회원(foreign member)"임을 부기하여야 하고, 달리 변호사 또는 개인회원으로 오인을 일으킬 수 있는 어떠한 표시도 사용할 수 없음
준회원 (대한변호사협회회칙 제10조)	• 개업신고를 하지 않았거나 휴업신고를 한 변호사는 이 회의 준회원이 되며, 회칙 중 회원의 권리·의무와 변호사의 지도·감독에 관한 규정을 적용하지 아니함(주: 따라서 대한변호사협회도 준회원에 대하여 지도·감독할 수 없음) • [자격등록과 구별] 준회원도 '이 회에 등록한 변호사'(대한변호사협회회칙 제48조의2)의 지위는 가지므로 징계대상은 됨 (변호사 자격등록도 하지 않은 자에 대하여는 징계할 수 없다는 점과 구별할 것) • [겸직제한 규정 관련] 변호사가 휴업한 경우에는 변호사법 제38조 겸직 제한 규정을 적용하지 아니함

덕조윤리 개념편

변호사의
등록

03

1 변호사의 등록, 소속 변경등록, 개업 등 신고

1. 등록

가. 등록 의무

- 변호사로서 개업을 하려면 대한변호사협회에 등록을 하여야(변호사법 제7조 제1항).
- 대한변호사협회에 등록하지 않고 변호사의 직무를 수행한 변호사는 형사처벌(3년 이하의 징역 또는 2천만원 이하의 벌금)(동법 제112조 제4호).

나. 등록 절차

- 지방변호사회 경유 의무(변호사법 제7조 제2항).
- 등록신청을 받은 지방변호사회는 해당 변호사의 자격 유무에 관한 의견서를 첨부할 수 있음(동법 제7조 제3항).
- 대한변호사협회는 등록신청을 받으면 지체 없이 변호사 명부에 등록하고 그 사실을 신청인에게 통지(동법 제7조 제4항).
- 등록 신청 시 등록료 납부의무 & 등록 신청한 자가 법무법인등의 구성원 또는 소속변호사가 되는 때에 법무법인 등은 그 신청한 자와 연대하여 등록료 납부의무.

  > 변호사 등록 등에 관한 규칙
  > 제12조 (등록료의 납부) ① 이 규칙에 따른 등록을 신청한 자는 200만 원 이하의 범위 내에서 규정으로 정하는 등록료를 납부하여야 한다.
  > ② 제1항의 등록을 신청한 자가 법무법인 · 법무법인(유한) · 법무조합 또는 공증인가합동법률사무소(이하 "법무법인등"이라 한다)의 구성원 또는 소속변호사가 되는 때에 법무법인등은 제1항의 등록을 신청한 자와 연대하여 제1항의 등록료를 납부할 의무가 있다.

다. 등록사무의 성격

- 대한변호사협회가 변호사법에 의하여 국가로부터 위탁받아 수행하는 <u>공행정사무</u>에 해당 O, 대한변호사협회는 변호사 등록에 관한 한 공법인으로서 <u>공권력 행사의 주체</u>에 해당 O, 대한변호사협회가 등록사무 수행과 관련하여 정립한 규범은 변호사 등록을 하려는 자와의 관계에서 대외적 구속력을 가지는 <u>공권력 행사</u>에 해당 O(헌법재판소 2019. 11. 28. 선고 2017헌마759 전원재판부 결정).
- 대한변호사협회가 변호사 등록사무 집행 과정에서 그 임직원이 고의 또는 과실로 법령을 위반하여 변호사등록을 2개월 지연하여 변호사에게 손해를 입힌 사안에서, 판례는 <u>대한변호사협회가 공행정사무에 관한 행정주체의 지위에서 배상의무를 부담</u>한다고 판시하였음(대법원 2021. 1. 28. 선고 2019다260197 판결).

라. 등록거부 ★

- 등록거부 사유 (이하 변호사법 제8조 1항 각호 정리)

등록거부 사유	제한의 기간 또는 사유
1. 제4조에 따른 변호사의 자격이 없는 자	-

등록거부 사유		제한의 기간 또는 사유
▸ 변호사의 자격: 사법시험에 합격하여 사법연수원의 과정 수료 / 판사나 검사의 자격 / 변호사시험에 합격		
2. 제5조에 따른 결격 사유에 해당하는 자	(1호) <u>금고 이상의 형(刑)</u>을 선고받고	<u>집행이 끝나거나 집행을 받지 아니하기로 확정된 후 5년</u>이 지나지 아니한 자
	(2호) <u>금고 이상의 형의 **집행유예**</u>를 선고받고	**유예기간이 지난 후 2년**이 지나지 아니한 자
	(3호) <u>금고 이상의 형의 **선고유예**</u>를 받고	**유예기간 중**에 있는 자 ▸ [참고] 선고유예의 유예기간은 2년(형법 제60조).
	(4호) 탄핵이나 징계처분에 의하여 <u>파면</u>되거나 이 법에 따라 <u>제명</u>된 후	<u>5년</u>이 지나지 아니한 자
	(5호) 징계처분에 의하여 <u>해임</u>된 후	<u>3년</u>이 지나지 아니한 자
	(6호) 징계처분에 의하여 <u>면직</u>된 후	<u>2년</u>이 지나지 아니한 자
	(7호) 공무원 재직 중 징계처분에 의하여 정직되고	정직기간 중에 있는 자(정직기간 중에 퇴직하더라도 해당 징계처분에 의한 정직기간이 끝날 때까지 정직기간 중에 있는 것으로 봄)
	(8호) 피성년후견인 또는 피한정후견인	–
	(9호) 파산선고를 받고	복권되지 아니한 자
	(10호) 이 법에 따라 영구제명된 자	–
3. 심신장애로 인하여		<u>변호사 직무를 수행하는 것이 현저히 곤란한 자</u>
4. 공무원 재직 중 위법행위로 인하여 •[주의] 직무관련성 요구 X	형사소추(과실범으로 공소제기되는 경우 제외) 받은 자로서	<u>변호사 직무를 수행하는 것이 현저히 부적당하다고 인정되는 자</u> **+ 이에 해당하여 등록거부 시에는 1년 이상 2년 이하의 등록금지기간**을 정하여야
	또는 징계처분(파면, 해임, 면직 및 정직(정직기간 중으로 한정) 제외) 받은 자로서 ▸ (주로 정직보다 가벼운 처분)	
	그 위법행위와 관련하여 퇴직한 자로서	
5. <u>제4호(**공무원 재직 중 위법행위**)에 해당하여 **등록거부**되거나 **등록취소**된 후</u>		등록금지기간이 지나지 아니한 자

▸ 판례는 등록거부사유는 한정적 열거규정으로 봄(대법원 2021. 1. 28. 선고 2019다260197 판결). 따라서 위 규정상 사유가 아닌 사유를 내세워 등록을 거부할 수 없음.

◎ 등록거부 절차 (이하 변호사법 제9조~제12조 주요내용 정리)

▸ 등록심사위원회의 설치: <u>등록거부 또는 등록취소 사항</u> 심사를 위하여 대한변호사협회에 등록심사위원회를 설치.

▸ 등록심사위원회의 구성: (i) 판사 1명(법원행정처장 추천), (ii) 검사 1명(법무부장관 추천), (iii) 변호사 4명(대한변호

사협회 총회 선출), (iv) 법학 교수 1명(대한변호사협회의 장 추천), (v) 경험과 덕망 있는 자로서 변호사 아닌 자 2명(대한변호사협회의 장 추천).

▸ 등록심사위원회의 심사: (i) 필요하다고 인정하면 당사자, 관계인 및 관계 기관·단체 등에 대하여 <u>사실을 조회하거나 자료 제출 또는 위원회에 출석하여 진술하거나 설명할 것을 **요구할 수**</u> 있음. (ii) 당사자에게 <u>위원회에 출석하여 의견을 진술하고 자료를 제출할 기회를 **주어야**</u> 함.

▸ 등록심사위원회의 의결 정족수: 재적위원 과반수 찬성.

▸ 의결의 구속력: 대한변호사협회는 의결이 있으면 이에 따라 등록이나 등록거부 또는 등록취소를 하여야.

◉ 등록거부에 대한 이의신청

▸ <u>등록거부 통지를 받은 날부터 3개월 이내에 부당한 이유를 소명하여 법무부장관에게 이의신청</u>(변호사법 제8조 제4항).

▸ 법무부장관은 이의신청이 이유 있다고 인정할 때에는 대한변호사협회에 그 변호사의 등록을 명하여야(변호사법 제8조 제5항).

마. 등록간주

▸ 대한변호사협회가 <u>등록신청을 받은 날부터 3개월이 지날 때까지 등록 또는 등록거부를 하지 아니할 때 등록이 된 것으로 봄</u>(변호사법 제8조 제3항).

▸ [관련판례] <u>변호사법 제8조 제3항이 최대 3개월 심사기간을 허용하고 있다는 사정만으로 그 기간 동안 대한변호사협회의 손해배상책임이 항상 면제된다고 볼 수 없음. 대한변호사협회는 위법한 등록 지연으로 인하여 변호사가 얻지 못한 수입(일실수입) 상당액의 손해를 배상할 의무가 있음.</u>

> 대법원 2021. 1. 28. 선고 2019다260197 판결 [손해배상(기)]
> … 피고 협회 소속 임직원의 고의·과실로 위법하게 등록이 지연되어 등록을 신청한 변호사에게 재산상 손해가 발생한 경우에는 피고 협회는 그 지연한 기간 동안 배상책임을 부담한다고 보아야 하고, <u>변호사법 제8조 제3항이 최대 3개월의 심사기간을 허용하고 있다는 사정만으로 그 기간 동안 피고 협회의 배상책임이 항상 면제된다고 볼 수는 없다.</u>
> … 피고 협회의 위법한 변호사등록 지연으로 말미암아 원고가 변호사 개업활동을 하지 못하여 원고에게 수입이 줄어드는 재산상 손해가 발생하였을 것으로 넉넉하게 추단할 수 있으므로, <u>다른 특별한 사정이 없는 한 피고 협회는 원고에게 변호사등록이 위법하게 지연됨으로 인하여 얻지 못한 수입 상당액의 손해를 배상할 의무가 있다</u>고 보아야 한다.
> … 다만, 여기에서 손해배상의 대상이 되는 <u>일실수입이란 원고가 변호사등록을 마치고 변호사로서 직업활동을 영위하면서 노무를 제공하여 얻을 수 있는 '근로소득'에 한정된다.</u> 변호사등록을 마친 후 타인에게 고용되어 일하려고 한 것이 아니라, <u>개인사업자 또는 법무법인의 구성원으로서 직업활동을 영위하여 얻을 수 있는 변호사의 수입은 '사업소득'에 해당하므로, 그중 인적·물적 경비와 자본수입을 공제한 나머지가 손해배상의 대상이 되는 일실수입에 해당한다.</u> … 또한 원고가 변호사등록이 위법하게 지연된 기간에 변호사자격이 없는 일반 근로자로서 타인에게 고용되어 일함으로써 급여소득을 얻었다면 그 급여소득액은 손해배상의 대상이 되는 일실수입액에서 공제(손익상계)하여야 한다.
> 그런데도 원심은, 피고 협회가 변호사법 제8조 제3항에서 정한 '등록신청일로부터 3개월' 내에 원고의 변호사등록을 마쳤다는 이유만으로 원고의 변호사등록이 부당하게 지연되었다고 볼 수는 없다고 판단하였다. 이러한 원심 판단에는 변호사법의 등록심사기간 등에 관한 법리를 오해하여 판결에 영향을 미친 잘못이 있다.

2. 소속 변경등록

◉ 새로 가입하려는 지방변호사회를 거쳐 대한변호사협회에 소속 변경등록을 신청 & 종전 소속 지방변호사회에 신고.

> 변호사법
> 제14조(소속 변경등록) ① 변호사는 지방변호사회의 소속을 변경하려면 새로 가입하려는 지방변호사회를 거쳐 대한변호사협회에 소속 변경등록을 신청하여야 한다.
> ② 제1항에 따라 소속이 변경된 변호사는 지체 없이 종전 소속 지방변호사회에 신고하여야 한다.

3. 개업, 법률사무소 이전, 일시 휴업

소속 지방변호사회와 대한변호사협회에 신고하여야 함(변호사법 제15조, 제16조).

---

2 등록취소

1. 필요적 등록취소 사유

- ▸ "다음 각 호의 어느 하나에 해당하면 변호사의 등록을 <u>취소하여야 한다</u>" (이하 변호사법 제18조 제1항 각호 정리)
- ▸ [Tip] 등록거부 사유, 그 중에서도 기간(5년, 2년 등) 중심으로 암기한 뒤, **등록거부 사유와 구별되는 부분**을 추가적으로 보는 방식으로 접근하기를 권장함.
- ▸ [주의] 변호사법 제5조에 따른 결격사유에 해당하는 경우 당연히 변호사 직무를 수행할 수 없는 것이고 이후의 등록취소는 확인적 절차에 불과하므로, 등록취소가 있어야만 변호사 직무 수행이 금지되는 것이 아님.

필요적 등록취소 사유		제한의 기간 또는 사유
1. 사망		-
2. 제4조에 따른 변호사의 자격이 없거나 제5조에 따른 결격사유에 해당하는 경우 ▸ 변호사의 자격: 사법시험에 합격하여 사법연수원의 과정 수료 / 판사나 검사의 자격 / 변호사시험에 합격		
3. 제4조에 따른 변호사의 자격이 없거나 **제5조에 따른 결격사유에 해당하는 경우**	(1호) 금고 이상의 형(刑)을 선고받고	<u>집행이 끝나거나 집행을 받지 아니하기로 확정된 후 5년</u>이 지나지 아니한 자
	(2호) 금고 이상의 형의 **집행유예**를 선고받고	**유예기간이 지난 후 2년**이 지나지 아니한 자
	(3호) 금고 이상의 형의 **선고유예**를 받고	**유예기간 중**에 있는 자
	(4호) 탄핵이나 징계처분에 의하여 <u>파면</u>되거나 이 법에 따라 <u>제명</u>된 후	<u>5년</u>이 지나지 아니한 자
	(5호) 징계처분에 의하여 <u>해임</u>된 후	<u>3년</u>이 지나지 아니한 자
	(6호) 징계처분에 의하여 <u>면직</u>된 후	2년이 지나지 아니한 자
	(7호) 공무원 재직 중 징계처분에 의하여 <u>정직</u>되고	정직기간 중에 있는 자(정직기간 중에 퇴직하더라도 해당 징계처분에 의한 정직기간이 끝날 때까지 정직기간 중에 있는 것으로 봄)
	(8호) 피성년후견인 또는 피한정후견인	-

필요적 등록취소 사유		제한의 기간 또는 사유
	(9호) 파산선고를 받고	복권되지 아니한 자
	(10호) 이 법에 따라 영구제명된 자	–
4. 제17조에 따른 등록취소 신청이 있는 경우		-
▸ 제17조: 변호사는 폐업하려면 소속 지방변호사회를 거쳐 대한변호사협회에 등록취소를 신청하여야		
5. 제19조에 따른 등록취소 명령이 있는 경우		-
▸ 제19조: 법무부장관은 변호사 명부에 등록된 자가 제4조에 따른 변호사의 자격이 없거나 제5조에 따른 결격사유에 해당한다고 인정하는 경우 대한변호사협회에 그 변호사의 등록취소를 명하여야		

2. 임의적 등록취소 사유 (변호사법 제18조 제2항)

▸ "등록심사위원회의 의결을 거쳐 변호사의 등록을 취소할 수 있다" (이하 변호사법 제18조 제2항 정리,등록거부 사유 가운데 3호, 4호와 같음)

필요적 등록취소사유		제한의 기간 또는 사유
심신장애로 인하여		변호사 직무를 수행하는 것이 현저히 곤란한 자
공무원 재직 중 위법행위로 인하여 •[주의] 직무관련성 요구 X	형사소추(과실범으로 공소제기되는 경우 제외) 받은 자로서	변호사 직무를 수행하는 것이 현저히 부적당하다고 인정되는 자 + 이에 해당하여 등록거부 시에는 1년 이상 2년 이하의 등록금지기간을 정하여야
	또는 징계처분(파면, 해임, 면직 및 정직 (정직기간 중으로 한정) 제외) 받은 자로서 ▸ (주로 정직보다 가벼운 처분)	
	그 위법행위와 관련하여 퇴직한 자로서	

3. 등록취소 절차 (이하 변호사법 제18조 주요내용 정리)

◉ 등록심사위원회의 의결
  ▸ (i) 등록취소에 등록심사위원회의 의결을 거쳐야 하는 경우: 필요적 등록취소 사유 중 제4조에 따른 변호사의 자격이 없거나 제5조에 따른 결격사유에 해당하는 경우, 임의적 등록취소 사유 전부
  ▸ (ii) 의결 거칠 필요 없는 경우: 나머지 등록취소 사유 전부
◉ → 대한변호사협회의 등록취소
◉ → 신청인에 대한 통지(사유 명시 필요)

4. 등록취소에 대한 이의신청

◉ 등록취소 통지를 받은 날부터 3개월 이내에 부당한 이유를 소명하여 법무부장관에게 이의신청(변호사법 제18조 제4

항, 제8조 제4항).

◎ 법무부장관은 이의신청이 이유 있다고 인정할 때에는 대한변호사협회에 그 변호사의 등록을 명하여야(변호사법 제18 조 제4항, 제8조 제5항).

5. 지방변호사회의 보고의무

지방변호사회는 소속 변호사에게 필요적 등록취소 사유가 있다고 인정하면 지체 없이 대한변호사협회에 이를 보고하여야 함(변호사법 제18조 제5항).

3 등록, 등록취소 등의 통지 및 보고

◎ 대한변호사협회는 변호사 **등록, 등록거부, 소속 변경등록 및 그 거부, 개업, 사무소 이전, 휴업, 등록취소** 사항을 소속 지방변호사회에 통지하고 법무부장관에게 보고하여야 함.

> 변호사법
> 제20조(보고 등) 대한변호사협회는 변호사의 **등록 및 등록거부, 소속 변경등록 및 그 거부, 개업, 사무소 이전, 휴업 및 등록취소**에 관한 사항을 지체 없이 소속 지방변호사회에 통지하고 법무부장관에게 보고하여야 한다.

덕조윤리 개념편

법률사무소·
법무법인 등의
개설·운영

04

1 법률사무소의 개설 · 운영

1. 법률사무소의 개설

가. 개요

◎ 변호사는 법률사무소를 개설할 수 있으며, 법률사무소는 소속 지방변호사회의 지역에 두어야.

◎ 변호사는 둘 이상의 법률사무소 설치가 금지되며, 이는 징계 사유에 해당하나 형서처벌 사유는 되지 않음에 유의할 것.

◎ [참고] 법무법인 · 법무법인(유한) · 법무조합 · 합작법무법인은 분사무소를 둘 수 있음.

◎ [참고] 변호사 자격증과 별도로 취득한 자격(세무사, 법무사, 공인중개사 등)으로 사무실을 개설하는 것은 이중 사무소 설치 금지와 관계 없음(대한변협 2004. 11. 18. 질의회신 등).

> 변호사법
> 제21조(법률사무소) ① 변호사는 법률사무소를 개설할 수 있다.
> ② 변호사의 법률사무소는 소속 지방변호사회의 지역에 두어야 한다.
> ③ 변호사는 어떠한 명목으로도 둘 이상의 법률사무소를 둘 수 없다. 다만, 사무공간의 부족 등 부득이한 사유가 있어 대한변호사협회가 정하는 바에 따라 인접한 장소에 별도의 사무실을 두고 변호사가 주재(駐在)하는 경우에는 본래의 법률사무소와 함께 하나의 사무소로 본다.

나. 개설 등 요건

◎ 변호사시험에 합격한 자는 통산하여 6개월 이상 '법률사무종사기관'에서 법률사무 종사 또는 연수하여야 함(변호사법 제21조의2 제1항).

▸ 위 기간은 연속될 필요는 없으며, 둘 이상의 기관에 종사 또는 연수 시 기간이 중첩되지 않는 범위에서 합산함.

▸ 법률사무종사기관:

(i) 국회, 법원, 헌법재판소, 검찰청

(ii) 대한법률구조공단, 정부법무공단

(iii) 법무법인, 법무법인(유한), 법무조합, 법률사무소, 합작법무법인

(iv) 국가기관, 지방자치단체와 그 밖의 법인, 기관 또는 단체

(v) 국제기구, 국제법인, 국제기관 또는 국제단체 중에서 법무부장관이 지성한 곳

(vi) 대한변호사협회

↳ 위 (iii) 및 (iv)는 통산하여 5년 이상 (변호사 등) 직에 있었던 사람 1명 이상이 재직하는 기관일 것이 요구됨(이 경우 직 중에서 둘 이상의 직에 재직한 사람의 재직기간은 합산(변호사법 시행령 제2조 제2항 제1호)).

↳ 연수기관은 대한변호사협회 또는 위 (iii) 중 대한변호사협회가 연수를 위탁한 기관에 한정됨.

◎ 위 요건에 해당하지 못할 경우 (i) 단독으로 법률사무소를 최초로 개설하는 것, (ii) 법무법인, 법무법인(유한) 또는 법무조합의 구성원이 되는 것(주: 소속변호사가 되는 것은 가능), (iii) 사건을 단독 또는 공동으로 수임(법무법인 · 법무법인(유한) · 법무조합 · 합작법무법인의 담당변호사로 지정 포함)하는 것이 제한되며(변호사법 제21조의2 제3항, 제31조의2 제1항), 위반시 형사처벌(동법 제113조 제1호, 제6호).

▸ 위 (i)~(iii)을 하려면 요건 해당 사실을 증명하는 확인서(대한변호사협회 연수 제외)를 받아 지방변호사회를 거쳐 대

한변호사협회에 제출하여야 하며(변호사법 제21조의2 제3항, 제31조의2 제2항), 확인서를 거짓으로 작성하거나 거짓으로 작성된 확인서를 제출하는 경우 형사처벌(동법 제113조 제2호).

2. 사무직원

가. 사무직원 채용

◎ 변호사는 법률사무소에 사무직원을 둘 수 있음(변호사법 제22조 제1항).

◎ 변호사 법무법인 · 법무법인(유한) · 법무조합 · 합작법무법인이 사무직원 채용 시 소속 지방변호사회에 신고하여야 하며(대한변호사협회 회칙 제41조 제1항), 위반 시 징계 사유에 해당됨(변호사법 제91조 제2항 제2호 "소속 지방변호사회나 대한변호사협회의 회칙을 위반한 경우").

◎ 변리사 · 세무사 · 행정사의 자격을 가진 자, 손해사정인 등도 사무직원으로 채용할 수 있음. 다만, 사무직원은 변호사 업무를 보조하는 역할을 맡도록 되어 있으므로 사무직원으로 고용된 위 자격자들은 독립된 지위에서 그의 이름으로 업무를 처리할 수 없음. (대한변협 2005. 8. 2. 질의회신 등)

나. 사무직원 채용 결격 사유 (이하 변호사법 제22조 제2항 정리)

결격 사유		제한 기간 또는 사유
1. '변호사법 제22조 제2항 제1호의 법률'에 따라 유죄판결을 받은 자로서	가. **징역 이상의 형**을 선고받고	집행이 끝나거나 집행을 받지 아니하기로 확정된 후 **3년**이 지나지 아니한 자 ▸ [Tip] 변호사 등록거부 · 등록취소 사유, 외국법자문사 결격 사유는 5년이고, **사무직원 결격 사유**만 **3년**임에 유의할 것!
	나. **징역형의 집행유예**를 선고받고	유예기간이 지난 후 2년이 지나지 아니한 자
	다. **징역형의 선고유예**를 받고	유예기간 중에 있는 자
2. 공무원으로서 징계처분에 의하여 파면되거나 해임된 후		3년이 지나지 아니한 자
3. 피성년후견인		

◎ '변호사법 제22조 제2항 제1호의 법률'

▸ (i) 변호사법

▸ (ii) 형법 제129조~제132조: 수뢰, 사전수뢰, 제3자뇌물제공, 수뢰후부정처사, 사후수뢰

▸ (iii) 특정범죄가중처벌 등에 관한 법률 제2조, 제3조: 뇌물죄의 가중처벌, 알선수재

▸ (iv) 그 밖에 대통령령으로 정하는 법률 (변호사법 시행령 제6조)

　↳ 특정경제범죄 가중처벌 등에 관한 법률 제3조 제1항: 사기, 공갈, 횡령, 배임 가중처벌

　↳ 형법 제347조, 제347조의2, 제348조, 제348조의2, 제349조~제352조, 제355조~357조, 제359조: 사기, 컴퓨터등사용사기, 준사기, 편의시설부정이용, 부당이득, 공갈, 특수공갈, 상습사기, 사기 공갈 등 미수범 / 횡령, 배임, 배임수증재 및 그 미수범

> ↳ 폭력행위 등 처벌에 관한 법률 제4조, 제5조, 제6조(같은 법 제2조, 제3조의 경우는 제외): <u>범죄단체의 구성, 단체 등의 이용 및 지원</u> 및 그 미수범
>
> ↳ 마약류 관리에 관한 법률 제58조~제64조: <u>벌칙조항(각종 마약범죄)</u>

- ▸ [Tip] 1단계로 변호사법 제22조 제2항 제1호의 법률 해당여부 검토, 2단계로 징역형 이상인지 검토, 3단계로 결격기간 검토(실형 3년, 집행유예 2년, 선고유예 그 기간 내)
- ▸ [Tip] 위 특정범죄가중처벌 등에 관한 법률 제3조 알선수재는 "공무원의 직무에 속한 사항"을 구성요건으로 함. 특정경제범죄 가중처벌 등에 관한 법률 제7조 알선수재의 죄("금융회사등의 임직원의 직무에 속하는 사항"을 구성요건으로 함)는 포함되지 않음에 유의할 것.
- ▸ [Tip] 강도, 살인, 강간, 위증 등 중범죄 중에서도 위 법률에 해당하지 않는 죄목이 있다는 점에 유의할 것.

◎ 지방변호사회의 장은 관할 지방검찰청 검사장에게 소속 변호사의 사무직원 채용과 관련하여 결격 사유에 따른 전과 사실의 유무에 대한 조회를 요청할 수 있음(변호사법 제22조 제4항).

다. 사무직원 중복소속 금지

◎ 원칙: 변호사 사무직원은 둘 이상의 법률사무소에 소속할 수 없음(변호사 사무원규칙 제3조의2, 2018. 2. 26. 신설).

◎ 예외: 법률사무소의 경비 절감, 공간 부족 등 사유가 있는 경우 셋 이하의 법률사무소에 공동 소속 가능('공동사무직원'). 이 경우 (i) 셋 이하의 법률사무소는 인접성을 갖추어야 하고, (ii) 공동사무직원 수는 원칙적으로 2인 이하로 하여야 하며, 3인 이상으로 하는 경우 소속 법률사무소들 변호사 총수의 1/2 범위 내에서 지방변호사회가 허가할 수 있음. (변호사 공동 사무직원 규정 제2조, 제3조)

- ▸ [참고] 공동사무직원 외 다른 사무직원이 없는 경우에만 채용할 수 있다는 조항은 2021. 10. 5. 삭제됨.

라. 사무직원에 관한 변호사의 의무 (변호사윤리장전 윤리규약 제8조)

◎ 사건 유치를 주된 임무로 하는 사무직원 채용 금지 (제1항)

◎ 사무직원에게 사건유치 대가 지급 금지 (제2항)

- ▸ [징계사례] 사무직원에게 임금 외에 사건 소개료를 수당으로 지급하기로 약속하고 그에게 '상여금' 명목으로 실제 수당을 지급한 사안에서 소개 · 알선 대가지급 금지의무(변호사법 제34조 제2항, 변호사윤리장전 윤리규약 제8조 제2항) 위반이 인정되어 징계 O.

  변호사법
  제34조(변호사가 아닌 자와의 동업 금지 등) ① 누구든지 법률사건이나 법률사무의 수임에 관하여 다음 각 호의 행위를 하여서는 아니 된다.
  1. 사전에 금품 · 향응 또는 그 밖의 이익을 받거나 받기로 약속하고 당사자 또는 그 밖의 관계인을 특정한 변호사나 그 사무직원에게 소개 · 알선 또는 유인하는 행위
  2. 당사자 또는 그 밖의 관계인을 특정한 변호사나 그 사무직원에게 소개 · 알선 또는 유인한 후 그 대가로 금품 · 향응 또는 그 밖의 이익을 받거나 요구하는 행위

◎ 사무직원 채용 시 다른 변호사와 부당 경쟁 또는 신의에 어긋나는 행위 금지 (제3항)

◉ 변호사의 사무직원에 대한 지휘 · 감독 의무: 법령, 대한변호사협회 및 소속 지방변호사회의 회칙, 규칙 등을 준수하여 성실히 사무에 종사하도록 (제4항)

마. 사무직원의 의무 (변호사 사무직원 규칙 제6조, 제7조)

품위유지의무, 비밀유지의무, 독직행위금지의무, 변호사법 위반행위자로부터 알선 금지의무, 연수의무

바. 사무직원의 불법행위에 대한 변호사의 사용자책임

사무직원의 불법행위가 객관적 · 외형적으로 변호사의 직무집행행위와 관련된 범위 내에 있다고 인정될 때, 피해자에게 사무직원의 행위가 직무권한 내에서 적법하게 행하여진 것이 아니라는 사정에 관하여 고의 내지 중과실이 있다고 볼 수 없는 이상 변호사는 민법 제756조의 사용자책임 부담. (울산지방법원 2020. 10. 20. 선고 2019가단2581 판결 등)

2 공동사무소의 개설 · 운영

◉ 공동사무소는 변호사법에 규정이 없어 구성원들의 계약에 따라 그 구성 및 운영 형태가 자유롭게 규율되고 있음. 의뢰인 등 외부에 대한 책임에 관하여도 별도의 규정이 없으므로 일반적으로 변호사 각자 책임을 부담하는 것으로 봄.

◉ 공동사무소는 (i) 사건 수임이나 보수는 각자 처리하되 사무소 운영 경비는 분담하는 경비공동형, (ii) 사건을 통일적으로 수임 등 처리하여 일정 기준에 따라 구성원에게 수익을 분배하는 수지공동형, (iii) 비용을 분담하거나 수익을 분배하지 않고 편의상 사무실만 공동으로 사용하는 형태로 분류할 수 있음.

◉ 대한변호사협회 회칙은 제39조에서 (i) 공증인가합동법률사무소, (ii) 공동법률사무소(사업자등록을 2인 이상이 같이 하는 경우와 2인 이상이 개인명의 이외의 명칭을 사용하는 경우) 두 가지 유형을 제시하고 있음(이 중 공증인가합동법률사무소는 2005년 변호사 겸업 공증인 제도가 폐지됨에 따라 더 이상 설립되지 않고 있음).

◉ 공동사무소는 법무법인 · 법무법인(유한) · 법무조합과 동일 또는 유사한 명칭 사용이 금지됨. (대한변호사협회 회칙 제39조)

3 법무법인 등의 개설 · 운영

(아래 각 표에 한하여 "법무법인 등"은 법무법인 · 법무법인(유한) · 법무조합을 의미함.)

1. 기본 개념

항목	법무법인	법무법인(유한)	법무조합
변호사법 조문	제40조~제58조	제58조의2~제58조의17	제58조의18~제58조의31
정의	구성원 변호사들이 법인의 채무에 대하여 무한 · 연대책임을 지는 법률사무소의 형태	구성원 변호사들이 법인의 채무에 대하여 출자금액을 한도로 유한책임을 지는 법률사무소의 형태	구성원 변호사들이 법무조합의 채무에 대하여 그 채무발생 당시의 손실 분담 비율에 따라 책임

항목	법무법인	법무법인(유한)	법무조합
			을 지는 법률사무소의 형태
준용 규정	상법 중 합명회사에 관한 규정 준용	상법 중 유한회사에 관한 규정 준용	민법 중 조합에 관한 규정 (제713조 제외) 준용
설립 절차	• (i) 정관 작성 • (ii) 주사무소 소재지의 지방변호사회와 대한변호사협회를 거쳐 • (iii) 법무부장관의 인가 • (iv) 설립등기 (인가 후 2주 이내)		• (i) 규약 작성 • (ii) 주사무소 소재지의 지방변호사회와 대한변호사협회를 거쳐 • (iii) 법무부장관의 인가 • (iv) 법무부장관의 관보 고시 (성립 시기: 고시 시)

2. '구성원 변호사' 및 '구성원 아닌 소속 변호사'

항목	법무법인	법무법인(유한)	법무조합
구성원 요건	• 3명 이상 • 1명 이상이 통산 5년 이상 (변호사 등) 직에 있었던 자	• 7명 이상 • 2명 이상이 통상 10년 이상 (변호사 등) 직에 있었던 자	
구성원 결원	• 구성원 요건 불충족시 3개월 이내에 보충하여야 • 3개월 이내 결원 미보충 시 법무부장관이 설립인가 취소		
구성원 탈퇴	• 임의 탈퇴 가능 • 당연 탈퇴 사유: 　(i) 사망 　(ii) 변호사 등록취소 　(iii) 법무부장관의 업무정지명령 　(iv) 변호사법 · 공증인법에 따라 정직 이상 징계처분 　(v) 정관(조합의 경우 규약)에 정한 사유 발생		
소속 변호사	구성원 아닌 소속 변호사를 둘 수 있음 [*]		
이사	규정 없음	• 3명 이상을 두어야 • 이사가 될 수 없는 경우: 　(i) 구성원이 아닌 자 　(ii) 설립인가가 취소된 법무법인(유한)의 취소 사유 발생 당시의 이사로서 그 취소 후 3년이 지나지 아니한 자 　(iii) 법무부장관의 업무정지명령에 따른 업무정지 기간 중에 있는 자	규정 없음

항목	법무법인	법무법인(유한)	법무조합
감사	규정 없음	• 1명 이상을 둘 수 있음 • 변호사일 것을 요함	규정 없음

[*] '구성원 변호사'와 '구성원 아닌 소속 변호사'

◎ 법무법인 등에서 업무를 수행하는 변호사는 '구성원 변호사'(Partner)와 '구성원 아닌 소속 변호사'(Associate)로 분류할 수 있음.

◎ 관련판례:

▸ **법무법인 '구성원 변호사'의 근로자 해당 여부 판단 기준**

  ↘ 변호사가 '구성원 변호사'로 등기하여 근무하다가 퇴직 후 근로자임을 주장하여 퇴직금 지급을 구한 사안에서, 종속적 관계에 있었다는 점에 비추어 실질적으로 법무법인과의 관계(내부관계)에서 근로자의 지위가 인정된다고 본 사례.

  대법원 2012. 12. 13. 선고 2012다77006 판결 [퇴직금]
  [1] 근로기준법 제2조 제1항 제1호는 직업의 종류와 관계없이 임금을 목적으로 사업이나 사업장에 근로를 제공하는 자를 근로자로 규정하고 있다. 근로자에 해당하는지는 계약 형식이 민법상 고용계약인지 또는 도급계약인지에 관계없이 그 실질 면에서 근로자가 사업 또는 사업장에 임금을 목적으로 종속적 관계에서 사용자에게 근로를 제공하였는지에 따라 판단하여야 한다. 그러한 종속적 관계가 있는지를 판단하려면, 업무 내용이 사용자에 의하여 정하여지고 취업규칙 또는 복무(인사)규정 등의 적용을 받으며 업무수행 과정에서도 사용자로부터 구체적, 개별적인 지휘·감독을 받는지 여부, 사용자에 의하여 근무시간과 근무장소가 지정되고 이에 구속을 받는지 여부, 근로자 스스로 제3자를 고용하여 업무를 대행케 하는 등 업무의 대체성 유무, 비품 등의 소유관계, 보수의 성격이 근로 자체에 대한 대상적 성격이 있는지 여부와 기본급이나 고정급이 정하여져 있는지 여부 및 근로소득세의 원천징수 여부 등 보수에 관한 사항, 근로제공관계의 계속성과 사용자에 대한 전속성 유무와 정도, 사회보장제도에 관한 법령 등 다른 법령에 의하여 근로자 지위를 인정받는지 여부, 양 당사자의 사회·경제적 조건 등을 종합적으로 고려하여 판단하여야 한다. 법무법인에 근무하는 변호사의 근로자 해당 여부도 변호사법에 규정된 변호사의 추상적 지위나 구성원 등기 여부 등의 형식만을 따질 것이 아니라 위와 같은 기준을 종합적·실질적으로 고려하여 판단하여야 한다.
  [2] 사법연수원 수료 직후 甲 법무법인에 취업하여 변호사 업무를 시작한 乙과 丙이 취업 다음 해부터 구성원 변호사로 등기되어 근무하다 퇴직한 후 자신들이 근로자에 해당한다고 주장하며 퇴직금 지급을 구한 사안에서, 구성원으로 등기하거나 탈퇴하는 과정에서 지분을 양수하거나 양도한 증거가 없고, 구성원 등기 전후의 근무형태 역시 큰 변화 없이 유지된 점, 甲 법무법인으로부터 이익배당을 받거나 손실을 부담한 사실이 없으며, 사건 수임과 상관없이 매달 일정한 금액의 급여를 받은 점, 스스로 사건을 수임한 사례가 거의 없이 甲 법무법인으로부터 배당받은 업무를 처리해 온 점, 자신들이 구성원으로 등기된 사실을 퇴직 1년 전 또는 퇴직 시에야 알게 되었다고 주장하고 있는 점 등 여러 사정에 비추어, 乙과 丙은 甲 법무법인의 구성원으로 등기되어 있었지만 실질적으로는 甲 법무법인에 대하여 임금을 목적으로 종속적인 관계에서 근로를 제공하는 근로자 지위에 있었다고 본 원심판단을 수긍한 사례.

▸ **법무법인 '구성원 변호사'의 대외적 책임 판단 기준**

  ↘ 법무법인 구성원 변호사로 등기되어 있으나, 법무법인으로부터 채용되어 매월 급여를 받고 공증업무만 담당하였을 뿐 피고 법인의 운영에는 전혀 관여하지 않았으므로 법인등기부상 기재에도 불구하고 구성원 변호사라고 볼 수 없어 법무법인과 연대책임을 지우는 것은 부당하다고 주장한 사안에서, 변호사법 제58조 제1항에 의하여 준용되는 상법 제212조는 회사 채권자를 보호하기 위한 강행규정에 해당하며, 변호사가 실질적으로 법무법인의 운영에 관여하지 아니하였다는 것은 법무법인 내부적인 사정에 불과하므로 위 사정만으로 법무법인의 채권자에게

대항할 수 없다고 판단하여 위 변호사의 주장을 배척한 사례. (대법원 2013. 11. 28. 선고 2013다55812 판결)

‣ [Tip] 위 두 판례의 의의

↪ 법무법인에서 '구성원 변호사로 등기만 되어 있을 뿐 실질적으로 구성원으로서 활동하지 아니하는 변호사'는 <u>내부관계(법무법인과의 관계)</u>에서는 실질적으로 법무법인 운영에 관여하지 아니하고 매월 일정한 급여를 받는다는 등의 점을 들어 <u>근로자의 지위에 있음</u>을 주장하여 퇴직금 등을 청구할 수 있으나, <u>외부관계(법무법인의 채권자와의 관계)</u>에서는 실질적으로 법무법인 운영에 관여하지 아니하였다는 점을 들어 법무법인과의 연대책임을 회피할 수 없음.

3. 사무소

항목	법무법인	법무법인(유한)	법무조합
분사무소	• 분사무소를 둘 수 있음 ‣ 주사무소에 통산 5년 이상 1명을 포함하여 구성원 1/3 이상 주재하여야 ‣ 분사무소에 구성원 1명 이상 주재하여야 ‣ 시군구 관할구역마다 분사무소 1개만 둘 수 있음 → [참고] 상법 상 다른 법률상 제한이 없는 한 동일 시군구 내 주사무소와 별개의 분사무소를 두는 것은 가능(대한변협 2010. 4. 7. 질의회신) ‣ 분사무소임을 표시하여야		
사무소 신고	개업, 이전, 분사무소 설치 시, 주사무소 소재지의 지방변호사회와 대한변호사협회를 거쳐 <u>법무부장관</u>에게 신고하여야		
사무소 별도 설치	구성원 변호사 & 구성원이 아닌 소속 변호사는 법무법인 등 외에 따로 법률사무소를 둘 수 없음		

[관련논점]
• 자본 총액 규정:
   ‣ '법무법인(유한)'만 자본 총액 규정을 두고 있음(∵ 출자액 한도 유한책임).
     ↪ 자본 총액은 5억원 이상이어야
     ↪ 출자 1좌 금액은 1만원으로 하고, 각 구성원은 3천좌 이상 출자하여야

4. 업무의 내용, 집행 방법 및 제한

항목	법무법인	법무법인(유한)	법무조합
법무법인 등의 업무	• = 변호사법과 다른 법률에 따른 변호사의 직무에 속하는 업무 • 다른 법률에서 변호사에게 일정 자격을 인정하는 경우(Ex. 변리사) 그 구성원이나 구성원이 아닌 변호사가 그 자격에 의해 수행할 수 있는 직무(Ex. 특허청에 대한 대리): 법무법인 등의 업무로 할 수 있음		
법무법인 등의 업무 집행 방법	• 법인 명의로 업무 수행하며, 그 업무를 할 담당변호사 지정 [**]		• 구성원 과반수 결의에 의함

항목	법무법인	법무법인(유한)	법무조합
	▸ 구성원 아닌 소속 변호사는 구성원과 공동 지정하여야 (즉, 담당 변호사에는 구성원 1인 이상 반드시 포함) ▸ 담당변호사 지정 없으면 구성원 모두 담당변호사로 지정한 것으로 봄 ▸ 담당변호사 지정·변경 시 위임인에게 서면 통지하여야 ▸ 담당변호사는 지정 업무 수행 시 각자가 법인을 대표		▸ 다만, 둘 이상의 업무집행구성원을 두는 경우 그 과반수 결의에 의함 • 기타 업무 집행 방법은 법무법인과 동일
법무법인 등의 업무 제한	법무법인 등이 인가공증인으로서 공증한 사건에 관하여는 원칙적으로 <u>변호사 업무 수행할 수 없음</u> (대통령령으로 정하는 예외 있음: 변호사법 제51조 단서)		
구성원 및 소속 변호사의 업무 제한	• 구성원 및 구성원 아닌 소속 변호사는 <u>자기나 제3자의 계산으로 변호사 업무 수행할 수 없음</u> • 구성원이었거나 구성원 아닌 소속 변호사였던 자는 법무법인 등 소속 기간 중 그 법인이 상의를 받아 <u>수임을 승낙한 사건에 관하여는 변호사 업무 수행할 수 없음</u> ▸ 제한 기간: 법무법인 등의 <u>수임 승낙 당시의 심급에 계속 중일 때</u>로 해석. 따라서 당해 심급에서 사건 종결 이후에는 수임 제한되지 않음		

[**] 법무법인이 소송의 당사자가 되는 경우

• 법무법인이 <u>스스로 소송의 당사자</u>(원고 또는 피고)가 되는 경우에는 <u>등기된 법무법인 대표자</u>만이 법무법인을 대표하여 업무를 수행할 수 있고, <u>다른 구성원 변호사를 담당변호사로 지정할 수 없음</u>(그 지정된 자가 소송을 수행하였더라도 이는 대표권 없는 자의 소송행위이므로 적법한 대표자가 그 소송행위를 추인하였다는 등의 특별한 사정이 없는 한 무효). (대법원 2022. 5. 26. 선고 2017다238141 판결)

5. 손해배상책임

항목	법무법인	법무법인(유한)	법무조합

구성원 책임	직접, 연대, <u>무한책임</u>
	  ▸ 법무법인 재산으로 법무법인 채무 완제할 수 없을 때에는 각 구성원이 연대변제책임
		출자금액 한도 내 <u>유한책임</u>	채무 발생 당시의 <u>손실분담 비율</u>에 따라 책임
			  ▸ 수임사건 관련 손해배상 제외

수임사건 관련 손해배상책임의 주체	(i) 법무법인이 주체가 되는 것이 원칙 (ii) 대표변호사 또는 담당변호사: 고의·과실로 위임인에게 손해를 발생시킨 경우 <u>불법행위 손해배상책임에 한하여</u> 법무법인과 연대책임 O (채무불이행책임은 연대 X) **(판례) [***]**	(i) 법무법인(유한)이 주체가 되는 것이 원칙 (ii) 담당변호사: 고의·과실로 위임인에게 손해를 발생시킨 경우 법무법인(유한)과 연대책임 O (iii) 직접 지휘·감독한 구성원: 손해배상책임 O (다만 지휘·감독 주의를 게을리 하지 않았음을 증명한 경우에는 책임 X) **(제58조의11)**	(i) 법무조합이 주체가 되는 것이 원칙 (ii) 담당변호사: 고의·과실로 위임인에게 손해를 발생시킨 경우 책임 O (법무조합과 연대 X) (iii) 직접 지휘·감독한 구성원: 손해배상책임 O (다만 지휘·감독 주의를 게을리 하지 않았음을 증명한 경우에는 책임 X) **(제58조의25)**
손해배상책임 보장	규정 없음	손해배상 준비금 적립 or 보험 가입 or 공제기금 가입의무	

[★★★] 법무법인 담당변호사의 수임사건 관련 손해배상 연대책임 부담 여부

- **[판례: 법무법인 담당변호사는 수임사건 관련 불법행위 손해배상책임에 대하여만 연대책임 부담]** (이하 대법원 2013. 2. 14. 선고 2012다77969 판결의 내용 정리)

  ▸ 법무법인(유한), 법무조합과 달리 법무법인의 경우 수임사건 관련 손해배상책임 규정이 없고, 이에 따라 변호사법 제58조 제1항(다른 법의 준용)에 의하여 준용되는 상법 제210조(사원의 연대책임)가 적용되며, 상법 제210조는 법인의 불법행위능력에 관한 민법 제35조 제1항의 특칙에 해당함.

    따라서 법무법인 담당변호사는 수임사건 관련 <u>불법행위</u>에 기한 손해배상책임에 대하여만 연대책임을 부담하고, 상<u>고이유서 제출기간이 지나도록 상고이유서를 제출하지 않아 상고가 기각된 사정은 소송위임계약상 채무불이행에 해</u><u>당하므로 이 경우 담당변호사는 연대책임 부담 X.</u>

- **[관련판례: 법무법인 대표변호사의 불법행위와 법무법인의 책임]** (이하 대법원 2015. 11. 12. 선고 2013다44645 판결의 내용 정리)

  ▸ 변호사법 제58조 제1항에 의하여 법무법인에 준용되는 상법 제210조는 회사의 연대책임을 규정하고 있음.

    <u>법무법인이 그 대표변호사의 불법행위로 인하여 손해배상책임을 지는 것은 대표변호사가 '업무 집행으로 인하여' 타</u><u>인에게 손해를 가한 경우이어야 하고, '업무집행으로 인하여'라 함은 그 행위 외형적으로 대표변호사의 업무 범위 내</u><u>로 보이는 경우도 포함. 그러나 대표변호사의 행위가 외형상 대표변호사의 업무 범위 내로 보인다고 인정되는 경우</u><u>에도 '상대방이 그 업무 내지는 직무권한에 속하지 아니함을 알았거나 중대한 과실로 알지 못하였다면' 법무법인은</u><u>손해배상책임을 부담하지 않음.</u>

    법무법인의 대표변호사가 소유권이전등기 말소소송 항소심의 소송대리를 법무법인에 위임한 의뢰인으로부터 양도소득세 관련 문의를 받고 의뢰인에게 소유권이전등기에 따른 양도소득세 납부 자금의 압류가능성이 있으니 대신 보관하여 주겠다며 이를 건네받아 횡령한 경우, 대표변호사가 의뢰인의 양도소득세 납부 자금을 보관한 행위를 대표변호사의 업무집행 자체로 보기는 어려우나, <u>외형상 피고 대표변호사로서의 업무집행행위에 해당됨.</u> 또한 의뢰인으로서는 전문적인 법률지식과 경험에 기초하여 성실하게 의뢰인의 권리를 옹호할 의무가 있는 변호사가 의뢰인을 위한다는 명목으로 권유한 행위가 대표변호사로서의 적법한 직무집행에 해당하지 않는다는 점을 쉽사리 알기 어려웠을 것으로 보이므로 <u>의뢰인의 악의나 중대한 과실을 인정하기 어려움. 결론적으로 법무법인은 연대책임을 부담하여야 할 것임.</u>

[관련논점]

- **구성원 변호사의 추가 가입**
  - ▸ 가입 전에 생긴 법무법인의 채무에 대하여 다른 구성원 변호사와 동일한 책임을 부담 (변호사법 제58조 제1항, 상법 제213조)
- **구성원 변호사의 탈퇴**
  - ▸ 주사무소의 소재지에서 탈퇴등기를 하기 전에 생긴 법무법인의 채무에 대하여 등기 후 2년 내에는 다른 구성원 변호사와 동일한 책임 부담 (변호사법 제58조 제1항, 상법 제225조 제1항)
- **법무법인의 소속 변호사가 구성원 변호사라고 오인하게 한 경우**
  - ▸ 법무법인의 구성원이 아닌 소속 변호사가 타인에게 자기를 구성원 변호사라고 오인하게 하는 행위를 하였을 때

에는, 오인으로 인하여 법무법인과 거래한 자에 대하여 구성원 변호사와 동일한 책임을 부담 (변호사법 제58조 제1항, 상법 제215조)

6. 인가취소, 해산 등

항목	법무법인	법무법인(유한)	법무조합
인가취소 사유	(i) **3개월 이내 구성원 결원 미보충** (ii) **업무 집행에 관한 법령 위반**	(i) **3개월 이내 구성원 결원 미보충** (ii) **업무 집행에 관한 법령 위반** (iii) 손해배상 준비금 미적립 or 보험 미가입 or 공제기금 미가입 (iv) <u>이사 중 이사 결격 사유 존재</u> (다만, 3개월 내 그 이사를 개임한 경우 제외) (v) <u>(대통령령에서 정하는) 금액 초과하여 다른 법인 출자 또는 타인의 채무 보증</u> (vi) 법령 위반하여 회계처리	(i) **3개월 이내 구성원 결원 미보충** (ii) **업무 집행에 관한 법령 위반** (iii) 손해배상 준비금 미적립 or 보험 미가입 or 공제기금 미가입
인가취소 시 청문	인가취소하려면 <u>청문하여야</u>		
해산 사유	(i) 정관에 정한 해산 사유 발생 (ii) 설립인가 취소 (iii) **구성원 전원의 동의** (iv) 합병 (v) 파산	(i) 정관에 정한 해산 사유 발생 (ii) 설립인가 취소 (iii) **구성원 과반수와 총 구성원 의결권의 3/4 이상을 가진 자의 동의** (iv) 합병 (v) 파산 (vi) **존립기간을 정한 경우 그 기간의 경과**	(i) 규약에 정한 해산 사유 발생 (ii) 설립인가 취소 (iii) **구성원 과반수의 동의(규약으로 그 비율을 높일 수 있음)** (iv) 존립기간을 정한 경우 그 기간의 경과
해산 시 신고	청산인은 지체 없이 주사무소 소재지의 지방변호사회와 대한변호사협회를 거쳐 법무부장관에게 해산 사실을 <u>신고하여야</u>		
합병 및 조직변경	• 구성원 전원의 동의로 다른 법무법인과 합병 가능 • 구성원 전원의 동의로 법무부장관의 인가를 받아 법무법인(유한) 또는 법무조합으로 조직변경 가능	규정 없음	규정 없음

[→ 공동사무소, 법무법인 등의 이익충돌 회피의무 등에 관하여는 "법무법인 등과 변호사윤리" 장 참조]

덕조윤리 개념편

외국법자문사,
외국법자문법률사무소
및 합작법무법인

05

1 외국법자문사

1. 의의 (외국법자문사법 제2조 제3호)

= (i) 외국변호사의 자격을 취득한 후 (ii) 법무부장관으로부터 자격승인을 받고 (iii) 대한변호사협회에 등록한 사람

▸ [참고] "변호사": 변호사법에 따른 변호사(사법시험 합격하여 사법연수원 수료 / 판사나 검사 / 변호사시험 합격)

▸ [참고] "외국변호사": 외국에서 변호사에 해당하는 법률 전문직의 자격을 취득하여 보유한 사람

▸ [참고] "원자격국": 외국변호사가 그 자격을 취득한 후 법률사무 수행에 필요한 절차를 마친 국가로서 대한민국에서 그 국가의 법령 등에 관한 자문 업무 등을 수행할 수 있도록 법무부장관이 지정한 국가. 다만, 어느 국가 내에 지역적으로 한정된 자격이 부여되는 여러 개의 도(道)·주(州)·성(省)·자치구 등이 있는 경우에는 그 국가의 법령 등에 따라 그 자격이 통용되는 지역의 전부를 원자격국으로 본다.

2. 자격승인

가. 자격승인 신청 (외국법자문사법 제3조)

◎ '외국법자문사가 되려는 외국변호사'는 법무부장관에게 외국법자문사의 자격승인을 신청하여야.

◎ '외국변호사 자격을 갖춘 변호사'가 신청하는 경우 변호사업을 휴업하거나 폐업하여야.

나. 자격승인 요건 (이하 외국법자문사법 제6조 제1항 제1호~제6호 요건 모두 갖추어야)

1. 원자격국이 자유무역협정등의 당사국일 것
2. 원자격국 내에서 외국변호사의 자격이 유효할 것
3. 직무 경력(3년)이 있을 것

▸ '외국변호사 자격 취득' 후 '원자격국에서 3년 이상' '법률 사무'를 수행한 경력 필요 (외국법자문사법 제4조 제1항)

↳ 원자격국 외의 외국에서 원자격국의 법령에 관한 법률 사무를 수행한 경우의 기간 산입: 최대 3년까지 (외국법자문사법 제4조 제2항, 동법 시행령 제4조 제1호)

↳ 대한민국에서 고용계약에 따라 근로자로서 원자격국의 법령에 관한 조사·연구·보고 등 사무를 주된 업무로 수행한 경우의 기간 산입: 최대 2년까지 (외국법자문사법 제4조 제3항, 동법 시행령 제4조 제2호)

Quiz 변호사 甲은 미국 뉴욕주 변호사 자격을 취득한 뒤 뉴욕의 법률사무소에서 10개월 근무하였다. 그 뒤 甲은 귀국하여 국내 법무법인에서 2년 2개월 간 미국 뉴욕주 법의 조사·연구 등 사무를 수행하고 있다. 甲은 외국법자문사 자격승인을 받을 수 있다. (X) (∵ 원자격국 법령 조사·연구 등 사무는 최대 2년까지 경력 기간에 산입되어, 甲의 직무경력은 총 2년 10개월로 자격승인 요건인 3년에 미달)

4. 결격 사유가 없을 것

	외국법자문사 결격 사유 (외국법자문사법 제5조 각호)	결격의 기간 또는 사유
국가를 불문하고	1. 금고 이상의 형을 선고받고	집행이 끝나거나 집행을 받지 아니하기로 확정된 후 5년이 지나지 아니한 사람

외국법자문사 결격 사유 (외국법자문사법 제5조 각호)		결격의 기간 또는 사유
	2. 금고 이상의 형의 <u>집행유예</u>를 선고받고	<u>유예기간 중이거나 유예기간이 지난 후 2년</u>이 지나지 아니한 사람
	3. 금고 이상의 형의 <u>선고유예</u>를 받고	<u>유예기간 중</u>에 있는 사람
	4. 공직에서 <u>파면</u>된 후	<u>5년</u>이 지나지 아니한 사람
	공직에서 <u>해임</u> 이상의 징계처분을 받은 후	<u>3년</u>이 지나지 아니한 사람
	5. <u>변호사법</u>에 따른 영구제명, 제명, 정직, 업무정지명령에 상당하는 처분을 받은 후	그 처분이 실효되지 아니한 사람
6. 피성년후견인, 피한정후견인, 파산선고를 받고 복권(復權)되지 아니한 사람 및 원자격국의 법령에 따라 이와 같이 취급되는 사람		–

5. 대한민국 내에 서류 등을 송달받을 장소를 가지고 있을 것

6. [외국변호사 자격을 갖춘 변호사가 신청하는 경우] 변호사업을 휴업하거나 폐업하였을 것

다. 자격승인 심사

◎ 법무부장관은 자격승인 시 신청인이 외국법사무를 수행할 수 있는 <u>원자격국을 지정하여야</u> 하며, 이 경우 <u>둘 이상의 국가</u>에서 자격승인 요건을 모두 갖춘 경우 <u>그 전부</u>를 원자격국으로 지정할 수 있음. (외국법자문사법 제6조 제2항)

◎ 법무부장관은 신청인이 자격승인 요건 미충족으로 자격승인을 <u>거절하는 경우 그 취지와 사유를 신청인에게 알려야</u>. (외국법자문사법 제6조 제4항)

라. 자격승인 취소

◎ 필요적 취소 사유("취소하여야") (외국법자문사법 제7조 제1항)

1. 외국변호사의 자격 상실 또는 정지

2. 외국법자문사 결격 사유가 발견되거나 새로 발생

◎ 임의적 취소 사유("취소할 수 있다") (외국법자문사법 제7조 제2항)

1. 자격승인신청서 또는 그 증빙서류의 중요 부분 누락되었거나 그 내용이 거짓으로 보이는 상당한 사정이 있는 경우 [→ 청문 필요]

2. 업무능력이나 재산상황이 현저히 악화되어 의뢰인이나 제3자에게 손해를 입힐 우려가 있고, 그 손해를 방지하기 위하여 부득이하다고 판단되는 경우 [→ 청문 필요]

3. 법무부장관의 요구에 따른 보고 또는 자료 제출을 하지 아니하거나 거짓의 보고 또는 자료 제출을 한 경우 [→ 청문 필요]

4. <u>자격승인을 받고 정당한 사유 없이 1년 이내에 대한변호사협회에 등록신청을 하지 아니한 경우</u>

5. 등록 유효기간(5년)이 지난 후 3년 이내에 등록을 하지 아니한 경우

3. 등록 (대한변호사협회)

가. 등록의 절차 (아래 밑줄 위주로 1독)

외국법자문사법
제10조(등록의 신청) ① 외국법자문사로서 업무 수행을 개시하려는 사람은 제6조의 자격승인을 받은 후 **대한변호사협회**에 외국법자문사로 등록하여야 한다.
② 제1항의 등록을 하려는 사람은 서면으로 대한변호사협회에 등록신청을 하여야 한다. 이 경우 신청인은 제6조제2항에 따라 지정된 원자격국을 대한변호사협회에 신고하여야 한다.
제11조(등록증명서 등) ① 대한변호사협회는 제10조제2항의 신청에 대하여 제12조제1항에 따른 등록거부 사유가 없으면 지체 없이 이를 외국법자문사 명부에 등록하고 신청인에게 등록증명서를 발급하여야 한다. 이 경우 대한변호사협회는 제10조제2항의 원자격국을 외국법자문사 명부와 등록증명서에 함께 적어야 한다.
② 제1항에 따른 등록의 유효기간은 제1항의 명부에 등록된 날부터 5년으로 한다.
③ 등록의 갱신신청은 제2항의 유효기간이 끝나는 날의 6개월 전부터 1개월 전까지 할 수 있다.

나. 등록거부 사유 (아래 밑줄 위주로 1독)

외국법자문사법
제12조(등록거부 등) ① 대한변호사협회는 제10조제1항에 따른 등록신청이나 제11조제3항에 따른 등록의 갱신신청을 한 사람이 다음 각 호의 어느 하나에 해당하는 경우에는 제14조에 따른 **외국법자문사등록심사위원회의 의결을 거쳐 등록 또는 등록의 갱신을 거부할 수 있다.** 이 경우 지체 없이 그 사유를 밝혀 신청인에게 알려야 한다.
1. 심신장애(心神障碍)로 인하여 외국법자문사의 직무를 수행하는 것이 현저히 곤란한 경우
2. 국가를 불문하고 공무원 재직 중의 직무에 관한 위법행위로 인하여 형사소추 또는 징계처분(파면 및 해임은 제외한다)을 받거나 퇴직한 자로서 외국법자문사의 직무를 수행하는 것이 현저히 부적당하다고 인정되는 경우
3. 제7조에 따라 자격승인이 취소된 경우
4. 등록 또는 등록 갱신이 거부되거나 제13조 또는 제36조에 따라 등록이 취소된 후 2년이 지나지 아니한 경우

다. 등록취소 사유 (아래 밑줄 위주로 1독)

◉ 필요적 등록취소 사유

외국법자문사법
제13조(등록취소) ① 대한변호사협회는 외국법자문사가 다음 각 호의 어느 하나에 해당하는 경우에는 그 등록을 취소하여야 한다. (→ "외국법자문사등록심사위원회의 의결을 거칠 것" 불요)
1. 사망한 경우
2. 외국법자문사의 자격이 없거나 자격승인이 취소된 경우
3. 등록취소를 신청한 경우. 다만, 징계를 회피할 목적으로 등록취소를 신청하였다고 볼 만한 상당한 이유가 있는 경우는 제외한다.
4. 변호사의 자격을 갖춘 외국법자문사가 대한변호사협회에 변호사로 등록하는 경우

◉ 임의적 등록취소 사유

외국법자문사법
제13조(등록취소) ② 대한변호사협회는 외국법자문사가 다음 각 호의 어느 하나에 해당하는 경우 제14조에 따른 외국법자문사등록심사위원회의 의결을 거쳐 그 등록을 취소할 수 있다.
1. 심신장애로 인하여 외국법자문사의 직무를 수행하는 것이 현저히 곤란한 경우 (→ 등록거부 사유 제1호와 동일)
2. 국가를 불문하고 공무원 재직 중의 직무에 관한 위법행위로 인하여 형사소추 또는 징계처분(파면 및 해임은 제외한다)을 받거나 퇴직한 자로서 외국법자문사의 직무를 수행하는 것이 현저히 부적당하다고 인정되는 경우 (→ 등록거부 사유 제2호와 동일)

3. 제24조, 제25조 및 제34조를 위반하거나, 제35조에 따라 준용되는 「변호사법」 제33조 및 제34조를 위반한 경우 (= 업무 범위, 업무 수행 방식, 고용 · 동업 · 겸임금지, 독직행위금지, 외국법자문사 아닌 자와의 동업금지 위반한 경우)

4. 업무 범위

외국법자문사법 제24조는 외국법자문사의 업무 범위를 다음 세 가지 사무로 한정하고 있음에 따라, 외국법자문사는 직접 소송대리 등 국내법률사무를 수행할 수는 없음.

◎ (i) 원자격국의 법령에 관한 자문

  ▸ 언어와는 무관

◎ (ii) 원자격국이 당사국인 조약 및 일반적으로 승인된 국제관습법에 관한 자문

◎ (iii) 국제중재사건의 대리 (다만, 대한민국 법령에 관한 사무 제외)

  ▸ "국제중재사건"은 대한민국을 중재지로 하고, <u>대한민국 외 국가의 법령, 대한민국과 외국 간 체결된 조약, 대한민국 외 국가 간 조약 또는 일반적으로 승인된 국제관습법</u>'이 적용되거나 또는 적용될 수 있는 민사 · 상사의 중재사건을 의미함(외국법자문사법 제2조 제7호). 따라서 국제중재사건 중 대한민국 법령에 관한 사무만 아니라면 제한 없이 수행할 수 있음.

    Quiz 외국법자문사는 대한민국과 원자격국이 아닌 외국 간 체결된 조약이 적용되는 중재사건을 대리할 수 없다.

    (X) (∵ 대한민국과 (모든) 외국 간 체결된 조약이면 충분)

  ▸ '외국법자문사 아닌 외국변호사'도 외국법자문사 결격 사유가 있지 아니하는 한, 국내 체류기간 1년에 90일 이상 체류하지 않을 것을 조건으로 '국제중재사건의 대리' 사무를 수행할 수 있음. (외국법자문사법 제24조의2)

5. 업무수행 방식 (아래 밑줄 위주로 1독)

외국법자문사법
제25조(업무수행의 방식) ① 외국법자문사는 다음 각 호의 어느 하나에 해당하는 지위에서 업무를 수행할 수 있다.
1. <u>외국법자문법률사무소의 구성원</u>
2. <u>외국법자문법률사무소의 구성원이 아닌 소속 외국법자문사</u>
3. <u>법률사무소, 법무법인, 법무법인(유한) 또는 법무조합 소속 외국법자문사</u>
4. <u>합작법무법인의 선임외국법자문사</u>(제35조의11제1항의 요건을 갖춘 외국법자문사를 말한다. 이하 같다)
5. <u>합작법무법인의 선임외국법자문사 아닌 소속외국법자문사</u>
② 외국법자문사는 동시에 <u>2개 이상</u>의 외국법자문법률사무소, 법률사무소, 법무법인, 법무법인(유한), 법무조합 또는 합작법무법인에 <u>소속 또는</u> 고용되거나 그 직책을 겸임할 수 없다.

6. 외국법자문사의 의무

가. 체류의무 [외국법자문사만 적용]

외국법자문사는 최초 업무개시일부터 1년에 180일 이상 대한민국에 체류하여야 함. (외국법자문사법 제29조)

나. 감독 및 자료제출 의무 [외국법자문사 · 외국법자문법률사무소 · 합작법무법인 적용]

외국법자문사 · 외국법자문법률사무소 · 합작법무법인은 법무부장관 및 대한변호사협회의 감독을 받음. (외국법자문사법 제32조, 제33조)

다. 고용 · 동업 · 겸임금지 [외국법자문사 · 외국법자문법률사무소 적용]

◎ 고용 금지

▸ 외국법자문사 · 외국법자문법률사무소는 변호사 · 법무사 · 변리사 · 공인회계사 · 세무사 · 관세사를 <u>고용할 수 없음.</u> (외국법자문사법 제34조 제1항)

▸ 위반 시 <u>형사처벌.</u> (외국법자문사법 제47조 제3호, 제48조 제2호 및 제3호, 제49조 제2호)

  ↳ <u>변호사를 고용한 사람</u>: 5년 이하 징역 또는 3천만원 이하 벌금

  ↳ 그 고용된 <u>변호사</u>: 3년 이하 징역 또는 2천만원 이하 벌금

  ↳ <u>법무사 · 변리사 · 공인회계사 · 세무사 · 관세사를 고용한 사람</u>: 3년 이하 징역 또는 2천만원 이하 벌금

  ↳ 그 고용된 <u>법무사 · 변리사 · 공인회계사 · 세무사 · 관세사</u>: 1년 이하 징역 또는 1천만원 이하 벌금

◎ 동업 · 겸임 금지

▸ 외국법자문사 · 외국법자문법률사무소는 변호사 · 법무법인 · 법무법인(유한) · 법무조합 · 법무사 · 법무사법인 · 법무사법인(유한) · 변리사 · 특허법인 · 특허법인(유한) · 공인회계사 · 회계법인 · 세무사 · 세무법인 · 관세사 및 관세사법인과 <u>조합계약, 법인설립, 지분참여, 경영권 위임을 할 수 없으며, 그 밖의 어떠한 방식으로든</u> 법률사무소 · 법무법인 · 법무법인(유한) · 법무조합 · 법무사사무소 · 법무사법인 · 법무사법인(유한) · 변리사사무소 · 특허법인 · 특허법인(유한) · 공인회계사사무소 · 회계법인 · 세무사사무소 · 세무법인 · 관세사사무소 및 관세사법인을 <u>공동으로 설립 · 운영하거나 동업할 수 없음.</u>

▸ 위반 시 <u>형사처벌.</u> (외국법자문사법 제47조 제4호, 제48조 제3호)

  ↳ 동업 · 겸임 금지 위반한 <u>외국법자문사 · 변호사</u>: 5년 이하 징역 또는 3천만원 이하 벌금

  ↳ 동업 · 겸임 금지 위반한 <u>법무사 · 변리사 · 공인회계사 · 세무사 · 관세사</u>: 3년 이하 징역 또는 2천만원 이하 벌금

라. 기타 윤리기준

◎ [외국법자문사만 적용] 품위유지의무, 진실의무, 비밀유지의무, 대한변호사협회가 정하는 <u>외국법자문사윤리장전을</u> 준수하여야. (외국법자문사법 제28조, 제30조)

◎ [외국법자문사 · 외국법자문법률사무소 · 합작법무법인 적용] 광고에 관한 변호사법 조항 준용. (외국법자문사법 제31조 제3항, 변호사법 제23조 제2항 및 제4항)

◎ [외국법자문사 · 외국법자문법률사무소 적용] 수임사건의 건수 및 수임액 보고(변호사법 제28조의2), 연고관계 등의 선전금지(변호사법 제30조), 수임제한 및 겸직금지(변호사법 제31조~제33조, 제38조)에 관한 변호사법 규정 준용. (외국법자문사법 제35조)

7. 징계

▸ [Tip] "변호사의 징계" 장까지 학습한 뒤 다시 돌아와서 변호사의 징계 사유를 외국법자문사의 징계 사유와 가볍게 비교하는 방식으로 학습할 것을 권장함(현재까지 기출문제 없음).

◉ 외국법자문사의 징계 유형과 징계 사유:

징계 유형 (외국법자문사법 제36조 각호)	징계 사유 (외국법자문사법 제37조)
1. 자격승인 취소	(제1항) 1. 등록취소 처분을 받은 사람으로서, 외국법자문사 직무 수행 현저히 부적당 2. 2회 이상 정직의 징계처분을 받고 다시 제37조 제2항 징계 사유가 있는 사람으로서, 외국법자문사 직무 수행 현저히 부적당
2. 등록취소 3. 3년 이하의 정직 4. 3천만원 이하의 과태료 5. 견책	(제2항) 1. 외국법자문사법 위반 2. 대한변호사협회에서 정하는 외국법자문사윤리장전 위반 3. 직무의 내외 막론, 외국법자문사로서의 품위 손상 행위

◉ 법무부 외국법자문사징계위원회 & 대한변호사협회 외국법자문사징계위원회: (이하 외국법자문사법 제38조~제42조 주요 내용 정리)

▸ 법무부 외국법자문사징계위원회: (i) '자격승인 취소' 징계 사유에 해당하는 징계사건, (ii) 대한변호사협회 외국법자문사징계위원회의 징계 결정에 대한 '이의신청' 사건을 심의함.

▸ 대한변호사협회 외국법자문사징계위원회: '자격승인 취소 이외' 징계 사유에 해당하는 징계사건을 심의함.

▸ 대한변호사협회의 장이 징계개시를 청구하며, 이 때 (i) '자격승인 취소' 징계 사유인 경우에는 법무부 외국법자문사 징계위원회에 청구하고, (ii) '자격승인 취소 이외' 징계 사유인 경우에는 대한변호사협회 외국법자문사징계위원회에 청구함.

◉ **징계시효**: 징계 사유가 발생한 날부터 3년 경과 시 징계권 소멸

2 외국법자문법률사무소

▸ "외국법자문법률사무소"가 출제 빈도가 낮은 부분에 해당한다는 점을 감안하여 주요 내용 및 출제가 용이한 내용 중심으로 축약하였음.

◉ 의의: 외국법사무를 수행하기 위하여 외국법자문사법에 따라 개설하는 사무소

◎ 설립인가
- ▸ 설립인가 신청
  - 본점사무소(= 원자격국에서 법률사무의 수행을 주된 목적으로 하는 사무소나 법인에 소속된 외국법자문법률사무소의 대표자가 될 외국법자문사는 증빙서류를 첨부하여 서면으로 법무부장관을 상대로 외국법자문법률사무소 설립인가 신청. (외국법자문사법 제15조 제1항, 제2항)
  - 외국법자문사는 2개 이상의 외국법자문법률사무소 설립할 수 없음. (외국법자문사법 제15조 제3항)

- ▸ 설립인가 요건
  > 외국법자문사법
  > 제16조(설립인가) ① 법무부장관은 다음 각 호의 요건을 모두 갖춘 경우 외국법자문법률사무소의 설립을 인가할 수 있다.
  > 1. 본점사무소가 자유무역협정등의 당사국에서 그 나라의 법률에 따라 적법하게 설립되어 5년 이상 정상적으로 운영되었을 것
  > 2. 본점사무소가 대한민국 내에서 외국법사무를 수행하기 위한 대표사무소로 그 외국법자문법률사무소를 설립하기로 의결 또는 결정하였을 것
  > 3. 외국법자문법률사무소의 대표자가 될 외국법자문사가 외국변호사의 자격을 취득한 후 원자격국에서 3년 이상의 기간을 포함하여 총 5년 이상 법률사무를 수행한 경력이 있을 것
  > 4. 본점사무소가 외국법자문법률사무소의 업무와 관련한 민사·상사상 책임에 대하여 그 이행을 보증할 것

- ▸ '설립인가의 고시: 외국법자문법률사무소의 설립인가는 관보 고시가 있는 날부터 효력 발생. (외국법자문사법 제17조 제2항)

- ▸ 등록 신청 (대한변호사협회): 설립인가를 받은 외국법자문법률사무소의 대표자는 그 고시가 있었던 날부터 3개월 이내에 대한변호사협회에 외국법자문법률사무소의 등록을 신청하여야 (외국법자문사법 제18조 제1항)

- ▸ 설립인가의 취소: 외국법자문법률사무소의 본점사무소가 합작법무법인을 설립한 경우, 법무부장관은 외국법자문법률사무소의 설립인가를 취소하여야. (외국법자문사법 제19조 제2항)

◎ 업무수행 방식
- ▸ 외국법자문법률사무소는 국내에 분사무소를 둘 수 없음. (외국법자문사법 제23조)

◎ 외국법자문법률사무소의 의무
- ▸ 변호사 등 고용 금지, 변호사 등과 동업 등 금지, 감독 및 자료제출의무, 광고에 관한 변호사법 조항 준용 (이 장 "I. 외국법자문사"에서 전술)

◎ 외국법자문법률사무소의 예외적인 공동사건 처리 허용
- ▸ 공동사건 처리 허용 (외국법자문사법 제34조의2 제1항)
  - 자유무역협정등에 따라 법무부장관이 고시하는 자유무역협정등의 당사국에 본점사무소가 설립·운영되고 있는

외국법자문법률사무소는,

– 사전에 대한변호사협회에 '공동 사건 처리 등을 위한 등록'을 한 경우,

– 법률사무소, 법무법인, 법무법인(유한) 또는 법무조합과,

– 국내법사무와 외국법사무가 혼재된 법률사건을,

– 사안별 개별 계약에 따라 공동으로 처리하고 그로부터 얻게 되는 수익을 분배할 수 있음.

▸ 외국법자문사 업무 범위를 넘은 부당 관여 금지 (외국법자문사법 제34조의2 제2항)

– 외국법자문법률사무소의 구성원 또는 구성원이 아닌 소속 외국법자문사는

– 공동사건 처리 허용에 따라 업무를 처리하는 경우

– 법률사무소, 법무법인, 법무법인(유한) 또는 법무조합 소속 변호사가 처리하는 법률사무에 대하여

– 외국법자문사 업무 범위를 넘어 부당하게 관여하여서는 안 됨.

> 외국법자문사법
> 제34조의2(외국법자문법률사무소의 공동 사건 처리 등) ① 자유무역협정등에 따라 법무부장관이 고시하는 자유무역협정등의 당사국에 본점사무소가 설립·운영되고 있는 외국법자문법률사무소는 사전에 대한변호사협회에 제34조의3에 따른 공동 사건 처리 등을 위한 등록(이하 "공동사건처리등을 위한 등록"이라 한다)을 한 경우 제34조제2항에도 불구하고 법률사무소, 법무법인, 법무법인(유한) 또는 법무조합과 국내법사무와 외국법사무가 혼재된 법률사건을 사안별 개별 계약에 따라 공동으로 처리하고 그로부터 얻게 되는 수익을 분배할 수 있다.
> ② 외국법자문법률사무소의 구성원 또는 구성원이 아닌 소속 외국법자문사는 제1항에 따른 업무를 처리하는 경우 법률사무소, 법무법인, 법무법인(유한) 또는 법무조합 소속 변호사가 처리하는 법률사무에 대하여 제24조 각 호에 규정된 업무 범위를 넘어 부당하게 관여하여서는 아니 된다.

3 합작법무법인

▸ 주: "합작법무법인"이 출제 빈도가 낮은 부분에 해당한다는 점을 감안하여 주요 내용 및 출제가 용이한 내용 중심으로 축약하였음.

◉ 의의: 외국법사무 및 외국법자문사법에서 규정하는 국내법사무 등을 수행하기 위하여 외국법자문사법에 따라 설립된 법인

↳ [참고] 외국법사무와 국내법사무가 혼재된 법률사건을 처리할 수 있는 방법으로 (i) 외국법자문법률사무소가 '공동 사건 처리 등을 위한 등록'을 한 후 법률사무소 등과 사안별 개별 계약에 따라 공동으로 처리하는 방법 ("II. 외국법자문법률사무소"에서 전술), (ii) 합작법무법인을 설립하는 방법이 있음.

◉ 설립

↳ [Tip] 아래 조문의 밑줄 부분 위주로 읽어볼 것을 권장함.

> 외국법자문사법
> 제35조의2(설립) ① 법무법인, 법무법인(유한) 또는 법무조합은 법무부장관이 고시하는 **자유무역협정등 당사국**에서 그 법적 형태를 불문하고 법률사무의 수행을 주된 목적으로 설립된 자와 합작하여 법무법인을 설립할 수 있다.
> 제35조의3(설립 신청 등) ① 합작법무법인을 설립하려면 합작참여자가 정관을 작성하여 주사무소 소재지의 지방변호사회와 대한변호사협회를 거쳐 법무부장관의 인가를 받아야 한다. 정관을 변경할 때에도 또한 같다.

③ 제1항에 따른 인가의 유효기간은 법무부장관의 설립인가일부터 5년으로 한다.
④ 설립인가의 갱신 신청은 제3항의 유효기간이 끝나는 날의 10개월 전부터 5개월 전까지 할 수 있다.
제35조의6(명칭) ① 합작법무법인은 전체 합작참여자의 명칭(통용되는 약칭을 포함한다)을 병기하고, 그 명칭 중에 합작법무법인이라는 문자를 사용하여야 한다.
② 합작법무법인이 아닌 자는 합작법무법인 또는 이와 유사한 명칭을 사용하지 못한다.

◉ 합작참여자의 요건

국내 합작참여자 (1개 이상 요함)	&	외국 합작참여자 (1개 이상 요함)
법무법인 · 법무법인(유한) · 법무조합		자유무역협정등 당사국(최고 의사결정이 이루어지는 사무소 소재지 국가 기준)에서 그 법적형태를 불문하고 법률사무의 수행을 주된 목적으로 설립된 자

↳ 외국법자문사법 제35조의8은 국내 합작참여자, 외국 합격참여자 각자에 해당하는 요건("적법하게 설립되어 3년 이상 정상적으로 운영" 등)을 명시하고 있음(각 요건의 내용은 생략)

◉ 합작참여자의 탈퇴

↳ [Tip] 아래 조문의 밑줄 부분 위주로 읽어볼 것을 권장함.

외국법자문사법
제35조의10(합작참여자의 탈퇴) ① 합작참여자는 **임의로** 탈퇴할 수 있다. 다만, 6개월 전에 이를 예고하여야 한다. **[임의탈퇴]**
② 국내 합작참여자는 다음 각 호의 어느 하나에 해당하는 사유가 있으면 **당연히** 탈퇴한다. **[국내 합작참여자의 당연탈퇴 사유]**
1. 「변호사법」에 따라 해산한 경우
2. 「변호사법」에 따라 업무정지명령을 받은 경우
3. 합작법무법인의 정관에서 정한 탈퇴 사유가 발생한 경우
③ 외국 합작참여자는 다음 각 호의 어느 하나에 해당하는 사유가 있으면 **당연히** 탈퇴한다. **[외국 합작참여자의 당연탈퇴 사유]**
1. 자유무역협정등 당사국법에 따라 해산 또는 그에 준하는 상황이 발생한 경우
2. 자유무역협정등 당사국법에 따라 업무정지명령을 받거나 그에 준하는 상황이 발생한 경우
3. 합작법무법인의 정관에서 정한 탈퇴 사유가 발생한 경우

◉ 합작참여자의 지분 보유 상한: 100분의 49 (외국 합작참여자가 복수인 경우 각 외국 합작참여자의 지분 합산)

◉ 합작법무법인의 업무 범위

= '외국법사무' 및 '외국법자문사법상 금지된 사무를 제외한 국내법사무'

외국법자문사법
제35조의19(업무 범위) 합작법무법인은 이 법 및 다른 법률에 저촉되지 아니하는 범위에서 다음 각 호의 사항을 **제외한** 사무를 수행할 수 있다. **[네거티브 규제]**
1. 국가 · 지방자치단체와 그 밖의 공공기관에서의 사법절차 또는 법적 절차를 위한 대리 및 그러한 절차를 위한 법률 문서의 작성
2. 「공증인법」 제2조 각 호에 따른 증서 작성의 촉탁 대리
3. **노동 분야 자문**
4. 대한민국에 있는 부동산에 관한 권리, 지식재산권, 광업권, 그 밖에 행정기관에 등기 또는 등록함을 성립요

건이나 대항요건으로 하는 권리의 득실변경(得失變更)을 주된 목적으로 하는 사무의 대리 및 이를 목적으로 한 문서의 작성

5. 대한민국 국민이 당사자이거나, 관련된 재산이 대한민국에 소재하고 있는 경우의 친족·상속 관계 사무의 대리 및 이를 목적으로 한 문서의 작성

◉ 합작법무법인의 의무

▸ 감독 및 자료제출 의무, 광고에 관한 변호사법 규정 준용 (이 장 "I. 외국법자문사"에서 전술)

덕조윤리 개념편

변호사와
의뢰인의 관계

06

1 변호사와 의뢰인의 관계의 개시

1. 변호사와 의뢰인의 관계의 성질

◎ 의뢰인이 변호사에게 법률사무의 처리를 위탁하는 것을 내용으로 하는 위임계약의 성질을 가짐.

> 민법
> 제680조(위임의 의의) 위임은 당사자 일방이 상대방에 대하여 사무의 처리를 위탁하고 상대방이 이를 승낙함으로써 그 효력이 생긴다.

◎ 원칙적으로 의뢰인으로부터 독립적이라는 점에서 지휘·명령 관계를 요하는 고용계약과 구별

◎ 예외적으로 의뢰인과 변호사의 지휘·감독 관계를 인정한 사안(아래 판례)

> 대법원 1998. 4. 28. 선고 96다25500 판결
> - 불법행위에 있어 사용자책임이 성립하려면 사용자와 불법행위자 사이에 사용관계 즉 사용자가 불법행위자를 실질적으로 지휘·감독하는 관계가 있어야 하는 것으로, 위임의 경우에도 위임인과 수임인 사이에 지휘·감독관계가 있고 수임인의 불법행위가 외형상 객관적으로 위임인의 사무집행에 관련된 경우 위임인은 수임인의 불법행위에 대하여 사용자책임을 진다.
> - (상속재산 분할 등의 사무를 수임한 변호사가 당해 부동산을 타에 처분하여 매각대금을 편취한 사안에서 위임인의 사용자책임을 인정한 사안에서), 변호사는 피고들의 위임에 따라 장기간 동안 소송사건 외에도 피고들이 상속받은 부동산을 매각하고 상속재산을 분할하는 사무 등을 처리하여 왔고, 그 사무에 관하여는 피고들이 변호사를 지휘·감독하는 관계에 있었다고 봄이 상당하다.

◎ 사무의 처리를 목적으로 한다는 점에서 일의 완성을 목적으로 하는 도급계약과 구별

2. 수임인의 권리와 의무

◎ 선관주의의무: 판례는 소송대리를 위임받은 변호사는 전문적인 법률지식과 경험에 기초하여 성실하게 의뢰인의 권리를 옹호할 의무 및 의뢰인과의 신뢰관계를 근본적으로 깨뜨리는 행위 등을 하지 않아야 할 의무를 부담한다고 봄.

> 민법
> 제681조(수임인의 선관의무) 수임인은 위임의 본지에 따라 선량한 관리자의 주의로써 위임사무를 처리하여야 한다.
>
> 서울중앙지방법원 2005. 9. 16. 선고 2005가합28940 판결 [손해배상(기)등]
> 위임은 당사자 쌍방의 특별한 신뢰관계를 기초로 하는 계약이므로, 일반적으로 수임인은 위임의 내용에 따라 선량한 관리자의 주의의무를 다하여야 하고, 특히 소송대리를 위임받은 변호사는 그 수임사무를 수행함에 있어 전문적인 법률지식과 경험에 기초하여 성실하게 의뢰인의 권리를 옹호할 의무가 있는 외에 의뢰인과의 신뢰관계를 근본적으로 깨뜨리는 행위 등을 하지 않아야 할 의무도 있다고 봄이 상당하다고 할 것인바, …(후략)

◎ 복임권의 제한: 위임인의 승낙이나 부득이한 사유없이 제3자로 하여금 자기에 갈음하여 위임사무를 처리하게 하지 못하고, 위임인의 승낙이나 부득이한 사유가 있어 복대리인을 선임한 때에는 위임인에 대하여 복대리인 선임감독에 관한 책임을 부담.

> 민법
> 제682조(복임권의 제한) ①수임인은 위임인의 승낙이나 부득이한 사유없이 제삼자로 하여금 자기에 갈음하여 위임사무를 처리하게 하지 못한다.

②수임인이 전항의 규정에 의하여 제삼자에게 위임사무를 처리하게 한 경우에는 제121조, 제123조의 규정을 준용한다.

제121조(임의대리인의 복대리인선임의 책임) ①전조의 규정에 의하여 <u>대리인이 복대리인을 선임한 때에는 본 인에게 대하여 그 선임감독에 관한 책임이 있다.</u>

②대리인이 본인의 지명에 의하여 복대리인을 선임한 경우에는 그 부적임 또는 불성실함을 알고 본인에게 대한 통지나 그 해임을 태만한 때가 아니면 책임이 없다.

◎ 보수청구권: 민법상 위임계약은 무보수를 원칙으로 함. 다만 판례는 무보수로 한다는 등 특별한 사정이 없는 한 응분의 보수를 지급할 묵시의 약정이 있는 것으로 봄이 상당하다고 판시.

대법원 1995. 12. 5. 선고 94다50229 판결 [보수금]

<u>변호사에게 계쟁 사건의 처리를 위임함에 있어서 그 보수 지급 및 수액에 관하여 명시적인 약정을 아니하였다 하여도, 무보수로 한다는 등 특별한 사정이 없는 한 응분의 보수를 지급할 묵시의 약정이 있는 것으로 봄이 상 당하고,</u> 이 경우 그 보수액은 사건 수임의 경위, 사건의 경과와 난이 정도, 소송물 가액, 승소로 인하여 당사자 가 얻는 구체적 이익과 소속 변호사회 보수규정 및 의뢰인과 변호사 간의 관계, 기타 변론에 나타난 제반 사정 을 참작하여 결정함이 상당하다.

◎ 비용선급청구권

민법

제687조(수임인의 비용선급청구권) 위임사무의 처리에 비용을 요하는 때에는 위임인은 수임인의 청구에 의하 여 이를 선급하여야 한다.

3. 형사사건에서 변호인선임권자

◎ 변호인선임권자: <u>피고인 또는 피의자, 그 법정대리인, 배우자, 직계친족, 형제자매로 한정.</u>

형사소송법

제30조(변호인선임권자) ①피고인 또는 피의자는 변호인을 선임할 수 있다.

②피고인 또는 피의자의 법정대리인, 배우자, 직계친족과 형제자매는 독립하여 변호인을 선임할 수 있다.

◎ 판례는 <u>피고인 또는 피의자로부터 그 선임권을 위임받은 자는 변호인선임권이 없다고 봄</u>(이에 따라 피고인이 법인인 경우에는 대표자가 피고인인 당해 법인을 대표하여 변호인을 선임하여야 하며, 대표자의 선임 위임을 받은 제3자는 변호인을 선임할 수 없음).

대법원 1994. 10. 28.자 94모25 결정 [항고기각결정에대한재항고]

형사소송에 있어서 변호인을 선임할 수 있는 자는 피고인 및 피의자와 형사소송법 제30조 제2항에 규정된 자 에 한정되는 것이고, 피고인 및 피의자로부터 그 선임권을 위임받은 자가 피고인이나 피의자를 대리하여 변호 인을 선임할 수는 없는 것이므로, 피고인이 법인인 경우에는 형사소송법 제27조 제1항 소정의 대표자가 피고 인인 당해 법인을 대표하여 피고인을 위한 변호인을 선임하여야 하며, 대표자가 제3자에게 변호인 선임을 위임 하여 제3자로 하여금 변호인을 선임하도록 할 수는 없다.

2 수임의 자유와 수임의 거절

1. 원칙: 수임의 자유

◎ 변호사가 수임 여부를 결정하는 것은 원칙적으로 자유임. 다만 변호사법과 변호사윤리장전은 예외적으로 수임을 거절

하여서는 안 되는 경우와 반대로 수임을 거절하여야 하는 경우를 정하고 있음.

2. 수임을 거절하여서는 안 되는 경우

◎ 의뢰인이나 사건 내용이 <u>사회로부터 비난받는다는 이유만으로 거절할 수 없음.</u>

◎ 노약자, 장애인, 빈곤한 자, 무의탁자, 외국인, 소수자, 기타 <u>사회적 약자라는 이유만으로 거절할 수 없음.</u>

◎ <u>법원 등 국가기관, 대한변호사협회, 소속 지방변호사회로부터 국선변호인, 국선대리인, 당직변호사 등 지정을 받거나 기타 임무 위촉을 받은 때에는, 신속하고 성실하게 이를 처리하고 다른 일반 사건과 차별할 수 없음.</u> 다만 그 선임된 사건 또는 위촉받은 임무가 <u>이미 수임하고 있는 사건과 이해관계가 상반되는 등 정당한 사유가 있으면 거절.</u>

> 변호사윤리장전 윤리규약
> 제16조(수임 거절 등) ① 변호사는 의뢰인이나 사건의 내용이 사회 일반으로부터 비난을 받는다는 이유만으로 수임을 거절하지 아니한다.
> ② 변호사는 노약자, 장애인, 빈곤한 자, 무의탁자, 외국인, 소수자, 기타 사회적 약자라는 이유만으로 수임을 거절하지 아니한다.
> ③ 변호사는 법원을 비롯한 국가기관 또는 대한변호사협회나 소속 지방변호사회로부터 국선변호인, 국선대리인, 당직변호사 등의 지정을 받거나 기타 임무의 위촉을 받은 때에는, 신속하고 성실하게 이를 처리하고 다른 일반 사건과 차별하지 아니한다. 그 선임된 사건 또는 위촉받은 임무가 이미 수임하고 있는 사건과 이해관계가 상반되는 등 정당한 사유가 있는 경우에는, 그 취지를 알리고 이를 거절한다.

3. 수임을 거절하여야 하는 경우

◎ <u>위법행위에 협조하는 내용의 수임할 수 없음.</u> 직무 수행 중 위법행위로 판단되는 경우 즉 협조를 중단하여야 함.

> 변호사윤리장전 윤리규약
> 제11조(위법행위 협조 금지 등) ① 변호사는 의뢰인의 범죄행위, 기타 위법행위에 협조하지 아니한다. 직무수행 중 의뢰인의 행위가 범죄행위, 기타 위법행위에 해당된다고 판단된 때에는 즉시 그에 대한 협조를 중단한다.

◎ <u>범죄혐의가 희박한 사건의 고소, 고발, 진정을 종용하여서는 안 됨.</u>

> 변호사윤리장전 윤리규약
> 제11조(위법행위 협조 금지 등) ② 변호사는 범죄혐의가 희박한 사건의 고소, 고발 또는 진정 등을 종용하지 아니한다.

◎ <u>의뢰인이 기대하는 결과 얻을 가능성이 희박한 사건을 가능성 높은 것처럼 설명, 장담하여서는 안 됨.</u>

> 변호사윤리장전 윤리규약
> 제20조(수임 시의 설명 등) ② 변호사는 의뢰인이 기대하는 결과를 얻을 가능성이 없거나 희박한 사건을 그 가능성이 높은 것처럼 설명하거나 장담하지 아니한다.

◎ <u>위임의 목적, 사건처리 방법이 현저히 부당한 사건 수임할 수 없음.</u>

> 변호사윤리장전 윤리규약
> 제21조 (부당한 사건의 수임금지) 변호사는 위임의 목적 또는 사건처리의 방법이 현저하게 부당한 경우에는 당해 사건을 수임하지 아니한다.

◎ <u>스스로 증인이 되어야 할 사건은 원칙적으로 수임할 수 없음.</u> / 다만, <u>명백한 사항들과 관련된 증언을 하는 경우, 사건</u>

관련 본인이 제공한 법률사무에 관한 증언을 하는 경우, 수임하지 않음으로써 오히려 의뢰인에게 불리한 경우에는 예외적으로 수임이 허용됨. / 소속 법인 다른 변호사가 증언함으로써 의뢰인의 이익이 침해되거나 침해될 우려 있을 때에는 당해 사건 직무를 수행할 수 없음.

> 변호사윤리장전 윤리규약
> 제54조 (증인으로서의 변호사) ① 변호사는 스스로 증인이 되어야 할 사건을 수임하지 아니한다. 다만, 다음 각 호의 1에 해당하는 경우에는 그러하지 아니하다.
> 1. 명백한 사항들과 관련된 증언을 하는 경우
> 2. 사건과 관련하여 본인이 제공한 법률사무의 내용에 관한 증언을 하는 경우
> 3. 사건을 수임하지 아니함으로써 오히려 의뢰인에게 불리한 영향을 미치는 경우
> ② 변호사는 그가 속한 법무법인 등의 다른 변호사가 증언함으로써 의뢰인의 이익이 침해되거나 침해될 우려가 있을 경우에는 당해 사건에서 변호사로서의 직무를 수행하지 아니한다.

◎ 기타 변호사법과 변호사윤리장전 등에 의하여 이익충돌이 되는 사건은 수임을 거절하여야 함.

◎ 적절한 업무 수행을 하기 어려운 전문성, 건강 등 사유가 있는 경우 수임을 거절하여야 함.

3 수임의 절차

1. 수임계약

◎ 수임계약은 가급적 서면으로 작성하여 체결하여야. 다만, 단순한 법률자문, 서류의 준비, 기타 합리적인 이유가 있는 경우는 제외. (변호사윤리장전 윤리규약 제32조)

2. 수임 시의 설명의무 (이하 변호사윤리장전 윤리규약 제20조)

◎ 의뢰인이 사건 위임 여부를 결정할 수 있도록 전체적인 예상 진행과정, 수임료와 비용, 기타 필요한 사항을 설명하여야.

◎ 의뢰인이 기대하는 결과를 얻을 가능성이 없거나 희박한 사건을 가능성이 높은 것처럼 설명, 장담 X.

◎ 상대방 또는 상대방 대리인과 친족관계 등 특수한 관계인 경우 의뢰인에게 알려야.

◎ 수임을 위하여 재판이나 수사업무에 종사하는 공무원과의 연고 드러내며 영향력 미칠 수 있는 것처럼 선전 X.

◎ [참고] '소유권이전등기 신청사무'를 수임 시에는 인감증명서나 주민등록증을 제출하게 하는 등 방법으로 의뢰인이 소유자 본인 또는 그 적법한 대리인인지 여부를 확인하여야. (대법원 1990. 12. 7. 선고 90다카27396 판결)

[→ 수임사건 처리 종료 시의 설명의무에 관하여는 제7장 "변호사의 기본의무" 중 성실의무 참조]

3. 소송위임장 또는 변호인선임신고서 등의 제출

가. 소송위임장 등 제출의무

◎ 법원 또는 수사기관에 소송위임장(형사 외) 또는 변호인선임서(형사) 등을 제출하지 아니하고는 재판 계속중인 사건, 수사 중인 형사사건(내사 중인 사건 포함)을 변호하거나 대리할 수 없음. (변호사법 제29조의2, 대한변호사협회 회칙 제9조 제5항, 변호사윤리장전 윤리규약 제23조 제1항)

◎ 소송위임장 등 미제출이 <u>조세 포탈이나 수임제한 등 관계 법령의 제한을 회피하기 위한 것일 경우 라면</u> 형사처벌. (변호사법 제113조 제4호)

나. 소속 지방변호사회 사전 경유

◎ 소송위임장 또는 변호인선임서 등을 공공기관에 제출할 때에는 사전에 소속 지방변호사회를 경유하여야. (다만, 사전에 경유할 수 없는 급박한 사정이 있는 경우에는 변호인선임서나 위임장 등을 제출한 후 지체 없이 공공기관에 소속 지방변호사회의 경유확인서를 제출하여야.) (변호사법 제29조, 대한변호사협회 회칙 제9조 제6항, 변호사윤리장전 윤리규약 제23조 제2항).

▸ [참고] 실무상 지방변호사회 경유업무 시스템을 통한 신청에 따라 발급되는 '경유확인서'를 소송위임장 등에 첨부하여 함께 제출함.

다. 형사소송에서 변호인 선임의 효력 발생시기

◎ = 변호인선임신고서(반드시 원본일 것, 사본 X)가 제출된 때

◎ 따라서 변호인선임신고서 제출 전에 변호인이 한 소송행위(정식재판청구서 제출 등)는 무효. (대법원 2005. 1. 20. 자 2003모429 결정)

■4 수임사무의 범위

1. 수임사무의 범위 결정기준

◎ 의뢰인과 변호사 사이의 권리 · 의무는 소송위임(수권행위)이 아닌 위임계약의 내용에 따라 정하여짐.

▸ [Tip] 소송위임장에는 통상 '반소의 제기 및 응소, 담보권 행사 최고 신청 …' 등 민사소송법에서 정한 모든 수권사항이 나열된 문구가 포함되어 있는데, 이는 대리인이 그 나열된 행위를 '할 수 있다'는 의미이지, '반드시 하여야 한다'는 의미가 아니라는 것.

대법원 1997. 12. 12. 선고 95다20775 판결 [손해배상(기)]
[1] 통상 소송위임장이라는 것은 민사소송법 제81조 제1항에 따른 소송대리인의 권한을 증명하는 전형적인 서면이라고 할 것인데, 여기에서의 소송위임(수권행위)은 소송대리권의 발생이라는 소송법상의 효과를 목적으로 하는 단독 소송행위로서 그 기초관계인 의뢰인과 변호사 사이의 사법상의 위임계약과는 성격을 달리하는 것이고, 의뢰인과 변호사 사이의 권리의무는 수권행위가 아닌 위임계약에 의하여 발생한다.
[2] 민사소송법 제82조의 규정은 소송절차의 원활·확실을 도모하기 위하여 소송법상 소송대리권을 정형적·포괄적으로 법정한 것에 불과하고 변호사와 의뢰인 사이의 사법상의 위임계약의 내용까지 법정한 것은 아니므로, <u>본안소송을 수임한 변호사가 그 소송을 수행함에 있어 강제집행이나 보전처분에 관한 소송행위를 할 수 있는 소송대리권을 가진다고 하여 의뢰인에 대한 관계에서 당연히 그 권한에 상응한 위임계약상의 의무를 부담한다고 할 수는 없고, 변호사가 처리의무를 부담하는 사무의 범위는 변호사와 의뢰인 사이의 위임계약의 내용에 의하여 정하여진다.</u>
[3] 소유권이전등기 청구소송을 수임한 변호사가 소송 계속중인 그 수임시로부터 6개월이 지난 시점에 그 소송

의 상대방 9인 중의 1인이 계쟁 토지에 관하여 협의분할에 의한 재산상속을 원인으로 단독 명의로 소유권이전
등기를 마친 사실을 등기부등본을 열람한 결과 알게 되자 상대방이 그 토지를 제3자에게 처분할 염려가 있다고
판단하여 소송대리인의 권한으로써 그 토지에 대한 처분금지가처분신청을 하였으나 그 담보 제공에 따른 가처
분기입등기가 마쳐지기 전에 상대방이 제3자에게 근저당권설정등기를 경료해 준 사안에서, <u>소송의 수임 당시
변호사가 의뢰인에게 그 토지에 대한 소유권이전등기청구권을 보전할 필요성 및 처분금지가처분절차에 관하여
충분히 설명을 하였어야 할 구체적 사정이 존재하였다고 보기는 어렵다</u>는 이유로, 변호사의 의뢰인에 대한 선
량한 관리자로서의 주의의무 위반으로 인한 손해배상책임을 인정한 원심판결을 파기한 사례.

◎ 위임계약의 내용에 의하여 정해진 구체적 범위를 넘어 의뢰인의 재산 등 권리옹호에 필요한 모든 조치를 취하여야 할
의무가 있다고 할 수 없음.

> 부산지법 2007. 5. 11. 선고 2006나7393 판결 [손해배상(기)]
> 소송대리를 위임받은 변호사는 그 수임사무를 수행함에 있어 전문적인 법률지식과 경험에 기초하여 성실하게
> 의뢰인의 권리를 옹호할 의무가 있지만, <u>구체적인 위임사무의 범위는 변호사와 의뢰인 사이의 위임계약의 내용
> 에 의하여 정하여지고, 변호사에게 이와 같은 위임의 범위를 넘어서서 의뢰인의 재산 등 권리의 옹호에 필요한
> 모든 조치를 취하여야 할 일반적인 의무가 있다고 할 수는 없다.</u>

2. '본안' 소송 수임 변호사의 권리 보전조치 관련 '의무' 존재여부

가. 권리 보전조치를 취할 의무

◎ <u>본안소송 수임 변호사는 권리 보전조치에 관한 구체적 위임 없는 이상 권리 보전조치를 할 의무 X.</u>

> 대법원 2002. 11. 22. 선고 2002다9479 판결 [손해배상(기)]
> 일반적으로 수임인은 위임의 본지에 따라 선량한 관리자의 주의의무를 다하여야 하고, 특히 소송대리를 위임받
> 은 변호사는 그 수임사무를 수행함에 있어 전문적인 법률지식과 경험에 기초하여 성실하게 의뢰인의 권리를 옹
> 호할 의무가 있다고 할 것이지만, 구체적인 위임사무의 범위는 변호사와 의뢰인 사이의 위임계약의 내용에 의
> 하여 정하여지고, 변호사에게 이와 같은 위임의 범위를 넘어서서 의뢰인의 재산 등 권리의 옹호에 필요한 모든
> 조치를 취하여야 할 일반적인 의무가 있다고 할 수는 없으므로, <u>피사취수표와 관련된 본안소송을 위임받은 변
> 호사가 사고신고담보금에 대한 권리 보전조치의 위임을 별도로 받은 바 없다면, 적극적으로 사고신고담보금에
> 대한 권리 보전조치로서 지급은행에 소송계속중임을 증명하는 서면을 제출하여야 할 의무가 있다고 볼 수는 없
> 다.</u>

◎ <u>형사고소사건 수임 변호사가 피고소인 재산에 보전처분 신청을 하지 않은 것은 선관주의의무 위반 X.</u>

> 부산지법 2007. 5. 11. 선고 2006나7393 판결 [손해배상(기)]
> 공사대금과 관련한 사기 사건의 피해자로부터 형사고소사건을 수임한 변호사가 의뢰인의 공사대금채권을 확보
> 하기 위하여 피고소인들의 재산 등에 대한 보전처분의 신청을 하지 않은 것이 형사고소사건을 수임한 변호사로
> 서 선량한 관리자의 주의의무를 위반한 것이 아니라고 한 사례.

나. 권리 보전조치에 관하여 법률적 조언을 할 '설명의무'

◎ 변호사가 <u>피사취수표와 관련된 본안소송을 수임한 사안에서, 대법원은 사고신고담보금에 대한 보전조치의 위임을 받
은 바 없더라도 <u>사고신고담보금이 예치된 사실을 알게 되었다면,</u> 법률전문가의 입장에서 <u>법률적 조언을 하여야 할 보
호의무가 있다고 봄.</u>

> 대법원 2002. 11. 22. 선고 2002다9479 판결 [손해배상(기)]
> 의뢰인과 변호사 사이의 신뢰관계 및 사고수표와 관련된 소송을 위임한 의뢰인의 기대와 인식 수준에 비추어
> 볼 때, 피사취수표와 관련된 본안소송을 위임받은 변호사는, 비록 사고신고담보금에 대한 권리 보전조치의 위
> 임을 별도로 받은 바 없다고 하더라도, 위임받은 소송업무를 수행함에 있어서 사고신고담보금이 예치된 사실을

알게 되었다면, 이 경우에는 수표 소지인이 당해 수표에 관한 소송이 계속중임을 증명하는 서면을 지급은행에 제출하고 수익의 의사표시를 하면 나중에 확정판결 등을 통하여 정당한 소지인임을 증명함으로써 사고신고담보금에 대한 직접청구권이 생기므로, 법률전문가의 입장에서 승소 판결금을 회수하는 데 있어 매우 실효성이 있는 이와 같은 방안을 위임인에게 설명하고 필요한 정보를 제공하여 위임인이 그 회수를 위하여 필요한 수단을 구체적으로 강구할 것인지를 결정하도록 하기 위한 법률적인 조언을 하여야 할 보호의무가 있다.

◎ 변호사가 공동상속인 전원을 상대로 한 소유권이전등기청구 소송을 수임한 후 계쟁 토지에 관하여 협의분할에 의한 재산상속을 원인으로 단독 명의 소유권이전등기가 마쳐진 사실을 알게 되자 처분금지가처분신청을 하였으나 가처분기입등기가 마쳐지기 전에 제3자에 근저당권설정등기가 경료된 사안에서, 대법원은 본안소송 수임 당시 변호사가 의뢰인에게 소유권이전등기청구권 보전 필요성 및 처분금지가처분절차에 관하여 충분히 설명하였어야 할 구체적 사정이 존재하였다고 보기 어렵다고 판단함.

  ▸ [Tip] 일반적으로 권리 보전조치에 관한 '설명의무'가 존재하지 않는다는 취지의 판결로 보기 어려우므로, 해당 사안의 키워드와 결론만 기억해 두는 것을 권장함.

  > 대법원 1997. 12. 12. 선고 95다20775 판결 [손해배상(기)]
  > 소유권이전등기 청구소송을 수임한 변호사가 소송 계속중인 그 수임시로부터 6개월이 지난 시점에 그 소송의 상대방 9인 중의 1인이 계쟁 토지에 관하여 협의분할에 의한 재산상속을 원인으로 단독 명의로 소유권이전등기를 마친 사실을 등기부등본을 열람한 결과 알게 되자 상대방이 그 토지를 제3자에게 처분할 염려가 있다고 판단하여 소송대리인의 권한으로써 그 토지에 대한 처분금지가처분신청을 하였으나 그 담보 제공에 따른 가처분기입등기가 마쳐지기 전에 상대방이 제3자에게 근저당권설정등기를 경료해 준 사안에서, 소송의 수임 당시 변호사가 의뢰인에게 그 토지에 대한 소유권이전등기청구권을 보전할 필요성 및 처분금지가처분절차에 관하여 충분히 설명을 하였어야 할 구체적 사정이 존재하였다고 보기는 어렵다는 이유로, 변호사의 의뢰인에 대한 선량한 관리자로서의 주의의무 위반으로 인한 손해배상책임을 인정한 원심판결을 파기한 사례.

3. '본안' 소송 수임 변호사의 소송비용액 확정신청 '대리권' 존재여부

본안소송의 소송대리인인 변호사는 별도의 위임 없이도 소송비용액 확정신청에 관한 대리권을 행사할 수 있음. (대법원 2023. 11. 2.자 2023마5298 결정)

4. '보전' 소송 수임 변호사의 제소명령 신청 등 '대리권' 존재여부

가압류·가처분 등 보전소송사건을 수임받은 소송대리인의 소송대리권은 수임받은 사건에 관하여 포괄적으로 미친다고 할 것이므로, 가압류사건을 수임받은 변호사의 소송대리권은 그 가압류신청사건에 관한 소송행위뿐만 아니라 본안의 제소명령을 신청하거나, 상대방의 신청으로 발하여진 제소명령결정을 송달받을 권한에까지 미침. (대법원 2003. 3. 31.자 2003마324 결정)

5. 수임사건 처리 '종료' 시의 '설명의무'

◎ 수임사건 처리 종료 시 의뢰인에게 그 결과를 신속히 설명

  > 변호사윤리장전 (윤리규약)
  > 제29조(사건처리의 종료) 변호사는 수임한 사건의 처리가 종료되면, 의뢰인에게 그 결과를 신속히 설명한다.

◎ 판례는 위임사무의 종료단계에서 패소판결이 있었던 경우 상소에 관하여 특별한 수권이 없는 때에도 의뢰인에게 불이

익한 계산상 잘못이 있다면 판결의 내용과 상소하는 때에 승소가능성 등에 대하여 구체적으로 설명하고 조언할 의무가 있다고 봄. (대법원 2004. 5. 14. 선고 2004다7354 판결)

5 변호사와 의뢰인의 권한 배분

1. 일반적인 경우

변호사와 의뢰인이 사건 처리에 관하여 서로 다른 견해를 보이는 경우 그 처리 방법이 문제됨. 판례는 법무사의 법률관계와 관련된 사안에서 "일반인이 법무사에게 등기의 신청대리를 의뢰하고 법무사가 이를 승낙하는 법률관계는 민법상의 위임에 해당하는 것인데, 수임인은 위임의 본지에 따라 선량한 관리자의 주의로써 위임사무를 처리하여야 하므로, 수임인인 법무사는 우선적으로 위임인인 의뢰인의 지시에 따라야 할 것이지만 이 지시에 따르는 것이 위임의 취지에 적합하지 않거나 또는 의뢰인에게 불이익한 때에는 그러한 내용을 의뢰인에게 알려주고 그 지시의 변경을 요구 또는 권고할 수 있다"고 판단하였음 (대법원 2003. 1. 10. 선고 2000다61671 판결). [→ 성실의무]

2. 화해 등 사건을 종결시키는 소송행위의 경우

이 경우 반드시 의뢰인의 의사를 확인하여야 함. 의뢰인의 의사를 확인하지 않음으로 인하여 손해가 발생한 경우 변호사는 손해배상책임을 부담하고, 의뢰인이 화해를 거부하는 이상 그 의사를 존중하여야 함.

> 변호사윤리장전 (윤리규약)
> 제15조 (동의 없는 소 취하 등 금지)변호사는 의뢰인의 구체적인 수권 없이 소 취하, 화해, 조정 등 사건을 종결시키는 소송행위를 하지 아니한다.

3. 서증, 증인 등 선택의 경우

이 경우 의뢰인의 지시 없이 독립적으로 판단할 수 있음. 단, 의뢰인에 대한 설명 및 협의 필요.

4. [참고] 의뢰인의 질의에 대하여 성실히 답변할 의무

◎ 변호사는 위임사무와 밀접하게 관련된 법률적 문제 관련 질의에 대하여 성실히 답변할 의무를 부담함.

▸ 판례는 변호사가 위임사무의 수행과 밀접하게 관련된 법률적 문제에 관하여 구체적인 질의를 받은 경우, 직접적인 수임사무는 아니더라도 당시 인식할 수 있었던 상황과 법률전문가로서 통상적으로 갖추고 있는 법률지식의 범위에서 성실히 답변할 의무가 있으며, 위반 시 변호사 직무의 공공성과 윤리성, 사회적 책임성 등에 비추어 위법하다고 평가할 수 있는 때에는 불법행위가 성립한다고 봄.

↪ 부동산의 매매계약 관련 선행소송의 대리사무를 위임한 의뢰인이 법무법인의 대표변호사이자 선행소송의 담당변호사에게 선행소송 계속 중 위 부동산을 제3자에게 처분하는 것이 적법한지 문의하여 그로부터 아무런 문제가 없다는 답변을 듣고 위 부동산을 제3자에게 처분하였는데, 그 후 이로 인해 의뢰인이 배임죄로 형사처벌을 받게 되자 변호사를 상대로 불법행위에 따른 손해배상을 구한 사안에서, 위와 같은 변호사의 답변행위는 변호사 직무의 공공성과 윤리성, 사회적 책임성 등에 현저히 반하는 것이어서 위법하므로 불법행위에 해당한다고 판단한 사례.

(대법원 2022. 11. 17. 선고 2018다300364 판결)

6 변호사와 의뢰인의 관계의 종료

1. 변호사와 의뢰인의 관계의 종료사유

(1) 수임사무의 종결

(2) 소송위임계약의 해지 (의뢰인의 해임 또는 변호사의 사임에 의하여)

(3) 변호사의 (i) 사망, (ii) 파산, (iii) 성년후견개시심판

(4) 의뢰인의 (i) 사망, (ii) 파산

> 민법
> 제690조(사망·파산 등과 위임의 종료) 위임은 당사자 한쪽의 사망이나 파산으로 종료된다. 수임인이 성년후견개시의 심판을 받은 경우에도 이와 같다.

↳ 다만, 민사소송의 경우 의뢰인이 사망하여도 변호사의 소송대리권은 소멸하지 않음. (민사소송법 제95조 제1호). 이 경우 상속인 등이 소송을 수계할 때까지 소송절차가 중단됨 (민사소송법 제233조).

Quiz 변호사가 사망하거나 의뢰인이 사망하면 변호사와 의뢰인의 관계는 예외 없이 종료된다. (X) (∵ 민사소송의 경우 의뢰인이 사망하여도 변호사의 소송대리권이 소멸하지 않으므로, 관계가 종결되지 않는 예외가 존재함.)

Quiz 변호사는 심급대리의 원칙상 판결서를 송달받아 그 결과에 대하여 의뢰인에게 신속히 설명함으로써 위임사무가 종결되며 의뢰인에 대한 모든 권리의무가 소멸된다. (X) (∵ 위임사무의 종결 여부와 의뢰인에 대한 변호사의 의무는 별개의 문제. 변호사는 종전 의뢰인에 대하여도 비밀유지의무 등을 준수하여야 함.)

2. 의뢰인의 해임 및 변호사의 사임

◎ 의뢰인은 언제든지 통보로써(변호사의 동의 없이) 위임계약을 해지할 수 있음. 변호사 역시 원칙적으로 언제든지 의뢰인의 동의 없이 위임계약을 해지할 수 있으며, 다만 직무 수행 중 부득이한 사유 없이 의뢰인의 불리한 시기에 계약을 해지한 때에는 손해배상책임을 부담함.

> 민법
> 제689조(위임의 상호해지의 자유) ① 위임계약은 각당사자가 언제든지 해지할 수 있다.
> ② 당사자일방이 부득이한 사유없이 상대방의 불리한 시기에 계약을 해지한 때에는 그 손해를 배상하여야 한다.

◎ (i) 신뢰관계가 파괴된 경우, (ii) 사건처리의 방침이나 전망에 대한 견해가 상이한 경우, (iii) 변호사윤리에 반하는 문제가 발생한 경우, (iv) 변호사의 보수가 지급되지 않은 경우 등은 변호사 사임의 정당한 사유가 됨. 특히 보수 미지급으로 사임 시 변호사는 이미 처리한 사무의 비율에 따른 보수를 청구할 수 있음.

> 민법
> 제686조(수임인의 보수청구권) ③ 수임인이 위임사무를 처리하는 중에 수임인의 책임없는 사유로 인하여 위임

이 종료된 때에는 수임인은 이미 처리한 사무의 비율에 따른 보수를 청구할 수 있다.

3. 위임 종료 시 변호사가 취득한 물건 등의 인도

- 위임사무 처리로 받은 금전 기타 물건, 그 수취한 과실: 위임인에게 인도. (민법 제684조 제1항)
- 위임인을 위하여 변호사가 자기 명의로 취득한 권리: 위임인에게 이전. (민법 제684조 제2항)
- 위임인에게 인도하거나 위임인을 위하여 사용할 금전을 변호사가 자기를 위하여 소비한 때: 소비한 날 이자 지급, 그 외 손해가 있으면 배상. (민법 제685조)

  민법
  제684조(수임인의 취득물등의 인도, 이전의무) ① 수임인은 위임사무의 처리로 인하여 받은 금전 기타의 물건 및 그 수취한 과실을 위임인에게 인도하여야 한다.
  ② 수임인이 위임인을 위하여 자기의 명의로 취득한 권리는 위임인에게 이전하여야 한다.
  제685조(수임인의 금전소비의 책임) 수임인이 위임인에게 인도할 금전 또는 위임인의 이익을 위하여 사용할 금전을 자기를 위하여 소비한 때에는 소비한 날 이후의 이자를 지급하여야 하며 그 외의 손해가 있으면 배상하여야 한다.

- [참고] 변호사는 명백한 서면 약정 없이 공탁금, 보증금, 기타 보관금 등을 보수로 전환할 수 없음. 다만, 의뢰인에게 반환할 공탁금 등을 미수령 채권과 상계할 수 있음.

  변호사윤리장전 (윤리규약)
  제33조(추가 보수 등) ① 변호사는 정당한 사유 없이 추가보수를 요구하지 아니한다.
  ② 변호사는 명백한 서면 약정 없이 공탁금, 보증금, 기타 보관금 등을 보수로 전환하지 아니한다. 다만, 의뢰인에게 반환할 공탁금 등을 미수령 채권과 상계할 수 있다.

4. 위임 종료 시의 긴급처리

- Ex. 수임사건의 채권 소멸시효 완성이 임박

  민법
  제691조(위임종료시의 긴급처리) 위임종료의 경우에 급박한 사정이 있는 때에는 수임인, 그 상속인이나 법정대리인은 위임인, 그 상속인이나 법정대리인이 위임사무를 처리할 수 있을 때까지 그 사무의 처리를 계속하여야 한다. 이 경우에는 위임의 존속과 동일한 효력이 있다.

덕조윤리 개념편

변호사의
기본의무

07

1 성실의무

1. 의의

◎ 기본적 인권 옹호와 사회정의 실현이라는 사명에 따라 성실히 직무를 수행할 의무

◎ 위임계약상의 선관주의의무가 가중된 법적 의무로 이해됨. 위반 시 위임계약 위반으로 채무불이행에 따른 손해배상책임 O.

> **변호사법**
> 제1조(변호사의 사명) ① 변호사는 기본적 인권을 옹호하고 사회정의를 실현함을 사명으로 한다.
> ② 변호사는 그 사명에 따라 성실히 직무를 수행하고 사회질서 유지와 법률제도 개선에 노력하여야 한다.
> **대한변호사협회 회칙**
> 제42조(변호사의 윤리) 변호사는 그 사명에 따라 성실하게 그 직무를 수행하고 직업윤리를 준수하여 품위를 보전하여야 한다.
> **변호사윤리장전 (윤리강령)**
> 2. 변호사는 성실·공정하게 직수를 수행하며 명예와 품위를 보전한다.
> **변호사윤리장전 (윤리규약)**
> 제2조 (사명)
> ① 변호사는 공정하고 성실하게 독립하여 직무를 수행한다.
> ② 변호사는 그 직무를 행함에 있어서 진실을 왜곡하거나 허위진술을 하지 아니한다.
> ③ 변호사는 서로 존중하고 예의를 갖춘다.
> ④ 변호사는 법률전문직으로서 필요한 지식을 탐구하고 윤리와 교양을 높이기 위하여 노력한다.
> 제13조 (성실의무)
> ① 변호사는 의뢰인에게 항상 친절하고 성실하여야 한다.
> ② 변호사는 업무처리에 있어서 직업윤리의 범위 안에서 가능한 한 신속하게 의뢰인의 위임목적을 최대한 달성할 수 있도록 노력한다.

2. 내용

가. 수임한 사건의 신속한 착수, 지체 없는 처리

◎ Ex. 소장 제출 지연, 항소기간 도과, 항소이유서·상고이유서 제출기한 도과, 강제조정 이의신청기간 도과, 지급명령 이의신청기간 도과 등.

◎ 다른 변호사나 사무직원의 잘못을 이유로 한 면책 X.

> **변호사윤리장전 (윤리규약)**
> 제13조(성실의무) ② 변호사는 업무처리에 있어서 직업윤리의 범위 안에서 가능한 한 신속하게 의뢰인의 위임목적을 최대한 달성할 수 있도록 노력한다.

나. 의뢰인에게 사건의 주요 경과를 알리고 필요한 경우 협의하여 처리

◎ 의뢰인의 청구가 없더라도 지켜야 할 사항에 해당.

> **변호사윤리장전 (윤리규약)**
> 제28조(사건처리 협의 등) ① 변호사는 의뢰인에게 사건의 주요 경과를 알리고, 필요한 경우에는 의뢰인과 협의하여 처리한다.

다. 의뢰인의 의사 존중

◎ 의뢰인의 구체적 수권 없이 화해 등 소송의 귀추를 결정하는 소송행위를 하지 않을 것이 요구됨. 다만 의뢰인의 요구가 변호사의 품위를 손상시키거나 의뢰인의 이익에 배치된다고 인정되는 경우에는 그 이유를 설명하고 이에 따르지 않을 수 있음.

> 변호사윤리장전 (윤리규약)
> 제15조(동의 없는 소 취하 등 금지) 변호사는 의뢰인의 구체적인 수권 없이 소 취하, 화해, 조정 등 사건을 종결시키는 소송행위를 하지 아니한다.
> 제28조(사건 처리 협의 등) ② 변호사는 의뢰인의 요청이나 요구가 변호사의 품위를 손상시키거나 의뢰인의 이익에 배치된다고 인정하는 경우에는, 그 이유를 설명하고 이에 따르지 않을 수 있다.

◎ 판례는 의뢰인의 지시에 따르는 것이 위임의 취지에 적합하지 않거나 의뢰인에게 불이익한 때에는 그러한 내용을 의뢰인에게 알려주고 그 지시의 변경을 요구 또는 권고할 수 있다고 봄. (대법원 2003. 1. 10. 선고 2000다61671 판결)

라. 변호사 지위를 부당 이용하여 금전거래 등 금지

> 변호사윤리장전 (윤리규약)
> 제14조 (금전거래의 금지) 변호사는 그 지위를 부당하게 이용하여 의뢰인과 금전대여, 보증, 담보제공 등의 금전거래를 하지 아니한다.

마. 필요한 법령 등을 성실히 조사

바. 수임사건 처리 종료 시의 설명 의무

◎ 수임한 사건의 처리가 종료되면, 그 결과를 신속히 설명

> 변호사윤리장전 (윤리규약)
> 제29조(사건처리의 종료) 변호사는 수임한 사건의 처리가 종료되면, 의뢰인에게 그 결과를 신속히 설명한다.

◎ 판례는 위임사무의 종료단계에서 패소판결이 있었던 경우 상소에 관하여 특별한 수권이 없는 때에도 의뢰인에게 불이익한 계산상 잘못이 있다면 판결의 내용과 상소하는 때에 승소가능성 등에 대하여 구체적으로 설명하고 조언할 의무가 있다고 봄. (대법원 2004. 5. 14. 선고 2004다7354 판결)

3. 한계

◎ 신의성실에 의하여 실현해야 할 의뢰인의 이익은 '정당한 의뢰인의 이익'이어야 함.

4. 성실의무 위반에 대한 제재

가. 징계

◎ 성실의무 위반은 징계사유 중 변호사법 위반, 대한변호사협회 회칙 위반 등에 해당.

나. 민사상 손해배상책임

◎ 의뢰인에 대한 책임: 변호사의 직무상의 과오로 의뢰인에게 발생한 손해에 대하여 손해배상책임을 부담(법률과오책임, 채무불이행책임), 유상 or 무상 불문.

◎ 변호사의 직무상 과오로 상소제기기간이 도과되어 발생한 손해의 배상책임 자체는 승소가능성과 관계없이 인정되나, 손해액의 범위 산정 시에는 승소가능성이 고려되어야 함.

◎ 민사상 손해배상책임에 관한 판례군
　[Tip] 판례의 결론 위주로 학습할 것.

　▸ [판례] 상소제기기간 도과로 인한 손해배상책임
　　↘ 손해배상책임 발생 유무는 승소가능성과 무관.

　　　대법원 1997. 5. 28. 선고 97다1822 판결(손해배상(기))
　　　피고는 그 판시 소송사건을 위임받은 법무법인의 구성 변호사 겸 위 소송사건의 담당변호사로서 성실하게 위 소송사무를 처리하여야 함은 물론 이 사건 소송위임은 대법원까지로 되어 있으므로 소송이 종료된 후에도 원고가 자신의 의사에 의하지 아니하고 상급심의 판단을 받을 기회를 상실하는 일이 없도록 세심한 주의를 하여야 할 업무상 주의의무가 있음에도 불구하고 송무에 익숙치 아니한 사무직원을 통하여 원고측에 판결문을 교부하고 상고 여부를 확인하도록 함으로써 위 사무직원이 원고측에게 상소제기기간을 잘못 고지하는 바람에 원고가 상고제기기간을 도과하여 상고의 기회를 잃게 되었다 할 것이므로, 피고는 이로 인하여 원고가 입은 손해를 배상할 책임이 있다.

　▸ [판례] 상소제기기간 도과와 손해액
　　↘ 변호사가 판결정본 송달 사실을 간과하여 항소제기기간을 도과시키는 바람에 판결이 확정되었다면, 변호사로서 준수하여야 할 선량한 관리자의 주의의무를 위배하였으므로 그로 인한 손해를 배상할 책임 O.
　　↘ 변호사가 주의의무를 다한 업무처리를 하였더라면 지출하지 않아도 될 비용을 위임인이 지출한 경우 변호사의 채무불이행으로 인하여 위임인이 입게 된 손해액: 그 지출된 비용 O (변호사 선임비용 전액 X!)

　　　대법원 1996. 12. 10. 선고 96다36289 판결 [손해배상(기)]
　　　원심은…… 1990. 4. 18. 원고 패소판결이 선고되었고, 1990. 4. 18. 원고 패소판결이 선고되었고, 그 판결정본이 1990. 5. 7. 피고에게 송달되었으며, 원고가 위 판결선고 후 피고를 찾아가 항소할 뜻을 비추었는데도 피고는 판결정본이 송달된 것을 간과하여 항소제기기간을 도과시키는 바람에 위 판결이 1990. 5. 23. 그대로 확정된 사실을 인정하고, 피고는 소송수행을 위임받은 변호사로서 당연히 준수하여야 할 선량한 관리자의 주의의무를 위배하여 위 판결에 대한 항소기간을 도과시켰으므로 그로 인한 원고의 손해를 배상할 책임이 있다고 판단하였다.
　　　위임계약에 있어서 수임인이 위임의 본지에 좇은 업무처리를 하지 아니한 까닭에 만약 수임인이 위임의 본지에 좇은 업무처리를 하였더라면 지출하지 아니하여도 될 비용을 위임인이 지출한 경우에 수임인의 채무불이행으로 인하여 위임인이 입게 된 손해액은 그 지출한 비용이라 할 것이다
　　　그러므로 원고가 피고에게 지급한 변호사 선임비용인 금 1,500,000원과 관련하여 그 전액의 배상을 구하는 데 대하여, 원심이 위 선임비용 금 1,500,000원 중 피고의 위와 같은 채무불이행이 없었더라면 원고가 위 패소판결에 대하여 항소를 제기하여 항소심에서 승소판결을 받은 후, 소송비용액확정절차를 거쳐 반환받을 수 있는 범위 내의 비용만이 피고가 배상할 책임이 있는 손해라고 판단하여, 원고와 박용호 사이의 소송의 소가에 대하여 변호사보수의소송비용산입에관한규칙 제3조 별표에 의하여 소송비용에 산입할 변호사 보수를 산정하고 그

금액만을 손해액으로 인정한 것은 위와 같은 법리에 따른 것으로서 정당하고, 여기에 논하는 바와 같은 심리미진 등의 위법이 있다고 할 수 없다.

▶ [판례] 상소제기기간 도과와 손해액
    ↳ 법원이 변호사의 직무상 과오로 항소기간이 도과된 경우 그로 인하여 위임인이 입은 손해액의 범위를 전소 판결 주문 금액과 집행비용 전액으로 인정한 것은 심리 미진의 위법이 있음(적법하게 항소 제기하였더라면 어느 정도 유리하게 변경될 수 있었을지를 당사자에게 석명하여야).

    대법원 1972. 4. 25. 선고 72다56 판결 [손해배상]
    피고의 전소에 대한 항소기간 도과로 인하여 원고가 입은 손해액의 범위를 전소의 판결주문의 금액과 집행비용 전액(3,150,191원)으로 인정하고 이 손해액에 대하여 과실상계를 하였으나 피고가 적법히 항소를 제기하였더라면 원고에게 어느 정도 유리하게 변경될 수 있었을런지를 당사자에게 석명하여 이점을 좀더 자세히 심리하여 손해액의 범위를 결정함이 옳았을 것임에도 불구하고 만연히 전소 제1심 판결문(갑제1호증)만으로 원고의 손해액을 인정하였음은 심리 미진의 위법이 있다 할 것이다.

▶ [판례] 상소제기기간 도과와 재산상 손해배상청구에서의 입증책임
    ↳ 재산상 손해배상청구에서는 그 청구인이 변호사가 상고이유서제출기간 내 상고이유서를 제출하였더라면 상고심에서 승소하였을 것이라는 점에 관한 입증을 하여야 함.

    대법원 1995. 5. 12. 선고 93다62508 판결 [손해배상(기)]
    전소송의 항소심에서 패소한 원고로부터 상고사건을 수임한 변호사인 피고가 수임사건을 태만히 하여 상고이유서제출기간 내에 상고이유서를 제출하지 아니하여 원고의 상고가 기각됨으로 인한 재산상 손해배상을 청구하는 이 사건에 관하여 피고가 전소송의 상고이유서제출기간 내에 상고이유서를 제출하였더라면 원심판결이 취소되고 원고가 승소하였을 것이라는 점에 관한 입증이 없다고 하여 원고의 청구를 이유 없다고 판단하였는바, 원심의 위와 같은 판단은 기록에 비추어 정당한 것으로 보이고 거기에 인과관계 및 민사소송법 제399조의 법리를 오해한 위법이 있다고 할 수 없다.

▶ [판례] 부적절하게 소송을 수행하여 패소한 경우의 손해배상책임
    ↳ 이 경우에는 변호사가 통상의 주의를 기울였다면 소송에서 승소하였을 개연성의 증명이 요구됨(=상당인과관계).

    대법원 2015. 9. 10. 선고 2013다9918 판결(손해배상(기))
    변호사가 위임받은 소송사건을 부적절하게 수행하여 패소한 경우 평균적인 변호사에 비추어 그 소송수행에 통상의 주의를 기울이지 아니한 사실이 인정되고, 변호사가 통상의 주의를 기울였다면 소송에서 승소하였을 개연성이 증명된 경우에 한하여 변호사의 소송수행상 잘못과 패소로 인한 재산상 손해 사이에 상당인과관계가 인정되어 변호사가 이로 인하여 의뢰인이 입은 재산상 손해를 배상할 책임이 있다.

▶ [판례] 패소한 후 변호사의 상소 시 승소가능성 설명의무 위반과 통상손해의 범위
    ↳ 위임사무 종료단계에서 패소판결이 있었던 경우 변호사는 상소에 관하여 특별한 수권 없더라도 의뢰인에게 불이익한 계산상의 잘못이 있다면 그 판결 내용과 상소 시의 승소가능성에 대하여 설명할 의무가 있음.
    ↳ 위 설명의무 위반과 상당인과관계가 인정되는 손해: 항소를 통하여 그 패소 부분 중 일부가 취소되고 그 부분 의뢰인의 청구가 받아들여짐으로써 얻을 수 있었던 금원 상당액.

대법원 2004. 5. 14. 선고 2004다7354 판결 [손해배상(기)]
위임사무의 종료단계에서 패소판결이 있었던 경우에는 의뢰인으로부터 상소에 관하여 특별한 수권이 없는 때에도 그 판결을 점검하여 의뢰인에게 불이익한 계산상의 잘못이 있다면 의뢰인에게 그 판결의 내용과 상소하는 때의 승소가능성 등에 대하여 구체적으로 설명하고 조언하여야 할 의무가 있다고 할 것이다.
원심은, 피고가 변호사로서의 위와 같은 선관주의의무 위반으로 인하여 원고들은 그 패소 부분에 대하여 항소권이 소멸한 후 부대항소를 제기하였다가 상대방이 항소를 취하함으로써 부대항소가 효력을 잃게 되어 제1심 판결이 확정되었다면 원고들이 항소를 통하여 그 패소 부분 중 일부가 취소되고 그 부분 원고들의 청구가 받아들여짐으로써 얻을 수 있었던 금원 상당이 피고의 선관주의의무 위반과 상당인과관계가 있는 통상손해에 해당한다는 취지로 판단하였는바, 기록에 비추어 살펴보면, 원심의 위와 같은 판단은 정당한 것으로 수긍할 수 있고, 거기에 상고이유로 주장하는 바와 같은 변호사의 선관주의의무 위반으로 인한 통상손해와 상당인과관계에 관한 법리오해 등의 위법이 없으며, 한편 소송의뢰인인 원고들도 판결정본을 피고로부터 교부받은 후 판결의 내용을 주의 깊게 살피지 아니하여 판결의 오류를 발견하지 못한 과실이 있다는 이유로 피고의 손해배상책임을 60%로 제한한 원심의 판단도 수긍할 수 있고, 거기에 상고이유로 주장하는 바와 같은 과실상계에 관한 법리오해의 위법도 없다.

▸ [판례] 변호사가 재량적 판단에 기초하여 성실하게 수임사무를 처리한 경우의 손해배상책임

　　↳ 이 경우 의뢰인의 지시에 반하거나 재량권 범위를 일탈한 것으로 인정되지 않는 한 수임계약상 채무불이행책임, 불법행위책임 X.

　　대구지방법원 1993. 3. 17. 선고 92가합10450 판결 [손해배상(기)]
　　변호사는 의뢰인으로부터 사건을 수임하여 처리함에 있어 그 수임사무의 성질상 전문적인 법률지식과 경험에 기초하여 구체적인 상황에 대응하여 적절한 판단을 할 필요가 있으므로 그 사무처리는 상당한 범위에 있어 변호사의 재량에 수임되어 있고, 따라서 변호사가 그 재량적 판단에 기초하여 성실하게 수임사무를 처리한 것으로 인정될 경우에는 의뢰자의 지시에 반하거나 재량권의 범위를 일탈한 것으로 인정되지 않는 한 수임계약상의 채무불이행책임 내지 불법행위책임을 물을 수 없다.

▸ [판례] 수임계약상 채무를 불이행한 변호사에 대한 손해배상청구권의 소멸시효 기산점

　　↳ = 대상소송이 의뢰인에게 불리하게 확정되거나 이에 준하는 상태가 된 때

　　대법원 2018. 11. 9. 선고 2018다240462 판결 [손해배상(기)]
　　변호사가 소송위임계약상 채무를 불이행한 경우, 위임의 대상이 된 소송이 의뢰인에게 불리한 내용으로 확정될 때까지는 손해의 발생 여부가 불확실하고 손해의 구체적인 내용이나 범위 등을 확정하기도 어렵다. 따라서 특별한 사정이 없는 한 대상소송이 의뢰인에게 불리하게 확정되거나 이에 준하는 상태가 된 때에 비로소 의뢰인에게 현실적으로 손해가 발생한다고 볼 수 있고, 손해배상청구권의 소멸시효도 그때부터 진행한다고 봄이 타당하다.

2 비밀유지의무

1. 의의 및 취지

◉ 변호사는 그 직무상 알게 된 비밀을 누설하여서는 안 되며(변호사법 제26조), 직무상 알게 된 비밀을 누설할 경우 형사처벌될 수 있음(형법 제317조 제1항).

◉ 형사소송법과 민사소송법은 변호사에게 소송상 증언거부 특권을 부여하여, 변호사는 증거수집절차에서 의뢰인의 비밀

에 관한 증언 또는 법정증언을 거부할 수 있음. 그 밖에 압수를 거부하거나, 문서제출을 거부할 수 있음.

◎ 이와 같은 비밀유지의무는 의뢰인이 변호사를 신뢰하고 정보를 충분히 제공하도록 보장하는 것 외에 대립적 당사자주의를 유지하는 것을 위하여도 필요함.

2. 법률상 비밀유지의무의 개요

가. 변호사법상 비밀유지의무

◎ 변호사 또는 변호사였던 자 / 직무상 알게 된 비밀 / 누설 금지.

▸ 다만, 법률에 특별한 규정이 있는 경우 제외.

나. 형사소송법상 비밀유지의무

◎ 압수거부: 변호사 또는 변호사였던 자 / 그 업무상 위탁을 받아 소지 또는 보관하는 물건으로 타인의 비밀에 관한 것 / 압수 거부할 수 있음.

▸ 다만, (i) 그 타인의 승낙, (ii) 중대한 공익상 필요 있는 경우 제외.

◎ 증언거부: 변호사 또는 변호사였던 자 / 그 업무상 위탁을 받은 관계로 알게 된 사실로서 타인의 비밀에 관한 것 / 증언 거부할 수 있음.

▸ 다만, (i) 본인의 승낙, (ii) 중대한 공익상 필요 있는 경우 제외.

다. 민사소송법상 비밀유지의무

◎ 증언거부: 변호사 또는 변호사였던 자 / 직무상 비밀에 속하는 사항 / 증언 거부할 수 있음.

▸ 다만, 비밀을 지킬 의무가 면제된 경우 제외.

◎ 문서제출거부: 변호사 또는 변호사였던 자 / 직무상 비밀에 속하는 사항 / 문서제출 거부할 수 있음.

▸ 다만, 비밀을 지킬 의무가 면제된 경우 제외.

> 변호사법
> 제26조(비밀유지의무 등) 변호사 또는 변호사이었던 자는 그 직무상 알게 된 비밀을 누설하여서는 아니 된다. 다만, 법률에 특별한 규정이 있는 경우에는 그러하지 아니하다.
>
> 형사소송법
> 제112조(업무상비밀과 압수) 변호사, 변리사, 공증인, 공인회계사, 세무사, 대서업자, 의사, 한의사, 치과의사, 약사, 약종상, 조산사, 간호사, 종교의 직에 있는 자 또는 이러한 직에 있던 자가 그 업무상 위탁을 받아 소지 또는 보관하는 물건으로 타인의 비밀에 관한 것은 압수를 거부할 수 있다. 단, 그 타인의 승낙이 있거나 중대한 공익상 필요가 있는 때에는 예외로 한다.
> 제149조(업무상비밀과 증언거부) 변호사, 변리사, 공증인, 공인회계사, 세무사, 대서업자, 의사, 한의사, 치과의사, 약사, 약종상, 조산사, 간호사, 종교의 직에 있는 자 또는 이러한 직에 있던 자가 그 업무상 위탁을 받은 관계로 알게 된 사실로서 타인의 비밀에 관한 것은 증언을 거부할 수 있다. 단, 본인의 승낙이 있거나 중대한 공익상 필요있는 때에는 예외로 한다.
>
> 민사소송법

제315조(증언거부권) ① 증인은 다음 각호 가운데 어느 하나에 해당하면 증언을 거부할 수 있다.

1. 변호사 · 변리사 · 공증인 · 공인회계사 · 세무사 · 의료인 · 약사, 그 밖에 법령에 따라 비밀을 지킬 의무가 있는 직책 또는 종교의 직책에 있거나 이러한 직책에 있었던 사람이 직무상 비밀에 속하는 사항에 대하여 신문을 받을 때

2. 기술 또는 직업의 비밀에 속하는 사항에 대하여 신문을 받을 때

② 증인이 비밀을 지킬 의무가 면제된 경우에는 제1항의 규정을 적용하지 아니한다.

제344조(문서의 제출의무) ① 다음 각호의 경우에 문서를 가지고 있는 사람은 그 제출을 거부하지 못한다.

3. 문서가 신청자의 이익을 위하여 작성되었거나, 신청자와 문서를 가지고 있는 사람 사이의 법률관계에 관하여 작성된 것인 때. 다만, 다음 각목의 사유 가운데 어느 하나에 해당하는 경우에는 그러하지 아니하다.

다. 제315조제1항 각호에 규정된 사항중 어느 하나에 규정된 사항이 적혀 있고 비밀을 지킬 의무가 면제되지 아니한 문서

3. 변호사윤리장전 윤리규약상 비밀유지의무의 개요

가. 비밀유지 및 의뢰인의 권익보호 (제18조)

◎ **누설 또는 부당이용** 금지: 변호사가 직무상 알게 된 비밀

◎ **외부공개** 금지: (i) 직무 관련 의뢰인과 의사교환한 내용, (ii) 의뢰인으로부터 제출받은 문서 · 물건, (iii) 직무 수행하면서 작성한 서류 · 메모 · 기타 유사 자료

◎ **예외적 이용 · 공개** 허용:

▸ 사유: (i) 중대한 공익상의 이유, (ii) 의뢰인의 동의, (iii) 변호사 자신의 권리를 방어하기 위하여 필요

▸ 범위: 최소한의 범위에서

나. 공무 수행 중 알게 된 정부기관의 비밀 이용 금지 (제41조)

◎ 변호사는 공무 수행 중 알게 된 정부기관의 비밀을 업무처리에 이용할 수 없음.

다. 법무법인 등의 구성원 및 소속 변호사의 비밀유지의무 (제47조)

◎ 법무법인 등(=법무법인, 법무법인(유한), 법무조합, 공증인가합동법률사무소, 공동법률사무소) 구성원 및 소속 변호사는 정당한 이유가 없는 한 다른 변호사가 의뢰인과 관련하여 직무상 비밀유지의무를 부담하는 사항을 알게 된 경우 이를 누설 또는 이용할 수 없음. 이는 퇴직한 경우에도 같음.

> 변호사윤리장전 (윤리규약)
> 제18조 (비밀유지 및 의뢰인의 권익보호) ① 변호사는 직무상 알게 된 의뢰인의 비밀을 누설하거나 부당하게 이용하지 아니한다.
> ② 변호사는 직무와 관련하여 의뢰인과 의사교환을 한 내용이나 의뢰인으로부터 제출받은 문서 또는 물건을 외부에 공개하지 아니한다.
> ③ 변호사는 직무를 수행하면서 작성한 서류, 메모, 기타 유사한 자료를 외부에 공개하지 아니한다.
> ④ 제1항 내지 제3항의 경우에 중대한 공익상의 이유가 있거나, 의뢰인의 동의가 있는 경우 또는 변호사 자신의 권리를 방어하기 위하여 필요한 경우에는, 최소한의 범위에서 이를 공개 또는 이용할 수 있다.
> 제41조 (비밀 이용 금지) 변호사는 공무를 수행하면서 알게 된 정부기관의 비밀을 업무처리에 이용하지 아니한다.
> 제47조 (비밀유지의무) 법무법인 등의 구성원 변호사 및 소속 변호사는 정당한 이유가 없는 한 다른 변호사가 의뢰인과 관련하여 직무상 비밀유지의무를 부담하는 사항을 알게 된 경우에는, 이를 누설하거나 이용하지 아니

한다. 이는 변호사가 해당 법무법인 등으로부터 퇴직한 경우에도 같다.

4. 성질

◎ **변호사법과 변호사윤리장전 윤리규약**은 비밀유지에 관한 변호사의 의무만을 규정하고 있고 이를 **권리로 규정하고 있지 않음**. 그러나 형사소송법과 민사소송법은 증언거부권 및 문서제출거부권 등이 명시되어 있음. 이처럼 법률상 증언 등 거부권이 명시되어 있는 경우 변호사는 이를 근거로 적극적으로 비밀을 지켜야 하고, 이를 어길 경우 비밀유지의무를 위반한 것으로 봄.

◎ 형사절차에서 변호인의 비밀유지의무:

▸ 이는 변호인이 업무상 알게 된 비밀을 다른 곳에 누설하지 않을 소극적 의무를 말하는 것일뿐, 진범을 은폐하는 허위 자백을 적극적으로 유지하게 한 행위가 변호인의 비밀유지의무에 의하여 정당화될 수는 없음. (대법원 2012. 8. 30. 선고 2012도6027판결)

◎ 일상적 생활관계에서 변호사와 상담한 법률자문에 대하여 그 비밀 공개를 거부할 의뢰인의 특권이 도출될 수 있는지 여부:

▸ 아직 수사나 공판 등 형사절차가 개시되지 아니하여 피의자 또는 피고인에 해당한다고 볼 수 없는 사람이 일상적 생활관계에서 변호사와 상담한 법률자문에 대하여도 변호인의 조력을 받을 권리의 내용으로서 그 비밀의 공개를 거부할 수 있는 의뢰인의 특권을 도출할 수 있다거나, 위 특권에 의하여 의뢰인의 동의가 없는 관련 압수물은 압수절차의 위법 여부와 관계없이 형사재판의 증거로 사용할 수 없다는 견해는 받아들일 수 없다고 하겠다. 원심이 이 사건 법률의견서의 증거능력을 부정하는 이유를 설시함에 있어 위와 같은 이른바 변호인-의뢰인 특권을 근거로 내세운 것은 적절하다고 할 수 없다. (대법원 2012. 5. 17. 선고 2009도6788 전원합의체 판결)

5. 내용

가. 비밀유지의무의 주체

◎ **변호사 & 변호사였던 자**

▸ 수임관계가 종료(의뢰인 사망 포함)된 후, 퇴직한 후, 폐업한 후에도 비밀유지의무는 존속함에 유의할 것.

나. 비밀의 주체

◎ **의뢰인의 비밀**: 고문계약, 고용계약 등 일정 기간 계속적으로 의뢰관계에 있는 자 또는 있었던 자도 포함.

◎ **잠재적 의뢰인의 비밀**: 사건 수임 전 법률상담 과정에서 알게 된 상담인의 비밀정보도 보호.

◎ **제3자의 비밀**: 변호사의 당사자분만 아니라 상대방이나 제3자의 비밀까지 보호되어야 함. 변호사법 제26조는 '비밀'을 의뢰인의 비밀에 제한하고 있지 않음.

다. "직무상 알게 된 비밀"

◎ 주관적 의미의 비밀 & 객관적 의미의 비밀 모두 해당.

◎ 직무상 우연히 알게 된 사실도 해당.

◎ 의뢰인으로부터 위임받은 사항과의 관련성과 관계없이, 관련성이 없는 비밀도 널리 포함(견해대립 있음).

◎ 상담과정에서 알게 된 정보 역시 추후 수임하지 않았더라도 포함.

◎ <u>다만 '공지(公知)의 사실'은 해당 X.</u>

라. "누설"

◎ 불특정 다수뿐만 아니라 특정인 · 소수의 사람에 대한 것도 해당.

◎ 법원의 사실조회에 대한 회신(사건수임 경위 등), 행정조사에 따른 자료제출 요구에 응답(법률자문 등 관련 서류 등), 수사기관에서의 진술도 그 내용에 비밀이 포함되어 있다면 누설에 해당할 수 있음.

마. "부당이용" (변호사윤리장전 윤리규약 제18조)

◎ 의뢰인의 신뢰관계를 보장하기 위하여, 의뢰인에게 불리하게 이용하거나, 자기 또는 제3자의 이익을 위하여 이용하는 것을 금지.

6. 예외

가. 변호사법상 비밀유지의무의 예외: "법률에 특별한 규정이 있는 경우" (변호사법 제26조 단서, 전술)

◎ 다른 법률에 특별한 규정이 있는 경우에는 증언 등을 거부할 수 없음.

다른 법률의 특별한 규정		(예외)
「형사소송법」	제149조 단서 (증언거부)	(i) 본인의 승낙, (ii) 중대한 공익상 필요
	제112조 단서 (압수거부)	(i) 그 타인의 승낙, (ii) 중대한 공익상 필요
「민사소송법」	제315조 제2항 (증언거부)	비밀을 지킬 의무가 면제된 경우
	제344조 제1항 제3호 다목 (문서제출거부)	비밀을 지킬 의무가 면제된 경우

 변호사가 타인의 민사소송에서 증인으로 선서한 경우 비밀유지의무가 해제된다. (X) (∵ 증인 선서는 증언 거부권 행사와는 무관함. 변호사는 직무상 비밀에 속하는 사항에 대하여 신문을 받을 때 증언을 거부할 수 있음.)

[참고] 「공익신고자 보호법」에 따른 공익신고와 비밀유지의무의 예외:

> **공익신고자 보호법**
> 제14조(책임의 감면 등) ④ 공익신고등의 내용에 직무상 비밀이 포함된 경우에도 공익신고자등은 다른 법령, 단체협약, 취업규칙 등에 따른 <u>직무상 비밀준수 의무를 위반하지 아니한 것으로 본다.</u>

나. 변호사윤리장전 윤리규약상 비밀유지의무의 예외: "(i) 중대한 공익상의 이유, (ii) 의뢰인의 동의, (iii) 변호사 자신의 권리를 방어하기 위하여 필요" (변호사윤리장전 윤리규약 제18조 제4항)

(i) 의뢰인의 동의

▸ 묵시적 동의: 인정됨. 대표적인 예로 변호사가 의뢰인으로부터 들은 내용을 업무를 위하여 그가 고용한 사무직원에게 설명하는 행위는, 의뢰인이 특정 변호사만 알고 있을 것을 명시적으로 요청한 경우가 아닌 한 의뢰인의 묵시적 동의가 있었다고 보아야 함.

　↳ 그러나 <u>다른 법무법인 소속 변호사와 사건 내용을 상의하는 행위, 보도기관 취재에 응하는 행위, 외부 업체에 서류 번역 등을 의뢰하는 행위, 교육 목적으로 모의재판 강의에 사건 내용을 사용하는 행위, 사건 관련 의견서를 학술지에 발표하는 행위 등에 대하여는 당연히 묵시적 동의가 없었다고 보아야</u> 하고, 이 경우 명시적 동의가 필요함.

(ii) 중대한 공익상의 이유

▸ 이 경우의 대표적 예시로 중대한 범죄의 예방(이미 발생한 범죄 X) 목적의 정보 공개가 있음.

(iii) 변호사 자신의 권리를 방어하기 위하여 필요

▸ 예컨대 의뢰인을 상대로 보수금청구소송을 제기할 때, 의뢰인으로부터 착수금반환청구의 소 제기를 당한 때, 의뢰받은 사건과 관련하여 변호사 자신이 민사ㆍ형사ㆍ징계절차상 책임을 추궁당할 때, 비밀유지의무의 예외가 인정된다고 볼 수 있음.

◎ 위 (i)~(iii)의 예외에 해당하는 경우에도 <u>"최소한의 범위에서"</u>만 이용ㆍ공개할 수 있음.

7. 비밀유지의무 위반에 대한 제재

가. 민사 책임

위임계약상 비밀유지에 관한 명시적 약정이 있는 경우에는 채무불이행책임, 없는 경우에는 불법행위에 기한 손해배상책임.

나. 형사 책임

업무상 비밀누설죄(형법 제317조): 친고죄에 해당함(형법 제318조)

> **Quiz** 변호사가 비밀유지의무를 위반하는 경우 변호사법에 의하여 처벌될 수 있다. (X) (∵ 변호사법상 처벌규정은 없음)

다. 징계

변호사법 위반(변호사법제91조 제2항 제1호) 및 변호사윤리장전 윤리규약 위반(변호사법 제91조 제2항 제2호)으로 징계 사유가 될 수 있음.

[→ 법무법인 등, 기업변호사와 관련된 비밀유지의무는 제12장 "법무법인 등과 변호사윤리", 제13장 "기업변호사의 윤리" 참조]

3 진실의무

1. 의의

◎ 변호사의 진실의무란 직무 수행 시 진실을 은폐하거나 거짓 진술을 하지 아니할 의무를 뜻함.

◎ 더 나아가, 변호사는 위증을 교사하거나 허위의 증거를 제출하게 할 수 없고, **이러한 의심을 받을 행위도 하여서는 안 됨**. 재판절차에서 변호사는 의도적으로 허위 사실에 관한 주장을 하거나 허위증거를 제출하여서는 안 되고, 증인에게 허위의 진술을 교사하거나 유도하여서는 안 됨.

◎ 위반 시 제재: 변호사법 및 변호사윤리장전 윤리규약 위반으로 징계 사유가 되며, 사안에 따라 형사처벌 가능(위증교사 등).

> 변호사법
> 제24조(품위유지의무 등) ① 변호사는 그 품위를 손상하는 행위를 하여서는 아니 된다. ② 변호사는 그 직무를 수행할 때에 진실을 은폐하거나 거짓 진술을 하여서는 아니 된다.
> 제91조(징계 사유) ② 제90조제2호부터 제5호까지의 규정에 해당하는 징계사유는 다음 각 호와 같다.
> 1. 이 법을 위반한 경우
> 2. 소속 지방변호사회나 대한변호사협회의 회칙을 위반한 경우
> 3. 직무의 내외를 막론하고 변호사로서의 품위를 손상하는 행위를 한 경우
>
> 변호사윤리장전(윤리규약)
> 제2조(기본 윤리) ② 변호사는 그 직무를 행함에 있어서 진실을 왜곡하거나 허위진술을 하지 아니한다.
> 제11조(위법행위 협조 금지 등) ③ 변호사는 위증을 교사하거나 허위의 증거를 제출하게 하거나 이러한 의심을 받을 행위를 하지 아니한다.
> 제36조(재판절차에서의 진실의무) ① 변호사는 재판절차에서 의도적으로 허위 사실에 관한 주장을 하거나 허위증거를 제출하지 아니한다.
> ② 변호사는 증인에게 허위의 진술을 교사하거나 유도하지 아니한다.

2. 민사소송에서의 진실의무

◎ 진실에 반하는 것으로 알고 있는 사실을 주장하지 아니하고, 진실에 맞는 것을 알고 있는 상대방의 주장을 다투지 아니할 의무를 의미함. 여기서 '진실'이란 당사자 또는 그 대리인(변호사)이 진실이라고 믿는 주관적 진실을 의미함.

◎ 진실이 아니라는 것을 알면서 주장을 하거나 부인을 해서는 안 된다는 '소극적' 의무를 의미하므로, 진실의무를 통하여 상대방에게 유리한 소송자료나 증거를 제출할 의무가 도출된다고 볼 수는 없음.

3. 형사소송에서의 진실의무

가. 의의

- 법원에 의한 실체적 진실발견을 적극적으로 방해해서는 안 된다는 '소극적' 의무를 의미함. 따라서 부당·부정한 수단으로 피고인에게 불리한 증거제출을 방해하거나, 증거를 위조·은닉하거나, 위증을 교사하거나, 허위증거를 제출하는 것은 실체적 진실발견에 대한 적극적인 방해이므로 진실의무 위반이 되지만, 형사소송법상 증거능력 부인 등에 관한 의견을 진술하거나, 증인에 대한 반대심문을 하는 등 변호인으로서의 정당한 직무 수행을 하는 것은 진실의무 위반이 되지 않음.

- 변호인이 실체적 진실의 발견을 위하여 피고인에게 불리한 증거와 정보를 '적극적'으로 제출할 의무는 인정되지 않음. 이 경우 오히려 의뢰인인 피고인에 대한 성실의무 및 비밀유지의무 위반이 성립될 수 있음.

  ▸ [관련판례] 타인의 형사사건과 관련하여 수사기관이나 법원에 제출하거나 현출되게 할 의도로, 법률행위 당시엔 존재하지 않았던 '처분문서'를 사후에 그 작성일에 소급하여 작성하는 행위는 증거위조죄 O.

    대법원 2007. 6. 2. 선고 2002도3600 판결 [특정범죄가중처벌등에관한법률위반(조세)·특정범죄가중처벌등에관한법률위반(알선수재)(예비적죄명:변호사법위반)·증거위조교사·증거위조·조세범처벌법위반]
    타인의 형사사건과 관련하여 수사기관이나 법원에 제출하거나 현출되게 할 의도로 법률행위 당시에는 존재하지 아니하였던 처분문서, 즉 그 외형 및 내용상 법률행위가 그 문서 자체에 의하여 이루어진 것과 같은 외관을 가지는 문서를 사후에 그 작성일에 소급하여 작성하는 것은, 가사 그 작성자에게 해당 문서의 작성권한이 있고, 또 그와 같은 법률 행위가 당시에 존재하였다거나 그 법률행위의 내용이 위 문서에 기재된 것과 큰 차이가 없다 하여도 증거위조죄의 구성요건을 충족시키는 것이라고 보아야 하고, 비록 그 내용이 진실하다 하여도 국가의 형사사법기능에 대한 위험이 있다는 점은 부인할 수 없다.

  ▸ [관련판례] 교도소 수감 중인 기결수 A가 교도소장의 위법한 서신발송불허행위로 통신권을 침해당하였다며 국가를 상대로 위자료청구의 소를 제기한 사안에서, 국가의 소송대리인인 변호사가 답변서에서 A의 형이 확정된 범죄사실, 교도소 내에서의 추가적 범죄사실과 징벌 내용, A가 수용생활 중 제기한 다수의 형사고소 등 내역에 관한 사실을 주장하고 이를 뒷받침하는 증거자료를 제출하는 것은 정당한 변론활동의 범위를 일탈한 것이 아니어서 위법성이 없음. (대법원 2008. 2. 15. 선고 2006다26243 판결)

나. 형사소송에서의 진실의무가 문제되는 경우

- 명백히 위증할 것이 예상되는 증인 신청: 진실의무 위반 O.

- 피고인의 유죄 고백이 진실인 줄 알면서 허위 사실을 주장하면서 무죄를 다투는 경우: 진실의무 위반 O. 다만, 피고인이 유죄임을 아는 경우 검사나 법원에 이를 고지할 의무는 없음.

- 피고인의 자백에도 불구, 보강증거나 그 밖에 유죄판결에 충분한 증거가 없는 경우 이를 이유로 무죄 변론을 하는 경우
  ▸ 진실의무 위반 X.
  ▸ Ex. 각기 다른 범죄사실로 기소된 공동피고인의 공판정에서의 선서 없이 한 진술은 다른 피고인의 범죄사실에 대한 증거능력이 없다고 다투는 것: 허용

    대법원 1982. 6. 22. 선고 82도898 판결 [뇌물공여·관세법위반·방위세법위반·해외이주법위반·폭력행위등에관한법률위반]

원심공동피고인 2는 피고인 1과는 **별개의 범죄사실로 기소되고 다만 병합심리되고 있던** 공동 피고인에 불과하였다는 사실이 기록상 명백하므로 원심공동피고인 2는 피고인 1에 대한 관계에서는 증인의 지위에 있음에 불과하므로 선서 없이 한 동인의 법정 및 검찰진술을 피고인 1에 대한 위 판시 다이아몬드 밀수사실을 인정하는 증거로 쓸 수는 없다 할 것이다.

◎ **유죄의 심증이 있으나 피고인이 무죄를 호소하는 경우**: 진실의무 문제될 여지 X. 성실히 위임 목적을 달성할 수 있도록 노력하지 아니하는 경우 성실의무가 문제될 수 있음.

◎ **대신범**

▸ '대신범'이란 타인의 처벌을 면하게 할 목적으로 무죄의 피고인이 범인임을 자처하여 처벌받기를 희망하는 경우를 의미함.

▸ 피고인의 뜻에 따라 대신범을 용인하는 것은 피고인의 정당한 이익을 실현하는 것이 아니고, 성실의무에 따르더라도 범인은닉에 가담하는 것까지 허용되지 않음. 다만 진범인이 별도로 존재한다는 것을 외부에 밝히면 안 됨(성실의무 · 비밀유지의무 위반).

▸ 판례는 진범을 은폐하는 허위자백을 적극적으로 유지하게 한 행위는 변호인의 비밀유지의무에 의하여 정당화될 수 없다고 봄.

> **대법원 2012. 8. 30. 선고 2012도6027 판결 [사기 · 범인도피교사 · 범인도피]**
> 변호사는 공공성을 지닌 법률 전문직으로서 독립하여 자유롭게 그 직무를 수행하여야 하고(변호사법 제2조), 그 직무를 수행함에 있어 진실을 은폐하거나 거짓 진술을 하여서는 아니 된다(같은 법 제24조 제2항). 따라서 형사변호인의 기본적인 임무가 피고인 또는 피의자를 보호하고 그의 이익을 대변하는 것이라고 하더라도, 그러한 이익은 법적으로 보호받을 가치가 있는 정당한 이익으로 제한되고, 변호인이 의뢰인의 요청에 따른 변론행위라는 명목으로 수사기관이나 법원에 대하여 적극적으로 허위의 진술을 하거나 피고인 또는 피의자로 하여금 허위진술을 하도록 하는 것은 허용되지 않는다.
> 원심은 그 채택 증거를 종합하여 판시와 같은 사실을 인정한 뒤, 피고인 2는 변호인으로서 단순히 원심 공동피고인 2의 이익을 위한 적절한 변론과 그에 필요한 활동을 하는 데 그치지 아니하고, 원심 공동피고인 2와 피고인 1 사이에 부정한 거래가 진행 중이며, 원심 공동피고인 2 사건의 수임과 변론이 그 거래의 향배와 불가결한 관련이 있을 것임을 분명히 인식하고도 피고인 1로부터 원심 공동피고인 2 사건을 수임하고, 그들 사이의 합의가 성사되도록 도왔으며, 스스로 합의금의 일부를 예치하는 방안까지 용인하고 합의서를 작성하는 등으로 피고인 1과 원심 공동피고인 2 사이의 거래관계에 깊숙이 관여하였으므로, 이러한 행위를 정당한 변론권의 범위 내에 속한다고 평가할 수는 없다고 판단하였다. 그리고 나아가 변호인의 비밀유지의무는 변호인이 업무상 알게 된 비밀을 다른 곳에 누설하지 않을 소극적 의무를 말하는 것일 뿐, 이 사건과 같이 진범을 은폐하는 허위자백을 적극적으로 유지하게 한 행위가 변호인의 비밀유지의무에 의하여 정당화될 수는 없다고 판단하였다.
> 앞서 본 법리와 기록에 비추어 살펴보면, 원심의 위와 같은 판단은 모두 정당한 것으로 수긍할 수 있고, 거기에 상고이유의 주장과 같은 변호사의 비밀유지의무 및 변론권에 관한 법리오해 등의 위법은 없다.
> (주: 이 사안에서 변호인인 피고인 2에게 범인도피방조죄의 성립이 인정됨.)

◎ **피고인에 대한 실체법적 · 소송법적 조언**

▸ 진실의무 위반 X. 무제한으로 허용됨. (Ex. 피의자 자신의 증거인멸행위는 형사처벌 대상이 되지 않음을 조언하는 행위: 허용)

▸ 조언을 악용하고 있음을 아는 경우에도 이를 적극적으로 법원에 알릴 의무 X.

◎ **피고인에 대하여 진술거부권을 행사할 것을 권고**

▸ 진술거부권은 대한민국헌법과 형사소송법에 의한 피고인의 권리임. 판례는 <u>변호인이 (적극적으로 허위진술하도록</u> <u>하는 것이 아니라) 헌법상 권리인 진술거부권이 있음을 알려주고 그 행사를 권고하는 것은 변호인의 진실의무에 위</u> <u>배되는 것이 아니라</u>고 판시한 바 있음. (대법원 2007. 1. 31. 자 2006모656 결정)

4 품위유지의무

1. 의의

◎ 변호사로서의 품위: 기본적 인권 옹호와 사회정의 실현을 사명으로 하는 변호사로서 그 직책을 맡아 수행해 나가기에 손색이 없는 인품

> 변호사법
> 제24조(품위유지의무 등) ① 변호사는 <u>그 품위를 손상하는 행위를 하여서는 아니 된다.</u> ② 변호사는 그 직무를 수행할 때에 진실을 은폐하거나 거짓 진술을 하여서는 아니 된다.
> 변호사윤리장전 (윤리강령)
> 2. 변호사는 성실 · 공정하게 직무를 수행하며 명예와 <u>품위를 보전한다.</u>
> 변호사윤리장전 (윤리규약)
> 제5조(품위유지의무) 변호사는 <u>품위를 유지하고,</u> 명예를 손상하는 행위를 하지 아니한다.

↳ 위반 시 제재: <u>직무의 내외를 막론하고 변호사로서의 품위를 손상하는 행위</u>를 한 경우 징계 사유 O.

▸ 변호사법 제91조 제2항 제3호가 헌법상 명확성 원칙에 위배되는지 여부와 관련하여, 대법원과 헌법재판소 모두 헌 법상 명확성 원칙에 위배되지 않는다는 입장임. 헌법재판소는 더 나아가 과잉금지원칙, 평등원칙에도 위배되지 않는 다고 판단하였음.

> 변호사법
> 제91조(징계 사유) ② 제90조제2호부터 제5호까지의 규정에 해당하는 징계사유는 다음 각 호와 같다.
> 1. 이 법을 위반한 경우
> 2. 소속 지방변호사회나 대한변호사협회의 회칙을 위반한 경우
> 3. <u>직무의 내외를 막론하고 변호사로서의 품위를 손상하는 행위를 한 경우</u>

> 대법원 2005. 11. 25. 선고 2005두9019 판결 [징계처분취소]
> <u>품위손상조항의 품위는 기본적 인권을 옹호하고 사회정의를 실현함을 사명으로 하는 법률 전문가로서의 직책</u> <u>을 맡아 수행해 나가기에 손색이 없는 인품을 말하고, 어떠한 행위가 품위손상행위에 해당하는가는 구체적 상</u> <u>황에 따라 건전한 사회통념에 의하여 판단하여야 할 것이며, 이러한 기준에 따른 법관의 보충적인 해석에 의하</u> <u>여 그 내용이 확정될 수 있다.</u>

> 헌재 2012. 11. 29. 2010헌바454 [구 변호사법 제90조 제1항 제2호 등 위헌소원]
> 이 사건 품위손상조항의 '<u>변호사로서의 품위</u>'란 '기본적 인권의 옹호와 사회정의 실현을 사명으로 하는 법률 전 문직인 변호사로서 그 직책을 맡아 수행해 나가기에 손색이 없는 인품'이라고 할 수 있다. 그리고 '변호사로서 그 직책을 맡아 수행해 나가기에 손색이 없는 인품'이란 <u>변호사의 전문성, 공정성, 도덕성에 대한 믿음을 줄 수</u> <u>있는 품성</u>을 의미하는 것으로 볼 수 있는데, <u>이러한 믿음은 변호사의 직무 외의 행위에 의해서도 형성되므로</u> 직 무와 무관한 변호사의 행위라 하더라도 변호사로서의 품위를 손상할 수 있다. 구체적으로 어떠한 행위가 이에 해당하는지는 이 사건 품위손상조항의 <u>수범자인 평균적인 변호사를 기준으로 판단</u>하여야 하는데, 변호사는 국 가가 인정하는 사법시험을 통과하고 고도의 전문적 교육을 받은 전문직업인으로서 법률에 대한 전문적 지식뿐

만 아니라 높은 수준의 도덕적·윤리적 소양을 갖추고 있는 점에 비추어 보면 청구인을 포함한 평균적인 변호사는 이를 충분히 예측할 수 있다고 보아야 한다.

따라서 이 사건 품위손상조항은 그 의미내용을 합리적으로 파악할 수 있는 해석기준을 충분히 얻을 수 있어서 수범자에게 행동지침을 제공하지 못하거나 법 집행자에게 자의적인 법해석이나 법집행을 허용하고 있다고 할 수 없으므로 <u>명확성원칙에 위배되지 아니한다.</u>

이 사건 품위손상조항은 변호사에 대한 국민의 신뢰를 떨어뜨릴 수 있는 품위손상행위를 징계사유로 삼음으로써 법률사무를 독점하여 수행하는 변호사에게 윤리의식을 고취시키고 변호사의 전문성, 공정성에 대한 국민의 신뢰를 확보하여 국민의 기본권 인권을 옹호하고 사회정의를 실현하기 위한 것으로, 그 입법목적의 정당성 및 수단의 적합성을 인정할 수 있다. 이 사건 품위손상조항에서 징계사유의 요건으로 삼고 있는 품위는 모든 품위가 아니고 '변호사로서의 품위'인데 이는 변호사에 대한 국민의 신뢰에 영향을 줄 수 있는 행위에 한정된다고 할 것이어서, 기본권을 제한함에 있어서는 피해를 최소화해야 한다는 원칙에 위배되지 아니한다. 이 사건 품위손상조항으로 인하여 변호사가 직무 외의 행위에 일정한 제한을 받게 된다 하더라도 그로 인한 변호사의 불이익보다는 이 사건 품위손상조항으로 달성하려는 변호사의 정직성, 공정성, 도덕성에 대한 국민의 신뢰 확보라는 공익이 훨씬 더 크므로 법익의 균형성도 유지하고 있다. 따라서 이 사건 품위손상조항은 변호사의 직업수행의 자유를 과도하게 제한한다고 볼 수 없으므로 <u>과잉금지원칙에 위배되지 아니한다.</u>

법관, 의사, 공인노무사, 변리사, 세무사, 관세사, 공인중개사, 건축사, 기술사는 변호사와 그 직무의 내용 및 성질, 목적 또는 사명, 자격요건, 의무 등에 차이가 있어서 본질적으로 같은 직업이라고 할 수 없으므로, 이들과 변호사를 청구인의 주장과 같이 다르게 취급한다 하더라도 이는 본질적으로 같지 않은 것을 다르게 취급하는 것에 불과하여 차별 자체가 존재한다고 할 수 없다. 따라서 이 사건 품위손상조항은 <u>평등원칙에 위배되지 아니한다.</u>

2. 품위손상행위

◉ <u>직무와 관련 없이</u> 변호사로서의 품위손상행위를 한 경우에도 품위유지의무 위반으로서 징계사유 해당 (변호사법 제91조 제2항 제3호). 따라서 변호사는 사적 생활에 있어서도 일반인보다 고도의 윤리성이 요구됨.

▸ 판례는 변호사 보수를 수령한 후 암달러상을 통하여 교환하여 외국환관리법을 위반하는 등 행위가 품위손상행위에 해당한다고 봄.

> 대법원 1984. 5. 23. 자 83두4 결정 (변호사징계)
> 변호사인 재항고인이 재일교포간첩의 국가보안법 위반사건을 수임한 후, 일본에 거주하는 위 간첩의 처가 위 사건의 보수로 3회에 걸쳐 보내온 일화 합계 1백만엔을 영수하여 그 중 70만엔을 서울시내 암달러상을 통해 교환하는 등 <u>외국환관리법을 위반</u>하고, 4회에 걸쳐 법원직원들에게 합계 65,000원을 <u>증뇌</u>하고 위 간첩에 대한 판결문, 공판조서 등의 사본을 받아 위 간첩의 구원회원에게 교부하여 조총련의 반한 신진에 이용되게 하고, 위 간첩의 형사사건 기록을 열람하면서 그 증거물 압수조서를 임의로 필사하여 일본대사관 직원에게 상세히 알려줌으로써 일본내 한국공관이 수사 활동을 한다고 일본정계 및 동 재야법조계가 비난하게 되는 등 물의를 야기한 것은 <u>변호사로서의 품위를 손상한 것</u>이라 할 것이다.

▸ 판례는 의뢰인의 민사사건을 담당하면서 근저당채권을 직접 양수하여 배당요구하는 등 의뢰인의 분쟁에 지나치게 개입하는 행위가 품위손상행위에 해당한다고 봄.

> 대법원 2008. 2. 28. 선고 2007두25886 결정
> <u>의뢰인의 민사사건을 담당하면서 근저당채권을 직접 양수하여 배당요구를 하는</u> 행위에 대하여 의뢰인의 분쟁에 지나치게 개입한 것으로서 이로 인하여 의뢰인의 이익을 위한 변호사업무 활동에서 벗어나 상대방과의 관계에서 직접 분쟁의 이해당사자로 발전하였을 뿐만 아니라 상대방으로부터 배당이의 소송을 제기당하는 결과까지 초래하였고, 이는 <u>정상적인 변호사업무 활동을 벗어난 것으로서 변호사로서의 품위를 손상하는 행위에 해당</u>한다.

◉ [참고] 일반적으로 고의범으로 형사처벌이 되는 경우에는 품위손상행위에 해당한다고 보는 반면 과실범으로 벌금형이 선고되는 경우에는 이에 해당하지 않는다고 봄. 한편, 선량한 풍속 기타 사회질서 위반 등 중대한 계약 위반은 품위손 상행위에 해당한다고 보는 반면, 기타 단순한 민사상 의무 위반은 이에 해당하지 않는다고 봄.

덕조윤리 개념편

변호사의
직무에 관한 의무

08

1 일반적 의무

1. 회칙준수의무

◎ 의의: 소속 지방변호사회 & 대한변호사협회의 회칙을 준수할 변호사의 의무

◎ 위반 시 제재: 징계 사유 O (변호사법 제25조, 제91조 제2항 제2호)

> 변호사법
> 제25조(회칙준수의무) 변호사는 <u>소속 지방변호사회와 대한변호사협회의 회칙을 지켜야 한다.</u>
> 제91조(징계 사유) ② <u>제90조제2호부터 제5호까지의 규정에 해당하는 징계사유</u>는 다음 각 호와 같다.
> <u>2. 소속 지방변호사회나 대한변호사협회의 회칙을 위반한 경우</u>
>
> 대한변호사협회 회칙
> 제9조(회원의 의무) ① 모든 회원은 <u>이 회의 회칙, 규정, 규정 및 결의를 준수하여야</u> 하며, 이 회로부터 지정 또는 위촉받은 사항을 신속·정확하게 처리하여야 한다.
> 변호사윤리장전 (윤리규약)
> 제3조(회칙 준수 등) 변호사는 법령과 <u>대한변호사협회 및 소속 지방변호사회의 회칙·규칙·규정 등을 준수</u>하고, 그 <u>구성과</u> 활동에 적극 참여한다.

2. 공익활동 등 지정업무 처리의무

가. 개요

◎ 의의: 연간 일정 시간 이상 공익활동에 종사 & 법령에 따라 공공기관 · 대한변호사협회 · 소속 지방변호사회가 지정한 업무를 처리할 변호사의 의무

◎ 위반 시 제재: 징계 사유 O (변호사법 제27조, 대한변호사협회 회칙 제9조의2, 변호사법 제91조 제2항 제2호) / 지방변호사회 회장은 징계개시신청 가능 (후술)

> 변호사법
> 제27조(공익활동 등 지정업무 처리의무) ① 변호사는 <u>연간 일정 시간 이상 공익활동에 종사하여야</u> 한다.
> ② 변호사는 법령에 따라 공공기관, 대한변호사협회 또는 소속 지방변호사회가 지정한 업무를 처리하여야 한다.
> ③ 공익활동의 범위와 그 시행 방법 등에 관하여 필요한 사항은 대한변호사협회가 정한다.
>
> 대한변호사협회 회칙
> 제9조(회원의 의무) ① 모든 회원은 이 회의 회칙, 규정, 규정 및 결의를 준수하여야 하며, <u>이 회로부터 지정 또는 위촉받은 사항을 신속·정확하게 처리하여야 한다.</u>
> ③ 모든 회원은 <u>이 회가 지정한 업무를 성실하게 처리</u>하고, 이 회의 운영에 적극 협력하여야 한다.
> 제9조의2(공익활동 참가 등) ① 개인회원은 <u>연간 일정 시간 이상</u> 공익활동에 종사하여야 한다.
> ② 개인회원은 법령에 의하여 공공기관, 이 회 또는 소속 지방변호사회가 지정한 업무를 처리하여야 한다.
> ③ 공익활동의 범위와 시행방법 등은 규정으로 정한다.
>
> 변호사윤리장전 (윤리규약)
> 제4조(공익 활동 등) ① 변호사는 공익을 위한 활동을 실천하며 <u>그에 참여한다.</u>
> ② 변호사는 국선변호 등 공익에 관한 직무를 위촉받았을 때에는 공정하고 성실하게 직무를 수행하며, 이해관계인 등으로부터 <u>부당한</u> 보수를 받지 아니한다.

나. 「공익활동 등에 관한 규정」(대한변호사협회 회규)상 주요 내용

◎ 공익활동의 유형 (공익활동 등에 관한 규정 제2조 각호)

- ▶ (i) 공익적 단체에 무료 또는 저렴한 비용으로 법률서비스 제공, 임원·상근자 활동
- ▶ (ii) 대한변호사협회·지방변호사회 임원·위원 활동
- ▶ (iii) 지정 법률상담변호사 활동
- ▶ (iv) 지정 공익활동 프로그램 활동
- ▶ (v) 국선변호인·국선대리인 활동
- ▶ (vi) 관공서 위촉 사항 활동(다만, 상당한 보수를 받는 경우 제외)
- ▶ (vii) 무료변호 등 법률서비스 제공 또는 입법 연구 등 법률지원활동 중 공익적 성격을 가진 활동
- ▶ (viii) 대한변호사협회·지방변호사회가 설립한 공익재단에 대한 기부행위

◎ 개인회원의 공익활동 의무시간과 의무면제 (공익활동 등에 관한 규정 제3조)

[참고] 대한변호사협회 회원의 종류에 관하여는 제2장 '변호사의 사명과 직무' 중 'V. 변호사의 자치' 참조

- ▶ 개인회원은 '연간 30시간' (특별한 사정이 있는 지방변호사회는 20시간까지 하향 조정 가능)
  - ↳ 시간 채우지 못한 개인회원은 '금전 납부 의무' O: 소속 지방변호사회에 1시간 당 금 2만원~3만원에 해당하는 금액을 납부, 금전납부 사전 선택 X, 미이행 시간의 차년도 이월 X.
- ▶ 공익활동 의무 면제 대상: (i) 법조경력 2년 미만, (ii) 60세 이상, (iii) 질병 등으로 정상적 변호사 업무 수행 불가능, (iv) 기타 공익활동을 수행할 수 없는 정당한 사유

◎ 법무법인·법무법인(유한)·법무조합·공증인가합동법률사무소·조합형합동법률사무소의 공익활동 의무대체 (공익활동 등에 관한 규정 제4조)

- ▶ 일정한 공익활동시간을 개인회원에게 배분하여 각 개인회원의 공익활동시간으로 인정 가능
- ▶ 의무대체 공익활동의 범위: ① 법무법인·법무법인(유한)·법무조합이 그 구성원인 개인회원 및 소속 변호사인 개인회원 전원을 위해 한 공익활동 ② '공익활동 수행 지정변호사'가 행한 공익활동
  - ↳ 공익활동 수행 지정변호사
    - – 법무법인·법무법인(유한)·법무조합이 그 구성원인 개인회원 및 소속 변호사 전원을 대신하여 공익활동을 행할 변호사로 지정한 변호사('법조경력 2년 미만'이거나 '60세 이상'인 개인회원은 공익활동의무가 면제되지만, 법무법인 등에 의하여 공익활동 수행 지정변호사로 지정될 수는 있음).
    - – '공익활동 수행 지정변호사'에 대하여는 그가 행한 공익활동시간 중 그에게 배분이 인정된 시간에 한하여 그 공익활동 수행 지정변호사 자신의 공익활동시간으로 봄.
- ▶ [주의] 사내변호사는 공익활동 의무대체 규정 적용 X.

◎ 변호사·법무법인의 협력의무 (공익활동 등에 관한 규정 제7조)

- ▶ 변호사·법무법인은 그 고용된 변호사가 공익활동 참여할 수 있도록 협력하여야.

◉ 개인회원의 공익활동 보고의무 (공익활동 등에 관한 규정 제8조)

  ‣ 개인회원은 매년 2월말까지 전년도 공익활동 결과를 소속 지방변호사회에 보고하여야

  ‣ 지방변호사회는 매년 5월말까지 소속회원의 전년도 공익활동 결과를 대한변호사협회에 보고하여야

◉ 징계개시신청 (공익활동 등에 관한 규정 제9조)

  ‣ 지방변호사회 회장은 개인회원 중 (i) 정당한 이유 없는 공익활동 불수행 or (ii) 금전 납부 의무 불이행의 경우 대한변호사협회장에게 징계개시신청을 할 수 있음

3. 연수의무

가. 개요

◉ 의의: 1년에 8시간 이상(법조윤리 1시간 이상 포함) 대한변호사협회의 연수교육을 이수할 변호사의 의무

◉ 예외의 인정: (i) 질병 등으로 정상적 변호사 업무를 수행할 수 없는 경우, (ii) 휴업 등으로 연수교육을 받을 수 없는 정당한 사유가 있는 경우, (iii) 고령으로 연수교육을 받기 부정당한 경우로서 대한변호사협회가 정하는 경우

◉ 위반 시 제재: 과태료(500만원 이하), (변호사법 제85조 제1항, 변호사법 제117조 제3항 제1호)

> 변호사법
> 제85조(변호사의 연수) ① 변호사는 변호사의 전문성과 윤리의식을 높이기 위하여 대한변호사협회가 실시하는 연수교육(이하 "연수교육"이라 한다)을 대통령령으로 정하는 시간 이상 받아야 한다. 다만, 다음 각 호의 어느 하나에 해당하는 경우에는 그러하지 아니하다.
> 1. 질병 등으로 정상적인 변호사 업무를 수행할 수 없는 경우
> 2. 휴업 등으로 연수교육을 받을 수 없는 정당한 사유가 있는 경우
> 3. 고령으로 연수교육을 받기에 적당하지 아니한 경우로서 대한변호사협회가 정하는 경우
> ② 대한변호사협회는 연수교육을 지방변호사회에 위임하거나 기관 또는 단체를 지정하여 위탁할 수 있다.
> ③ 대한변호사협회는 변호사가 법학 관련 학술대회 등에 참여한 경우에는 대한변호사협회가 정하는 바에 따라 연수교육을 받은 것으로 인정할 수 있다.
> ④ 연수교육에는 법조윤리 과목이 포함되어야 한다.
> ⑤ 연수교육의 방법·절차, 연수교육을 위탁받을 수 있는 기관·단체의 지정 절차 및 지정 기준 등에 관하여 필요한 사항은 대한변호사협회가 정한다.
> 제117조(과태료)
> ③ 다음 각 호의 어느 하나에 해당하는 자에게는 500만원 이하의 과태료를 부과한다.
> 1. 제85조제1항을 위반하여 연수교육을 받지 아니한 자
>
> 변호사법 시행령
> 제17조의2(변호사의 연수교육시간) 법 제85조제1항에 따른 변호사의 연수교육 시간은 1년에 법조윤리과목 1시간 이상을 포함하여 8시간 이상으로 하되, 연수교육 이수시간의 계산방법 및 연수교육 이수의 주기 등에 관한 사항은 대한변호사협회가 정한다.

나. 「변호사 연수규칙」(대한변호사협회 회규)상 주요 내용

◎ 연수의 종류

일반연수	변호사 **전원** 대상		−매년 1회 이상 정기적으로 실시 변호사는 특별한 사유가 없는 한 참가하여야 함
특별연수	**희망** 변호사 대상	**자체**연수	대한변호사협회 실시
		위임연수	대한변호사협회 위임에 따라 지방변호사회 실시
		위탁연수	대한변호사협회 위탁을 받아 지방변호사회 외 기관·단체 실시
		인정연수	대한변호사협회 인정을 받아 변호사연수로 포함되는 교육연수, 학술대회, 세미나 기타 강좌 등

- ▶ 위탁연수, 인정연수 신청서 제출: 위탁연수를 실시하고자 하는 기관·단체나 인정연수로 지정받고자 하는 학술단체 등은 연수 실시 30일전까지 신청서(연수관리계획 등 기재)를 제출하여야 함 (변호사 연수규칙 제11조, 제12조)
- ▶ 위임연수·위탁연수·인정연수 결과보고서 제출: 위임연수·위탁연수·인정연수의 경우에 개별강좌별 연수, 강좌, 학술대회를 종료한 후 30일 이내에 '위임연수실시결과보고서', '위탁연수실시결과보고서', '인정연수실시결과보고서'를 대한변호사협회에 제출하여야 함 (「변호사 연수규칙」 제10조 제5항, 제11조 제4항, 제12조 제4항)

◎ 의무연수: 연수교육 의무의 이행으로 인정되는 연수

- ▶ 구성: 의무'전문'연수(1년 7시간 기준) + 의무'윤리'연수(1년 1시간 기준)
- ▶ 원칙: 현장연수(대상자 직접 출석을 전제로 일정 장소에서 이루어지는 연수)
- ▶ 대상:
  - ↳ 대한변호사협회에 개업신고를 한 60세 미만의 등록 회원. 다만, 대한변호사협회는 의무 '전문'연수에 한하여 대상을 55세 미만으로 하향 조정 가능.
  - ↳ 다만, **공직퇴임변호사**가 회원 등록하는 경우는 60세 이후라도 개업 후 2년이 경과하는 날이 속한 연수주기까지는 의무윤리연수 대상(공직 임명 전 55세까지 변호사로 등록하였던 자 제외).
- ▶ 면제·유예: 질병, 출산, 배우자 출산, 장기 해외체류, 군복무 기타 정당한 사유가 있는 회원의 신청이 있으면, 연수원 운영위원회의 심의를 거쳐 대한변호사협회장이 전부 또는 일부의 면제·유예 가능
- ▶ 연수주기: 매 홀수연도의 1월 1일부터 그 다음해의 12월 31일까지 2년
- ▶ 의무연수이수시간:

연수주기 중 개업일수	의무전문연수	의무윤리연수
2년	14시간	2시간
2년 미만 1년 6개월 이상	12시간	1시간
1년 6개월 미만 1년 이상	8시간	1시간
1년 미만 6개월 이상	4시간	1시간
6개월 미만		1시간

- ▸ 연수주기 내에 55세 되는 경우 당해 주기부터 의무'전문'연수 면제, 60세 되는 경우 당해 주기부터 의무연수 면제.
- ▸ [참고] 신규변호사 추가의무연수 조항은 폐지됨.

4. 개인정보 보호

변호사윤리장전 (윤리규약)
제12조(개인정보의 보호) 변호사는 업무를 수행함에 있어서 개인정보의 보호에 유의한다.

2 수임장부, 변호인선임서 등에 관한 의무

수임장부, 변호인선임서 등에 관한 의무 요약		
의무	적용법조 (변호사법)	위반 시 제재
1. 수임장부의 작성 · 보관	제28조 제1항, 제117조 제2항 제2호	과태료
2. 수임사건의 건수 및 수임액 보고	제28조의2, 제117조 제2항 제1의2호	과태료
3. 변호인선임서 등의 지방변호사회 경유	제29조, 제117조 제2항 제1의2호	과태료
4. 변호인선임서 등의 미제출 변호 금지	제29조의2, 제113조 제4호	형사처벌(1년 이하 징역, 1천만원 이하 벌금)

1. 수임장부의 작성 · 보관

- ⊙ 의의: 수임에 관한 장부를 작성하고 보관할 변호사의 의무
  - ▸ 수임장부 작성 기한: 법률사건·법률사무에 관한 수임계약을 체결한 때부터 1개월 이내
  - ▸ 수임장부 보관 기간: 수임장부 작성일부터 3년간
- ⊙ 위반 시 제재: 과태료(1천만원 이하) (변호사법 제117조 제2항 제2호)

변호사법
제28조(장부의 작성·보관) ① 변호사는 수임에 관한 장부를 작성하고 보관하여야 한다.
② 제1항의 장부에는 수임받은 순서에 따라 수임일, 수임액, 위임인 등의 인적사항, 수임한 법률사건이나 법률사무의 내용, 그 밖에 대통령령으로 정하는 사항을 기재하여야 한다.
③ 제1항에 따른 장부의 보관 방법, 보존 기간, 그 밖에 필요한 사항은 대통령령으로 정한다.

변호사법 시행령
제7조(장부의 작성·보관) ① 법 제28조에 따라 변호사는 법률사건 또는 법률사무에 관한 수임계약을 체결한 때부터 1개월 이내에 수임에 관한 장부를 작성하고, 그 작성일부터 3년간 법률사무소에 보관하여야 한다.

대한변호사협회 회칙
제9조(회원의 의무) ④ 개인회원, 법인회원은 법률사건 또는 법률사무에 관한 수임장부를 작성하여 보관하여야 한다.

2. 수임사건의 건수 및 수임액 보고

◎ 의의: 매년 1월 말까지 전년도 처리 수임사건의 건수와 수임액을 소속 지방변호사회에 보고할 변호사의 의무

◎ 위반 시 제재: 과태료(1천만원 이하) (변호사법 제117조 제2항 제1의2호)

> 변호사법
> 제28조의2(수임사건의 건수 및 수임액의 보고) 변호사는 매년 1월 말까지 전년도에 처리한 수임사건의 건수와 수임액을 소속 지방변호사회에 보고하여야 한다.

◎ 헌법재판소는 수임사건의 건수 및 수임액 보고의무 조항이 합헌이라고 판단한 바 있음.

> 헌법재판소 2009. 10. 29. 2007헌마667 전원재판부 [변호사법제28조의2위헌확인]
> (…) 수임관련 자료를 1년에 한번 제출할 것을 요구할 뿐인바 이는 영업의 자유가 예정하는 핵심적인 결정권을 간섭하지 않는 점, 지방변호사회는 변호사의 지도와 감독에 관한 사무 등을 하기 위하여 설립되고, 변호사는 소속 지방변호사회의 감독을 받는바 변호사법에서는 지방변호사회 자체적으로 소속 변호사들에 대한 구체적·추상적 통제를 수행할 수 있는 다양한 제도들이 규정되어 있는 점, 이 사건 법률조항의 업무처리와 관련하여 알게 된 비밀을 누설하여서는 아니 된다는 비밀준수의무도 함께 부과되고 있는 점, 공인회계사 등 여타 전문직의 경우에도 이미 오래 전부터 소속협회의 내부규정을 통하여 자체적으로 이를 해 오고 있었던 점, 이 사건 법률조항이 도입되기 이전에도 지방변호사회에 수임 사건의 건수는 보고되고 있었던 점 등을 종합하여 볼 때, 청구인들의 영업의 자유를 필요 이상으로 제한하고 있다고 보기 어려우며, 공익과 사익 간의 균형성을 도외시한 것이라고 보기 어려우므로, 법익의 균형성의 원칙에 반하지 아니한다.
> 변호사는 기본적 인권을 옹호하고 사회정의를 실현함을 사명으로 하는 자로서 우리 사회는 변호사들에게 법률가로서의 능력뿐만 아니라 공공성을 지닌 법률전문가로서 가져야 할 사회적 책임성과 직업적 윤리성 또한 강하게 요청하고 있는 점, 이 사건 법률조항 위반으로 부과되는 벌칙은 형사벌이 아닌 과태료에 그친다는 점 및 법무사의 경우에도 그러한 의무의 위반시 징계처분의 대상이 되고 징계의 종류에는 과태료도 포함되어 있다는 점 (법무사법 제48조, 법무사규칙 제49조) 등을 감안한다면, 비록 이 사건 법률조항의 의무가 부과되고 또한 이를 이행하지 않았을 경우 변호사들에게 다른 유사 전문직보다 다소 무거운 벌칙이 부과될 수 있다 하더라도 그러한 취급에는 수긍할만한 합리적인 이유가 있다고 할 것이고, 이를 두고 자의적인 차별로서 평등권을 침해하였다고 하기는 어렵다.
> 일반적으로 경제적 내지 직업적 활동은 복합적인 사회적 관계를 전제로 하여 다수 주체간의 상호작용을 통하여 이루어지는 것이고, 특히 변호사의 업무는 앞서 본 바와 같이 다른 어느 직업적 활동보다도 강한 공공성을 내포한다는 점 등을 감안하여 볼 때, 변호사의 업무와 관련된 수임사건의 건수 및 수임액이 변호사의 내밀한 개인적 영역에 속하는 것이라고 보기 어렵고, 따라서 이 사건 법률조항이 청구인들의 사생활의 비밀과 자유를 침해하는 것이라 할 수 없다.

3. 변호인선임서 등의 지방변호사회 경유

◎ 의의: 변호인선임서 또는 위임장 등의 공공기관 제출 시 사전에 소속 지방변호사회를 경유하도록 함. 급박한 사정이 있는 경우 변호인선임서 또는 위임장 제출 후 지체 없이 공공기관에 경유확인서 제출.

▸ 법인회원 역시 소속 지방변호사회(주사무소 소재지의 지방변호사회)를 경유하여야 함.

◎ 위반 시 제재: 과태료(1천만원 이하) (변호사법 제117조 제2항 제1의2호)

> 변호사법
> 제29조(변호인선임서 등의 지방변호사회 경유) 변호사는 법률사건이나 법률사무에 관한 변호인선임서 또는 위임장 등을 공공기관에 제출할 때에는 사전에 소속 지방변호사회를 경유하여야 한다. 다만, 사전에 경유할 수 없는 급박한 사정이 있는 경우에는 변호인선임서나 위임장 등을 제출한 후 지체 없이 공공기관에 소속 지방변호사회의 경유확인서를 제출하여야 한다.
>
> 대한변호사협회 회칙

제9조(회원의 의무) ⑥ 개인회원이나 법원회원은 법률사건 또는 법률사무에 관한 변호인선임서나 위임장을 제출할 때에는 소속 지방변호사회를 경유하여야 한다.

변호사윤리장전 (윤리규약)
제23조(위임장 등의 제출 및 경유) ② 변호사는 법률사건 또는 법률사무에 관한 소송위임장이나 변호인선임신고서 등을 공공기관에 제출할 때에는, 사전에 소속 지방변호사회를 경유한다. 다만, 사전에 경유할 수 없는 급박한 사정이 있는 경우에는 **사후에 지체 없이 경유 절차를 보완한다.**

4. 변호인선임서 등 미제출 변호 금지

◎ 의의: 법원이나 수사기관에 변호인선임서나 위임장 등을 제출하지 아니하고는 (i) 재판에 계속 중인 사건, (ii) 수사 중인 형사사건(내사 중인 사건 포함)에 대하여 변호하거나 대리할 수 없음.

▸ 사건을 수임하였을 때는 소송위임장이나 변호인선임신고서 등을 제출하여야. 이를 제출하지 아니하고는 전화, 문서, 방문 기타 어떠한 방법으로도 변론활동 금지.

▸ 변호사가 단독 개업하다가 법무법인 구성원으로 가입한 경우: 단독 변호사로서는 사임신고서 제출, 법무법인 명의의 소송위임장과 담당변호사 지정서를 함께 제출해야

◎ 위반 시 제재: 변호인선임서 등 미제출이 조세포탈, 수임제한 등 관계 법령에 따른 제한을 회피하기 위한 것일 경우에 한하여 형사처벌(1년 이하 징역 또는 1천만원 이하 벌금). (제113조 제4호)

▸ [주의] 과태료 X

변호사법
제29조의2(변호인선임서 등의 미제출 변호 금지) 변호사는 법원이나 수사기관에 변호인선임서나 위임장 등을 제출하지 아니하고는 다음 각 호의 사건에 대하여 변호하거나 대리할 수 없다.
1. 재판에 계속(係屬) 중인 사건
2. 수사 중인 형사사건[내사(內査) 중인 사건을 포함한다]
제113조(벌칙) 다음 각 호의 어느 하나에 해당하는 자는 1년 이하의 징역 또는 1천만원 이하의 벌금에 처한다.
4. 조세를 포탈하거나 수임제한 등 관계 법령에 따른 제한을 회피하기 위하여 제29조의2(제57조, 제58조의16 또는 제58조의30에 따라 준용되는 경우를 포함한다)를 위반하여 변호하거나 대리한 자
대한변호사협회 회칙
제9조(회원의 의무) ⑤ 개인회원이나 법인회원은 재판계속 중인 사건 및 수사 중인 형사사건(내사 중인 사건을 포함한다)에 관하여 변호 또는 대리하고자 하는 경우 법원 또는 수사기관에 변호인선임서 또는 위임장 등을 제출하여야 한다.
변호사 윤리장전 (윤리규약)
제23조(위임장 등의 제출 및 경유) ① 변호사는 사건을 수임하였을 때에는 소송위임장이나 변호인선임신고서 등을 해당 기관에 제출한다. 이를 제출하지 아니하고는 전화, 문서, 방문, 기타 어떠한 방법으로도 변론활동을 하지 아니한다.

3 사건의 유치행위 제한

사건의 유치행위 제한에 관한 의무 요약		
의무	적용법조 (변호사법)	위반 시 제재
1. 연고 관계 등 선전 금지	제30조	없음
2. 독직행위 금지	제33조, 제109조 제2호	형사처벌(7년 이하 징역, 5천만원 이하 벌금)
3. 변호사 아닌 자와의 동업 금지		
가. 사건의 유상유치행위 금지	제34조 제1항, 제109조 제2호	형사처벌(7년 이하 징역, 5천만원 이하 벌금)
나. 변호사의 대가제공 금지	제34조 제2항, 제109조 제2호	형사처벌(7년 이하 징역, 5천만원 이하 벌금)
다. '사건브로커'를 통한 알선 금지	제34조 제3항, 제109조 제2호	형사처벌(7년 이하 징역, 5천만원 이하 벌금)
라. 비변호사의 변호사 고용 금지	제34조 제4항, 제109조 제2호	형사처벌(7년 이하 징역, 5천만원 이하 벌금)
마. 보수분배 등 동업 금지	제34조 제5항, 제109조 제2호	형사처벌(7년 이하 징역, 5천만원 이하 벌금)
4. 사건유치 목적 출입 금지	제35조, 제117조 제2항 제1의2호	과태료(1천만원 이하)
5. 재판 · 수사기관 공무원의 사건소개 금지		
가. 재판 · 수사기관 공무원의 '소속 기관 취급 중 사건' 소개 금지 (* 대가 유무 불문!)	제36조, 제117조 제2항 제1의2호	과태료(1천만원 이하)
나. 재판 · 수사기관 종사 공무원의 '직무 관련 사건' 소개 금지 (* 대가 유무 불문!)	제37조, 제113조 제7호	형사처벌(1년 이하 징역, 1천만원 이하 벌금)

1. 연고 관계 등 선전 금지

○ 의의: 수임을 위하여 재판·수사업무에 종사하는 공무원과의 연고 등 사적인 관계를 드러내며 영향력을 미칠 수 있는 것처럼 선전해서는 안 됨.

○ 위반 시 제재: 형사처벌 또는 과태료에 관한 변호사법 규정 없음(징계는 가능).

> 변호사법
> 제30조(연고 관계 등의 선전금지) 변호사나 그 사무직원은 법률사건이나 법률사무의 수임을 위하여 재판이나 수사업무에 종사하는 공무원과의 연고(緣故) 등 사적인 관계를 드러내며 영향력을 미칠 수 있는 것으로 선전하여서는 아니 된다.
> 변호사윤리장전(윤리규약)
> 제20조(수임 시의 설명 등) ④ 변호사는 사건의 수임을 위하여 재판이나 수사업무에 종사하는 공무원과의 연고

등 사적인 관계를 드러내며 영향력을 미칠 수 있는 것처럼 선전하지 아니한다.

2. 독직행위 금지

◎ 의의: 수임하고 있는 사건에 관하여 상대방으로부터 이익을 받거나 요구 · 약속하여서는 안 됨.

◎ 위반 시 제재: 형사처벌(7년 이하 징역 또는 5천만원 이하 벌금) (제109조 제2호)

◎ 변호사윤리장전 윤리규약상 독직행위 금지

▸ 수임사건의 '상대방' & '상대방이었던 자'

▸ 사건과 관련하여

▸ '이익을 받거나 요구·약속 X' & '이익을 제공 · 약속' X

> 변호사법
> 제33조(독직행위의 금지) 변호사는 수임하고 있는 사건에 관하여 상대방으로부터 이익을 받거나 이를 요구 또는 약속하여서는 아니 된다.
> 제109조(벌칙) 다음 각 호의 어느 하나에 해당하는 자는 7년 이하의 징역 또는 5천만원 이하의 벌금에 처한다. 이 경우 벌금과 징역은 병과(倂科)할 수 있다.
> 2. 제33조 또는 제34조(제57조, 제58조의16 또는 제58조의30에 따라 준용되는 경우를 포함한다)를 위반한 자
>
> 변호사윤리장전(윤리규약)
> 제43조(부당한 이익 수령 금지) 변호사는 사건의 상대방 또는 상대방이었던 자로부터 사건과 관련하여 이익을 받거나 이를 요구 또는 약속받지 아니한다.
> 제44조(부당한 이익 제공 금지) 변호사는 사건의 상대방 또는 상대방이었던 자에게 사건과 관련하여 이익을 제공하거나 약속하지 아니한다.

3. 변호사 아닌 자와의 동업 금지

가. 사건의 유상유치행위 금지

> 변호사법
> 제34조(변호사 아닌 자와의 동업 금지 등) ① 누구든지 법률사건이나 법률사무의 수임에 관하여 다음 각 호의 행위를 하여서는 아니 된다.
> 1. 사전에 금품·향응 또는 그 밖의 이익을 받거나 받기로 약속하고 당사자 또는 그 밖의 관계인을 특정한 변호사나 그 사무직원에게 소개·알선 또는 유인하는 행위
> 2. 당사자 또는 그 밖의 관계인을 특정한 변호사나 그 사무직원에게 소개·알선 또는 유인한 후 그 대가로 금품·향응 또는 그 밖의 이익을 받거나 요구하는 행위
>
> 제109조(벌칙) 다음 각 호의 어느 하나에 해당하는 자는 7년 이하의 징역 또는 5천만원 이하의 벌금에 처한다. 이 경우 벌금과 징역은 병과(倂科)할 수 있다.
> 2. 제33조 또는 제34조(제57조, 제58조의16 또는 제58조의30에 따라 준용되는 경우를 포함한다)를 위반한 자

◎ 요건

▸ 의무의 주체: "누구든지"

↳ 변호사, 사무직원, 변호사 선임·위임계약 체결 권한을 수여받은 자, 경찰관, 노무법인, 신용정보회사 등 모두 해당.

- '알선을 업으로 하는 자'(사건브로커), '재판·수사기관 공무원'이 아닌 한, '무상' 유치는 허용.
  - '알선을 업으로 하는 자'에 관하여는 변호사법 제34조 제3항, '재판·수사기관 공무원'에 관하여는 변호사법 제36조, 제37조에서 규율(후술).
- 유형 1: 사전에 금품·향응·이익 약속 후 특정 변호사·사무직원에게 소개·알선·유인 금지
  - 사전에 소개료 등에 관한 약정 필요. 이 때 당사자와의 약속, 특정 변호사와의 약속, 당사자 및 특정 변호사와의 약속 모두 포함되고, 약속의 방법에도 제한이 없어 묵시적 약속도 포함.
    - Ex. 노무법인이 변호사를 소개해주는 것을 조건으로 기업으로부터 자문료를 받는 자문계약 체결행위는 변호사법 제34조 제1항 제1호, 제109조 제2호에 의하여 금지되는 행위에 해당.
    - 소개·알선·유인은 현실적으로 변호사 선임 및 위임계약이 성립할 것을 요하지 않음.
- 유형 2: 특정 변호사·사무직원에게 소개·알선·유인 후 금품·향응·이익을 받거나 요구 금지
  - 사전에 소개료 등에 관한 약정 불요.
  - 소개 당시 사무직원의 지위에 있는 것으로 족함(이후 금품 수수 시까지 사무직원의 지위를 유지하고 있어야 하는 것이 아님).

    대법원 2009. 5. 14. 선고 2008도4377 판결 [변호사법위반 등]
    위 조항 후단의 위반행위가 성립하기 위하여는 금품 등을 받을 고의를 가지고 법률사건 등을 변호사 또는 그 사무직원에게 소개하는 등의 행위를 한 후 그 대가로 금품 등을 받거나 요구하면 되는 것이고, 위 조항 전단의 위반행위와 달리 반드시 사전에 소개료 등에 관한 약정이 있어야 하는 것은 아니다.
    또한, 위 조항의 위반행위가 될 수 있으려면 법률사건 등을 실제 특정 변호사의 사무직원인 자에게 소개하는 경우여야 하지만, 이후 수수되는 금품 등이 그 소개의 대가로 인정되는 이상, 소개된 사무직원이 반드시 금품 등이 수수될 때까지 사무직원으로서의 지위를 유지하고 있어야 한다고 할 수는 없다.

◎ 위반 시 제재: 형사처벌(7년 이하 징역 또는 5천만원 이하 벌금) (제109조 제2호)

나. 변호사의 대가제공 금지

변호사법
제34조(변호사가 아닌 자와의 동업 금지 등)
② 변호사나 그 사무직원은 법률사건이나 법률사무의 수임에 관하여 소개·알선 또는 유인의 대가로 금품·향응 또는 그 밖의 이익을 제공하거나 제공하기로 약속하여서는 아니 된다.
변호사윤리장전(윤리규약)
제9조(부당한 사건유치 금지 등)
② 변호사는 어떠한 경우를 막론하고 사건의 소개·알선 또는 유인과 관련하여 소개비, 기타 이와 유사한 금품이나 이익을 제공하지 아니한다.

제109조(벌칙) 다음 각 호의 어느 하나에 해당하는 자는 7년 이하의 징역 또는 5천만원 이하의 벌금에 처한다. 이 경우 벌금과 징역은 병과(倂科)할 수 있다.
2. 제33조 또는 제34조(제57조, 제58조의16 또는 제58조의30에 따라 준용되는 경우를 포함한다)를 위반한 자

◎ 요건
- 의무의 주체: "변호사나 그 사무직원"
- 행위: "수임에 관하여 소개·알선·유인의 대가로 금품·향응·이익 제공·약속 금지"

➥ 변호사가 자신의 사무직원으로부터 알선 등을 받고 금품 등을 제공하거나 이를 약속한 경우도 포함됨.

> 대법원 2007. 9. 6. 선고 2005도2492 판결(변호사법위반)
> 변호사법 제34조 제2항의 입법 취지와 개정 경위 등에 비추어 보면, 변호사법 제109조 제2호, 제34조 제2항의 죄는 변호사가 자신의 사무직원으로부터 법률사건 또는 법률사무의 수임에 관하여 알선 등의 대가로 금품 등을 제공하거나 이를 약속한 경우에도 성립한다고 할 것이고, 변호사법 제34조 제2항은 변호사가 금품을 지급하고 사건을 알선받는 법조 주변의 부조리를 척결하여 법조계의 투명성과 도덕성을 보장하기 위한 것으로서 위 규정이 헌법이 보장한 평등권, 직업선택의 자유, 행복추구권의 본질적인 내용을 침해한다고 할 수 없으므로, 이 점에 관한 상고이유의 주장은 받아들일 수 없다.

➥ 포털 사이트와 법률상담 업무제휴, 법률상담 상담료 일부를 운영비용 명목 등으로 지급 약정한 경우도 포함됨.

◎ 위반 시 제재: 형사처벌(7년 이하 징역 또는 5천만원 이하 벌금)

◎ 헌법재판소는 변호사의 대가제공 금지조항이 합헌이라고 판단하였음(명확성 원칙 위배 X, 변호사의 직업수행의 자유 침해 X).

> 헌법재판소 2013. 2. 28. 2012헌바62 전원재판부 [구 변호사법 제34조 제2항 등 위헌소원]
> 1. 이 사건 법률조항이 규정하는 '법률사건'이란 '법률상의 권리·의무의 발생·변경·소멸에 관한 다툼 또는 의문에 관한 사건'을 의미하고, '알선'이란 법률사건의 당사자와 그 사건에 관하여 대리 등의 법률사무를 취급하는 상대방(변호사 포함) 사이에서 양자 간에 법률사건이나 법률사무에 관한 위임계약 등의 체결을 중개하거나 그 편의를 도모하는 행위를 말하는 바, 이 사건 법률조항에 의하여 금지되고, 처벌되는 행위의 의미가 문언상 불분명하다고 할 수 없으므로 이 사건 법률조항은 죄형법정주의 명확성 원칙에 위배되지 않는다.
> 2. 이 사건 법률조항은 사건 브로커 등의 알선 행위를 조장할 우려가 큰 변호사의 행위를 금지하고, 이에 위반한 경우 형사처벌하는 것으로서 변호사제도의 특성상 변호사에게 요구되는 윤리성을 담보하고, 비변호사의 법률사무 취급행위를 방지하며, 법률사무 취급의 전문성, 공정성, 신뢰성 등을 확보하고자 하는 것인바, 정당한 목적 달성을 위한 적합한 수단에 해당하고, 불필요한 제한을 규정한 것이라 볼 수 없다. 나아가 이 사건 법률조항으로 인하여 수범자인 변호사가 받는 불이익이란 결국 수임 기회의 제한에 불과하고, 이는 현재의 변호사제도가 변호사에게 법률사무 전반을 독점시키고 있음에 따라 필연적으로 발생하는 규제로서 변호사를 직업으로 선택한 이로서는 당연히 감수하여야 할 부분이다. 따라서 이 사건 법률조항이 과잉금지원칙에 위반하여 변호사의 직업수행의 자유를 침해한다고 볼 수 없다.

다. '사건브로커'를 통한 알선 등 금지

> 변호사법
> 제34조(변호사가 아닌 자와의 동업 금지 등)
> ③ 변호사나 그 사무직원은 제109조제1호, 제111조 또는 제112조제1호에 규정된 자로부터 법률 사건이나 법률사무의 수임을 알선받거나 이러한 자에게 자기의 명의를 이용하게 하여서는 아니 된다.
> 제109조(벌칙) 다음 각 호의 어느 하나에 해당하는 자는 7년 이하의 징역 또는 5천만원 이하의 벌금에 처한다. 이 경우 벌금과 징역은 병과(併科)할 수 있다.
> 1. 변호사가 아니면서 금품·향응 또는 그 밖의 이익을 받거나 받을 것을 약속하고 또는 제3자에게 이를 공여하게 하거나 공여하게 할 것을 약속하고 다음 각 목의 사건에 관하여 감정·대리·중재·화해·청탁·법률상담 또는 법률 관계 문서 작성, 그 밖의 법률사무를 취급하거나 이러한 행위를 알선한 자
> 가. 소송 사건, 비송 사건, 가사 조정 또는 심판 사건
> 나. 행정심판 또는 심사의 청구나 이의신청, 그 밖에 행정기관에 대한 불복신청 사건
> 다. 수사기관에서 취급 중인 수사 사건
> 라. 법령에 따라 설치된 조사기관에서 취급 중인 조사 사건
> 마. 그 밖에 일반의 법률사건
> 제111조(벌칙) ① 공무원이 취급하는 사건 또는 사무에 관하여 청탁 또는 알선을 한다는 명목으로 금품·향응, 그 밖의 이익을 받거나 받을 것을 약속한 자 또는 제3자에게 이를 공여하게 하거나 공여하게 할 것을 약속한 자

는 5년 이하의 징역 또는 1천만원 이하의 벌금에 처한다. 이 경우 벌금과 징역은 병과할 수 있다.
② 다른 법률에 따라 「형법」제129조부터 제132조까지의 규정에 따른 벌칙을 적용할 때에 공무원으로 보는 자는 제1항의 공무원으로 본다.
제112조(벌칙) 다음 각 호의 어느 하나에 해당하는 자는 3년 이하의 징역 또는 2천만원 이하의 벌금에 처한다. 이 경우 벌금과 징역은 병과할 수 있다. 〈개정 2011.5.17.〉
1. 타인의 권리를 양수하거나 양수를 가장하여 소송·조정 또는 화해, 그 밖의 방법으로 그 권리를 실행함을 업(業)으로 한 자

제109조(벌칙) 다음 각 호의 어느 하나에 해당하는 자는 7년 이하의 징역 또는 5천만원 이하의 벌금에 처한다. 이 경우 벌금과 징역은 병과할 수 있다.
2. 제33조 또는 제34조(제57조, 제58조의16 또는 제58조의30에 따라 준용되는 경우를 포함한다)를 위반한 자

◎ 요건
▶ 의무의 주체: "변호사나 그 사무직원"
▶ 행위: '사건브로커'로부터 수임을 알선하거나 '사건브로커'가 자기 명의를 이용하게 하여서는 안 됨
▶ '사건 브로커'의 유형:

유형	변호사법
(i) 변호사가 아니면서 금품·향응·이익을 받거나 받을 것을 약속 또는 제3자에게 공여하게 하거나 공여하게 할 것을 약속하고 법률사무를 취급·알선한 자(7년 이하 징역 또는 5천만원 이하 벌금)	제109조 제1호
(ii) 공무원이 취급하는 사건·사무에 관하여 청탁·알선 명목으로 금품·향응·이익을 받거나 받을 것을 약속 또는 제3자에게 공여하게 하거나 공여하게 할 것을 약속한 자(5년 이하 징역 또는 1천만원 이하 벌금)	제111조 제1항
(iii) 타인의 권리를 양수하거나 양수를 가장하여 소송·조정·화해, 기타의 방법으로 그 권리를 실행함을 업으로 하는 자(3년 이하 징역 또는 2천만원 이하 벌금)	제112조 제1호

➥ 금품을 받는 경우, 그 금원 중 일부를 변호사 선임비용으로 사용했는지 여부는 관계없음.
➥ 위 표에서 (ii)의 경우, 다른 법률에 따라 형법 제129조부터 제132조까지의 규정에 따른 벌칙을 적용할 때에 공무원으로 보는 자는 '공무원'으로 간주.
➥ ('업'으로 하는 것이 아니라) 변호사가 아니면서 금품 등을 받고 타인의 권리를 양수하거나 양수를 가장하여 그 권리를 실행한 '단일한' 행위는 변호사법 제109조 제1호(위 표에서 (i)) 위반에 해당.
➥ [참고] 공무원이 직무와 관련하여 뇌물을 수수하는 행위는 형법 제129조 제1항의 수뢰죄에 해당.

◎ 관련판례
▶ (i) 변호사가 자기 법률사무소의 사무직원에게 자신의 명의를 이용하도록 한 사건 판결 (이하 대법원 2015. 2. 12. 선고 2012도9571 판결 주요 내용)
➥ 변호사의 변호사법 제109조 제2호 위반행위(변호사의 대가제공 금지) 및 사무직원의 변호사법 제109조 제1호 위반행위(사건브로커를 통한 알선 등 금지) 성립여부를 판단하기 위하여는 제반 사정을 종합하여 사무직원이 실질적으로 변호사의 지휘·감독을 받지 않고 자신의 책임과 계산으로 법률사무를 취급한 것으로 평가할 수 있는

지 살펴야.

↳ 사무직원이 법률사무소의 업무에서 일정 부분에 한하여 실질적으로 변호사의 지휘·감독을 받지 않고 자신의 책임과 계산으로 변호사 명의로 법률사무를 취급·처리하였다면 설령 변호사가 나머지 업무에 관하여 정상적 활동을 하고 있더라도, 사무직원 및 변호사는 각 변호사법 제109조 제1호 위반죄 및 제2호 위반죄 성립될 수 있음.

▸ (ii) 공무원이 취급하는 사건·사무 관련 판결

↳ 집행관사무소의 사무원은 집행관과 달리 형법 제129조 내지 제132조, 변호사법 제111조의 '공무원'에 해당한다고 보기 어려움. (대법원 2011. 3. 10. 선고 2010도14394 판결)

↳ 변호사법 제111조 제1항은 변호사가 그 위임의 취지에 따라 수행하는 적법한 청탁이나 알선까지 처벌 대상으로 한 규정이라고는 볼 수 없음. 그러나 정식으로 법률사건을 의뢰받은 변호사의 경우, 금품 등 수수의 명목이 변호사의 지위 및 직무범위와 무관하다고 평가되는 때에는 변호사법 제111조 제1항 위반죄 성립. (아래 판례)

> 대법원 2013. 1. 31. 선고 2012도2409 판결(뇌물수수·직권남용권리행사방해·변호사법위반·뇌물공여·강요·채무자회생및파산에관한법률위반)
> 변호사 지위의 공공성과 직무범위의 포괄성에 비추어 볼 때, 변호사법 제111조 제1항의 규정은 변호사가 그 위임의 취지에 따라 수행하는 적법한 청탁이나 알선행위까지 처벌 대상으로 한 규정이라고는 볼 수 없고, 정식으로 법률사건을 의뢰받은 변호사의 경우, 사건의 해결을 위한 접대나 향응, 뇌물의 제공, 사적인 연고관계나 친분관계를 부정하게 이용하는 등 공공성을 지닌 법률전문직으로서의 정상적인 활동이라고 보기 어려운 방법을 내세워 의뢰인의 청탁 취지를 공무원에게 전하거나 의뢰인을 대신하여 스스로 공무원에게 청탁을 하는 행위 등을 한다는 명목으로 금품 등을 받거나 받을 것을 약속하는 등, 금품 등의 수수의 명목이 변호사의 지위 및 직무범위와 무관하다고 평가할 수 있는 때에 변호사법 제111조 제1항 위반죄가 성립된다.

▸ (iii) 타인의 권리를 양수하거나 양수를 가장하여 그 권리를 실행함을 업으로 하는 자 관련 판결

↳ 비변호사들이 도로부지 점용대가의 지급을 구하거나 협의매수의 방법으로 보상금을 취득할 목적으로 타인의 권리를 양수한 후 계속적·반복적으로 소송 등을 제기, 보상금 등의 명목으로 수회에 걸쳐 36억원을 초과하는 금액을 수령한 경우, 변호사법 제112조 제1호 위반죄 성립. (아래 판례)

> 대법원 2011. 11. 24. 선고 2009도11468 판결(부동산소유권이전등기등에관한특별조치법위반·변호사법위반)
> 피고인들의 행위가 '타인의 권리를 양수하여 소송 등에 의한 권리실행을 업으로 한 경우'라는 이 사건 구성요건을 충족하는 이상 피고인 1이 부동산매매업 및 임대사업자라거나 타인의 권리를 양수한 후 소제기 등 권리실행을 함에 있어 변호사나 법무법인을 자신의 소송대리인으로 선임하였다는 사정만으로는 이 사건 처벌규정의 구성요건 해당성을 부정할 수 없고, 피고인들의 이러한 행위가 사회·경제적인 필요에 따른 정당한 업무의 범위 내의 행위로 볼 수도 없다.

◎ 위반 시 제재: 형사처벌(7년 이하 징역 또는 5천만원 이하 벌금)

라. 비변호사의 변호사 고용 금지

> 변호사법
> 제34조(변호사가 아닌 자와의 동업 금지 등)
> ④ 변호사가 아닌 자는 변호사를 고용하여 법률사무소를 개설·운영하여서는 아니 된다.
> 제109조(벌칙) 다음 각 호의 어느 하나에 해당하는 자는 7년 이하의 징역 또는 5천만원 이하의 벌금에 처한다. 이 경우 벌금과 징역은 병과할 수 있다.

2. 제33조 또는 제34조(제57조, 제58조의16 또는 제58조의30에 따라 준용되는 경우를 포함한다)를 위반한 자

◎ 의의: 변호사 아닌 자는 변호사를 고용하여 법률사무소 개설·운영하여서는 안 됨.

▸ Ex. 한 회사가 사내변호사에게 회사 인터넷 홈페이지 법률상담코너에서 유료 상담하도록 한 경우: 답변이 회사 명의로 이루어졌는지 사내변호사 명의로 이루어졌는지에 관계없이 비변호사가 변호사를 고용하여 법률사무소를 개설·운영한 경우에 해당.

◎ 위반 시 제재: 형사처벌 (7년 이하 징역 또는 5천만원 이하 벌금)

▸ [주의] 그 고용된 변호사에 대하여는 처벌 X (처벌규정 없음)

> 대법원 2004. 10. 28. 선고 2004도3994 판결(변호사법위반)
> 변호사 아닌 자가 변호사를 고용하여 법률사무소를 개설·운영하는 행위에 있어서는 변호사 아닌 자는 변호사를 고용하고 변호사는 변호사 아닌 자에게 고용된다는 서로 대향적인 행위의 존재가 반드시 필요하고, 나아가 변호사 아닌 자에게 고용된 변호사가 고용의 취지에 따라 법률사무소의 개설·운영에 어느 정도 관여할 것도 당연히 예상되는 바, 이와 같이 변호사가 변호사 아닌 자에게 고용되어 법률사무소의 개설·운영에 관여하는 행위는 위 범죄가 성립하는 데 당연히 예상될 뿐만 아니라 범죄의 성립에 없어서는 아니 되는 것인데도 이를 처벌하는 규정이 없는 이상, 그 입법 취지에 비추어 볼 때 변호사 아닌 자에게 고용되어 법률사무소의 개설·운영에 관여한 변호사의 행위가 일반적인 형법 총칙상의 공모, 교사 또는 방조에 해당된다고 하더라도 변호사를 변호사 아닌 자의 공범으로서 처벌할 수는 없다.

마. 보수분배 등 동업 금지

> 변호사법
> 제34조(변호사가 아닌 자와의 동업 금지 등)
> ⑤ 변호사가 아닌 자는 변호사가 아니면 할 수 없는 업무를 통하여 보수나 그 밖의 이익을 분배받아서는 아니 된다.
> 제109조(벌칙) 다음 각 호의 어느 하나에 해당하는 자는 7년 이하의 징역 또는 5천만원 이하의 벌금에 처한다. 이 경우 벌금과 징역은 병과할 수 있다.
> 2. 제33조 또는 제34조(제57조, 제58조의16 또는 제58조의30에 따라 준용되는 경우를 포함한다)를 위반한 자

> 변호사윤리장전(윤리규약)
> 제34조(보수 분배 금지 등)
> ① 변호사는 변호사 아닌 자와 공동의 사업으로 사건을 수임하거나 보수를 분배하지 아니한다. 다만, 외국법자문사법에서 달리 정하는 경우에는 그러하지 아니하다.

◎ 의의: 변호사 아닌 자는 변호사가 아니면 할 수 없는 업무를 통하여 보수·이익 분배하여서는 안 됨.

▸ 소송위임장을 받아오는 대가로 사무장에게 수임료 일부 지급 약속: 동업 금지 위반 O.

▸ 변호사가 사무실 직원에게 지급하는 성과급: 성과급 자체는 문제없으나, 건당 수임료의 몇 %와 같이 실질적 이익분배에 해당하는 경우는 동업 금지 위반 O

▸ 변리사·세무사·공인회계사와의 공동사업자 등록 및 사무실 공동 운영: 동업 금지 위반 O

   ↳ [비교] 변호사가 변리사·세무사·공인회계사·공인노무사를 고용하는 것, 전문자격사에게 자문을 구하고 자문료를 지급하는 것, 변호사가 개업신고를 하고 겸직허가를 받아 '변호사 자격으로' 회계법인, 세무법인, 특허법인 등에

사내변호사 형태로 직무를 수행하는 것은 허용.

▸ 인터넷 쇼핑몰 사이트(또는 유료전화업체)를 통해 법률상담을 한 후 상담료 중 일부를 운영자에게 지급: 동업 금지 위반 O.

▸ 노무법인이 기업과 자문계약을 체결하고 법률업무에 관하여는 노무법인과 협업하는 다른 변호사가 기업에 자문: 기업이 변호사에게 자문료의 일부를 지급하는 것과 관계없이 동업 금지 위반 O. (다만, 노무법인이 변호사에게 자문을 구하고 자문료를 지급하는 것은 허용)

▸ 외국법자문사법 제34조의2: 외국법자문법률사무소와 법률사무소·법무법인·법무법인(유한)·법무조합은 예외적으로 공동 사건 처리 허용 [→ 제5장 "외국법자문사, 외국법자문법률사무소 및 합작법무법인" 참조]

◉ 위반 시 제재: 형사처벌(7년 이하 징역 또는 5천만원 이하 벌금)

◉ 변호사 아닌 자가 보수를 받기로 한 약정의 효력: 변호사법 제34조 제5항은 처벌규정을 동반하는 강행법규라는 점에 비추어 무효(변호사는 변호사 아닌 자의 약정에 따른 보수 청구를 거절할 수 있음). (춘천지법 판결례)

> 춘천지법 2007. 6. 22. 선고 2006가합319 판결 : 항소 [소유권이전등기등]
> "변호사가 아닌 자는 변호사가 아니면 할 수 없는 업무를 통하여 얻은 보수 기타 이익을 분배받아서는 아니 된다."라고 규정하고 있는 변호사법 제34조 제5항은 강력한 처벌규정을 동반하는 강행법규로 되어 있는 점, 위의 규정을 위반하여 변호사가 아닌 자가 변호사가 아니면 할 수 없는 업무에 대하여 보수를 받기로 약정한 경우 그 사법상 효력이 유효하다고 한다면, 강행규정인 변호사법 제109조 제1호 내지 제111조의 입법 취지를 잠탈하는 결과를 초래하게 되는 점, 변호사법 제34조 위반행위는 변호사 자격을 가진 자만이 법률사무를 취급할 수 있다는 사회질서에 반하고 변호사법의 입법목적을 중대하게 침해하는 결과를 초래하게 되는 점 등을 고려할 때, 변호사법 제34조 제5항에 위반된 약정은 그 사법상 효력 역시 무효라고 보아야 한다.
> [비교] 변호사와 의뢰인과의 위임관계에는 영향이 없음 (수임계약은 유효하고, 수임료는 추징 X)
> 대법원 2001. 7. 24. 선고 2000도5069 판결(변호사법위반·상해)
> 구 변호사법(2000. 1. 28. 법률 제6207호로 전문 개정되기 전의 것) 제94조에 의한 필요적 추징은 같은 법 제27조의 규정 등을 위반한 사람이 그 위반행위로 인하여 취득한 부정한 이익을 보유하지 못하게 함에 그 목적이 있고, 변호사가 같은 법 제27조 제2항에 위반하여 법률사건을 수임하더라도 그 수임계약과 이에 따른 소송행위는 유효한데, 피고인이 법률사건을 수임하고 받은 수임료는 법률사건의 알선을 받은 대가가 아니고 사법상 유효한 위임계약과 그에 따른 대리행위의 대가이므로 같은 법 제27조 제2항 위반행위로 인하여 얻은 부정한 이익으로 볼 수 없고, 따라서 추징의 대상이 아니다.

바. [참고] 애플리케이션 등을 통한 변호사 또는 법률사무 소개

대한변호사협회는 기존의 규정으로 포섭하기 어려운 애플리케이션 등 전자적 매체 기반의 영업에서의 소개 · 알선을 규제하기 위하여 2021. 5. 31. 변호사윤리장전 윤리규약 제31조 제4항을 신설하였음.

> 변호사윤리장전 (윤리규약)
> 제31조(원칙) ④ 변호사는 변호사 또는 법률사무 소개를 내용으로 하는 애플리케이션등 전자적 매체 기반의 영업에 대하여 이에 참여하거나 회원으로 가입하는 등의 방법으로 협조하지 않는다.

4. 사건유치 목적 출입 금지

◎ 의의: 변호사나 그 사무직원은 / 법률사건이나 법률사무를 '유상으로 유치할 목적'으로 / 법원·수사기관·교정기관·병원
에 / 출입 또는 다른 사람을 파견·출입·주재하게 하는 것 금지.

◎ 위반 시 제재: 과태료(1천만원 이하)

◎ 변호사윤리장전 윤리규약상 사건유치 목적 출입 금지 (이하 변호사윤리장전 윤리규약 제39조, 제19조 참조)

> 변호사법
> 제35조(사건 유치 목적의 출입금지 등) 변호사나 그 사무직원은 법률사건이나 법률사무를 유상으로 유치할 목적으로 법원·수사기관·교정기관 및 병원에 출입하거나 다른 사람을 파견하거나 출입 또는 주재하게 하여서는 아니 된다.
> 제117조(과태료) ② 다음 각 호의 어느 하나에 해당하는 자에게는 1천만원 이하의 과태료를 부과한다.
> 1의2. 제22조제2항제1호, 제28조의2, 제29조, 제35조 또는 제36조(제57조, 제58조의16 또는 제58조의30에 따라 준용되는 경우를 포함한다)를 위반한 자
> 변호사윤리장전 (윤리규약)
> 제39조(사건 유치 목적의 출입 금지) 변호사는 사건을 유치할 목적으로 법원, 수사기관, 교정기관 및 병원 등에 직접 출입하거나 사무원 등으로 하여금 출입하게 하지 아니한다.
> 제19조(예상 의뢰인에 대한 관계) ① 변호사는 변호사로서의 명예와 품위에 어긋나는 방법으로 예상 의뢰인과 접촉하거나 부당하게 소송을 부추기지 아니한다.
> ② 변호사는 사무직원이나 제3자가 사건유치를 목적으로 제1항의 행위를 하지 않도록 주의한다.

5. 재판·수사기관 공무원의 사건소개 금지

가. 재판·수사기관 공무원의 소속 기관 취급 중 사건 소개 금지

◎ 의의: 재판·수사기관 소속 공무원은 대통령령으로 정하는 자기 근무 기관에서 취급 중인 법률사건·법률사무의 수임에
관하여 당사자 기타 관계인을 특정 변호사나 그 사무직원에게 소개·알선·유인 금지. **(대가 유무를 불문)**

▸ 대통령령으로 정하는 자기 근무 기관: 그 공무원이 실제 근무하는 재판·수사기관

▸ 예외: 사건 당사자가 '민법상 친족'인 경우는 소개·알선·유인 가능.

  ↳ [주의] **대가를 받은 경우** 사건 당사자가 친족인지 여부와 관계없이 '사건의 유상유치행위 금지' 위반! (변호사법
  제36조가 아닌 변호사법 제34조 제1항 적용)

◎ 위반 시 제재: 과태료(1천만원 이하)

> 변호사법
> 제36조(재판·수사기관 공무원의 사건 소개 금지) 재판기관이나 수사기관의 소속 공무원은 대통령령으로 정하는 자기가 근무하는 기관에서 취급 중인 법률사건이나 법률사무의 수임에 관하여 당사자 또는 그 밖의 관계인을 특정한 변호사나 그 사무직원에게 소개·알선 또는 유인하여서는 아니 된다. 다만, 사건 당사자나 사무 당사자가 「민법」제767조에 따른 친족인 경우에는 그러하지 아니하다.
> 제117조(과태료)
> ② 다음 각 호의 어느 하나에 해당하는 자에게는 1천만원 이하의 과태료를 부과한다.
> 1의2. 제22조제2항제1호, 제28조의2, 제29조, 제35조 또는 제36조(제57조, 제58조의16 또는 제58조의30에 따라 준용되는 경우를 포함한다)를 위반한 자

변호사법 시행령

제8조(자기가 근무하는 기관의 범위) 법 제36조 본문에서 "대통령령으로 정하는 자기가 근무하는 기관"이란 해당 공무원이 실제 근무하는 다음 각 호의 기관 또는 시설을 말한다.
 1. 재판기관
 가. 헌법재판소
 나. 「법원조직법」 제3조제1항에 따른 대법원, 고등법원, 특허법원, 지방법원, 가정법원, 행정법 원과 같은 조 제2항에 따른 지방법원 및 가정법원의 지원, 가정지원, 시·군법원
 다. 「군사법원법」 제6조에 따른 각 지역군사법원
 2. 수사기관
 가. 「고위공직자범죄수사처 설치 및 운영에 관한 법률」 제3조제1항에 따른 고위공직자범죄수사처
 나. 「검찰청법」 제3조제1항에 따른 대검찰청, 고등검찰청, 지방검찰청과 같은 조 제2항에 따른 지방검찰청 지청
 다. 「국가경찰과 자치경찰의 조직 및 운영에 관한 법률」 제12조 및 제13조에 따른 경찰청, 시·도경찰청 및 경찰서
 라. 「정부조직법」 제43조제2항 및 「해양경찰청과 그 소속기관 직제」에 따른 해양경찰청, 지방해양경찰관서
 마. 「사법경찰관리의 직무를 행할 자와 그 직무범위에 관한 법률」 제3조부터 제5조까지, 제6조의2, 제7조, 제7조의2 및 제8조에 따른 해당 소속기관 또는 시설
 바. 「군사법원법」 제36조제1항에 따른 국방부검찰단 및 각 군 검찰단

변호사윤리장전(윤리규약)
제40조(공무원으로부터의 사건 소개 금지)
변호사는 법원, 수사기관 등의 공무원으로부터 해당기관의 사건을 소개받지 아니한다.

나. 재판·수사업무 종사 공무원의 직무 관련 사건 소개 금지

◎ 의의: 재판·수사업무 종사 공무원은 직무상 관련이 있는 법률사건·법률사무의 수임에 관하여 당사자 기타 관계인을 특정 변호사나 그 사무직원에게 소개·알선·유인 금지. **(대가 유무를 불문)**

▸ "직무상 관련이 있는 경우"는 (i) 직무상 취급하고 있거나 취급한 경우 (ii) 그 공무원을 지휘·감독한 경우를 의미함.

▸ 소속기관 취급 중 사건 소개 금지와 달리, 민법상 친족의 예외 규정 없음.

▸ 법원 파산부 재판장이 자신이 허가를 결정할 담당 희생사건의 채무자의 관리인들의 변호사 선임에 관하여 특정 변호사를 소개·알선한 사안에서, 직무상 취급하는 법률사건·사무의 수임에 관하여 당사자 등을 특정 변호사에게 소개·알선·한 행위에 해당한다고 판단한 사례 (대법원 2013. 1. 31. 선고 2012도2409 판결)

◎ 위반 시 제재: 형사처벌(1년 이하 징역 또는 1천만원 이하 벌금)

변호사법
제37조(직무취급자 등의 사건 소개 금지) ① 재판이나 수사 업무에 종사하는 공무원은 직무상 관련이 있는 법률사건 또는 법률사무의 수임에 관하여 당사자 또는 그 밖의 관계인을 특정한 변호사나 그 사무직원에게 소개·알선 또는 유인하여서는 아니 된다.
② 제1항에서 "직무상 관련"이란 다음 각 호의 어느 하나에 해당하는 경우를 말한다.
1. 재판이나 수사 업무에 종사하는 공무원이 직무상 취급하고 있거나 취급한 경우
2. 제1호의 공무원이 취급하고 있거나 취급한 사건에 관하여 그 공무원을 지휘·감독하는 경우
제113조(벌칙) 다음 각 호의 어느 하나에 해당하는 자는 1년 이하의 징역 또는 1천만원 이하의 벌금에 처한다.
7. 제37조제1항(제57조, 제58조의16 또는 제58조의30에 따라 준용되는 경우를 포함한다)을 위반한 자

4 변호사의 겸직 제한

> 변호사법
> 제38조(겸직 제한) ① 변호사는 보수를 받는 공무원을 겸할 수 없다. 다만, 국회의원이나 지방의회 의원 또는 상시 근무가 필요 없는 공무원이 되거나 공공기관에서 위촉한 업무를 수행하는 경우에는 그러하지 아니하다.
> ② 변호사는 **소속 지방변호사회의 허가 없이** 다음 각 호의 행위를 할 수 없다. 다만, 법무법인·법무법인(유한) 또는 법무조합의 구성원이 되거나 소속 변호사가 되는 경우에는 그러하지 아니하다.
> 1. 상업이나 그 밖에 영리를 목적으로 하는 업무를 경영하거나 이를 경영하는 자의 사용인이 되는 것
> 2. 영리를 목적으로 하는 법인의 업무집행사원·이사 또는 사용인이 되는 것
> ③ 변호사가 휴업한 경우에는 제1항과 제2항을 적용하지 아니한다.
>
> 변호사윤리장전 (윤리규약)
> 제6조(겸직 제한) ① 변호사는 보수를 받는 공무원을 겸하지 아니한다. 다만, 법령이 허용하는 경우와 공공기관에서 위촉한 업무를 행하는 경우에는 그러하지 아니하다.
> ② 변호사는 소속 지방변호사회의 허가 없이 상업 기타 영리를 목적으로 하는 업무를 경영하거나, 이를 경영하는 자의 사용인이 되거나, 또는 영리법인의 업무집행사원·이사 또는 사용인이 될 수 없다.
> ③ 제1항 및 제2항의 규정은 변호사가 휴업한 때에는 이를 적용하지 아니한다.
> 제42조(겸직 시 수임 제한) 변호사는 공정을 해할 우려가 있을 때에는, 겸직하고 있는 당해 정부기관의 사건을 수임하지 아니한다.

1. [유형 1] 보수를 받는 공무원 겸직 금지(변호사법 제38조 제1항)

- 의의: 변호사는 소속 지방변호사회의 허가 여부와 관계 없이 원칙적 금지.

- 위반 시 제재: 징계 사유가 될 뿐임(변호사법 제91조 제2항 제1호 "이 법을 위반한 경우").

- 공무원 겸직 금지의 예외: (i) 국회의원, (ii) 지방의회의원, (iii) 상시 근무가 필요 없는 공무원(Ex. 시간제 계약직), (iv) 공공기관에서 위촉한 업무를 수행하는 경우(Ex. 비상임 위원)
  - ➥ [주의] 국회의원은 국회법 제29조의2(영리업무 종사 금지)에 따라 변호사를 겸직하는 것이 제한될 수 있음.

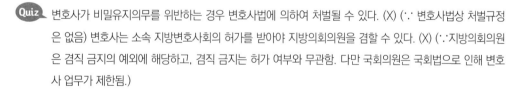

  Quiz 변호사가 비밀유지의무를 위반하는 경우 변호사법에 의하여 처벌될 수 있다. (X) (∵ 변호사법상 처벌규정은 없음) 변호사는 소속 지방변호사회의 허가를 받아야 지방의회의원을 겸할 수 있다. (X) (∵지방의회의원은 겸직 금지의 예외에 해당하고, 겸직 금지는 허가 여부와 무관함. 다만 국회의원은 국회법으로 인해 변호사 업무가 제한됨.)

- 겸직 시 수임제한: '공정을 해할 우려가 있을 때'에는 겸직하고 있는 당해 정부기관의 사건 수임하지 아니함(변호사윤리장전 윤리규약 제6조 제3항).

2. [유형 2] 영리 목적의 업무 등 제한(변호사법 제38조 제2항)

- 의의: 변호사는 소속 지방변호사회의 허가가 있어야 영리 목적의 업무 등 가능.

- 위반 시 제재: 징계 사유가 될 뿐임(변호사법 제91조 제2항 제1호 "이 법을 위반한 경우").

◎ 제한 대상: (i) 상업이나 그 밖에 영리를 목적으로 하는 업무를 경영하거나 이를 경영하는 자의 사용인이 되는 것, (ii) 영리를 목적으로 하는 법인의 업무집행사원·이사 또는 사용인이 되는 것

◎ 영리 목적의 업무 등 제한의 예외: 법무법인·법무법인(유한)·법무조합의 구성원이 되거나 소속 변호사가 되는 것(소속 지방변호사회의 허가 불요)

◎ **소속 지방변호사회의 겸직허가 필요 여부가 문제되는 경우:**

▸ 영리법인(주식회사)의 감사가 되는 것: 제한 없이 허용(겸직허가 불필요)

▸ 비영리법인의 이사 또는 사용인이 되는 것: 제한 없이 허용(겸직허가 불필요)

▸ 학교법인의 상근이사가 되는 것: 제한 없이 허용(겸직허가 불필요)

▸ 변호사가 변리사(세무사) 등록을 하고 변리사(세무사)로서 업무 수행: 제한 없이 허용(겸직허가 불필요) (변리사·세무사의 업무도 법률사무에 포함)

▸ 변호사가 별도의 공인중개사 자격에 기하여 공인중개사 겸업: 겸직허가 필요

▸ 변호사가 사내변호사 형태로 특허(세무)법인에 소속되는 것: 겸직허가 필요

▸ 법무법인 구성원변호사가 특허법인 구성원 겸직(법무법인과 특허법인이 동일한 1개 사무소인 경우): 겸직허가 필요

▸ 준법감시인, 준법자원인: 겸직허가 필요

▸ 법무법인이 상업 기타 영리 목적의 업무 수행: 금지(겸직허가 대상 X)

▸ 다른 회사에 대한 법무법인의 실질적 경영 참여 목적으로 법무법인 구성원 및 소속 변호사가 다른 회사의 대표이사나 이사직 수행: 금지(겸직허가 대상 X)

▸ 사내변호사가 법인 명의가 아니라 변호사 명의로 법률사무 처리: 허용 (단, 겸직허가 필요)

◎ 지방변호사회의 겸직허가행위의 성질에 관한 판결 (이하 서울행정법원 2003. 4. 16. 선고 2002구합32964 판결 주요 내용)

▸ 변호사회는 변호사법에 의하여 정하여진 공법상의 사단법인이고, 그 중 지방변호사회는 행정주체의 하나인 공종조합에 해당.

▸ 지방변호사회가 소속 변호사에 대하여 행하는 겸직허가행위는 강학상 '허가'에 해당하므로 행정소송법상 처분에 해당(항고소송의 대상적격 O).

3. 겸직 제한의 예외(변호사법 제38조 제3항)

변호사가 휴업한 경우에는 보수를 받는 공무원의 겸직이 가능하고, 소속지방변호사회의 허가와 관계 없이 영리 목적 업무 등도 가능. (위 [유형 1], [유형 2] 규정의 적용을 받지 않음)

변호사의 이익충돌
회피의무

09

1 이익충돌의 개요

1. 이익충돌의 의의

◎ 동일 변호사가 이익충돌 당사자들을 대리하면 당사자 모두에게 성실할 수 없으므로, 변호사의 수임에 제한사항을 둠.

◎ 관련 규정(아래와 같음)

> 변호사법
>
> 제31조(수임제한) ① 변호사는 다음 각 호의 어느 하나에 해당하는 사건에 관하여는 그 직무를 수행할 수 없다. 다만, 제2호 사건의 경우 수임하고 있는 사건의 위임인이 동의한 경우에는 그러하지 아니하다.
>
> 1. 당사자 한쪽으로부터 상의(相議)를 받아 그 수임을 승낙한 사건의 상대방이 위임하는 사건
>
> 2. 수임하고 있는 사건의 상대방이 위임하는 다른 사건
>
> 3. 공무원·조정위원 또는 중재인으로서 직무상 취급하거나 취급하게 된 사건
>
> ② 제1항제1호 및 제2호를 적용할 때 법무법인·법무법인(유한)·법무조합이 아니면서도 변호사 2명 이상이 사건의 수임·처리나 그 밖의 변호사 업무 수행 시 통일된 형태를 갖추고 수익을 분배하거나 비용을 분담하는 형태로 운영되는 법률사무소는 하나의 변호사로 본다.
>
> ③ 법관, 검사, 장기복무 군법무관, 그 밖의 공무원 직에 있다가 퇴직(재판연구원, 사법연수생과 병역의무를 이행하기 위하여 군인·공익법무관 등으로 근무한 자는 제외한다)하여 변호사 개업을 한 자(이하 "공직퇴임변호사"라 한다)는 퇴직 전 1년부터 퇴직한 때까지 근무한 법원, 검찰청, 군사법원, 금융위원회, 공정거래위원회, 경찰서 등 국가기관(대법원, 고등법원, 지방법원 및 지방법원 지원과 그에 대응하여 설치된 「검찰청법」제3조제1항 및 제2항의 대검찰청, 고등검찰청, 지방검찰청, 지방검찰청 지청은 각각 동일한 국가기관으로 본다)이 처리하는 사건을 퇴직한 날부터 1년 동안 수임할 수 없다. 다만, 국선변호 등 공익목적의 수임과 사건당사자가 「민법」제767조에 따른 친족인 경우의 수임은 그러하지 아니하다.
>
> ④ 제3항의 수임할 수 없는 경우는 다음 각 호를 포함한다.
>
> 1. 공직퇴임변호사가 법무법인, 법무법인(유한), 법무조합 또는 「외국법자문사법」 제2조제9호에 따른 합작법무법인(이하 이 조에서 "법무법인등"이라 한다)의 담당변호사로 지정되는 경우
>
> 2. 공직퇴임변호사가 다른 변호사, 법무법인등으로부터 명의를 빌려 사건을 실질적으로 처리하는 등 사실상 수임하는 경우
>
> 3. 법무법인등의 경우 사건수임계약서, 소송서류 및 변호사의견서 등에는 공직퇴임변호사가 담당변호사로 표시되지 않았으나 실질적으로는 사건의 수임이나 수행에 관여하여 수임료를 받는 경우
>
> ⑤ 제3항의 법원 또는 검찰청 등 국가기관의 범위, 공익목적 수임의 범위 등 필요한 사항은 대통령령으로 정한다.
>
> 제32조(계쟁권리의 양수 금지) 변호사는 계쟁권리(係爭權利)를 양수하여서는 아니 된다.
>
> 제51조(업무 제한) 법무법인은 그 법인이 인가공증인으로서 공증한 사건에 관하여는 변호사 업무를 수행할 수 없다. 다만, 대통령령으로 정하는 경우에는 그러하지 아니하다.
>
> 제57조(준용규정) 법무법인에 관하여는 제22조, 제27조, 제28조, 제28조의2, 제29조, 제29조의2, 제30조, 제31조제1항, 제32조부터 제37조까지, 제39조 및 제10장을 준용한다.
>
> 제58조의16(준용규정) 법무법인(유한)에 관하여는 제22조, 제27조, 제28조, 제28조의2, 제29조, 제29조의2, 제30조, 제31조제1항, 제32조부터 제37조까지, 제39조, 제44조, 제46조부터 제52조까지, 제53조제2항 및 제10장을 준용한다.
>
> 제58조의30(준용규정) 법무조합에 관하여는 제22조, 제27조, 제28조, 제28조의2, 제29조, 제29조의2, 제30조, 제31조제1항, 제32조부터 제37조까지, 제39조, 제44조, 제46조부터 제52조까지, 제53조제2항, 제58조의9제1항, 제58조의12 및 제10장을 준용한다.
>
> 제112조(벌칙) 다음 각 호의 어느 하나에 해당하는 자는 3년 이하의 징역 또는 2천만원 이하의 벌금에 처한다. 이 경우 벌금과 징역은 병과할 수 있다.
>
> 5. 제32조(제57조, 제58조의16 또는 제58조의30에 따라 준용되는 경우를 포함한다)를 위반하여 계쟁권리를 양수한 자
>
> 제113조(벌칙) 다음 각 호의 어느 하나에 해당하는 자는 1년 이하의 징역 또는 1천만원 이하의 벌금에 처한다.
>
> 4. 제37조제1항제3호(제57조, 제58조의16 또는 제58조의30에 따라 준용되는 경우를 포함한다)에 따른 사건을 수임한 변호사

제115조(법무법인 등의 처벌) ① 법무법인·법무법인(유한)·법무조합의 구성원이나 구성원 아닌 소속 변호사가 제51조를 위반하면 500만원 이하의 벌금에 처한다.

변호사윤리장전 (윤리규약)
제14조(금전거래의 금지) 변호사는 그 지위를 부당하게 이용하여 의뢰인과 금전대여, 보증, 담보제공 등의 금전거래를 하지 아니한다.
제22조(수임 제한) ① 변호사는 다음 각 호의 어느 하나에 해당하는 사건을 수임하지 아니한다. 다만, 제3호의 경우 수임하고 있는 사건의 의뢰인이 동의하거나, 제4호의 경우 의뢰인이 동의하거나, 제5호 및 제6호의 경우 관계되는 의뢰인들이 모두 동의하고 의뢰인의 이익이 침해되지 않는다는 합리적인 사유가 있는 경우에는 그러하지 아니하다.
1. 과거 공무원·중재인·조정위원 등으로 직무를 수행하면서 취급 또는 취급하게 된 사건이거나, 공정증서 작성 사무에 관여한 사건
2. 동일한 사건에 관하여 상대방을 대리하고 있는 경우
3. 수임하고 있는 사건의 상대방이 위임하는 다른 사건
4. 상대방 또는 상대방 대리인과 친족관계에 있는 경우
5. 동일 사건에서 둘 이상의 의뢰인의 이익이 서로 충돌하는 경우
6. 현재 수임하고 있는 사건과 이해가 충돌하는 사건
② 변호사는 위임사무가 종료된 경우에도 종전 사건과 기초가 된 분쟁의 실체가 동일한 사건에서 대립되는 당사자로부터 사건을 수임하지 아니한다.
③ 변호사는 의뢰인과 대립되는 상대방으로부터 사건의 수임을 위해 상담하였으나 수임에 이르지 아니하였거나 기타 그에 준하는 경우로서, 상대방의 이익이 침해되지 않는다고 합리적으로 여겨지는 경우에는, 상담 등의 이유로 수임이 제한되지 아니한다.
제27조(의뢰인 간의 이해 대립) 수임 이후에 변호사가 대리하는 둘 이상의 의뢰인 사이에 이해의 대립이 발생한 경우에는, 변호사는 의뢰인들에게 이를 알리고 적절한 방법을 강구한다.
제34조(보수 분배 금지 등) ② 변호사는 소송의 목적을 양수하거나, 정당한 보수 이외의 이익분배를 약정하지 아니한다.
제42조(겸직 시 수임 제한) 변호사는 공정을 해할 우려가 있을 때에는, 겸직하고 있는 당해 정부기관의 사건을 수임하지 아니한다.
제48조(수임 제한) ① 제22조 및 제42조의 규정은 법무법인 등(주: 법무법인, 법무법인(유한), 법무조합, 공증인가합동법률사무소, 공동법률사무소)이 사건을 수임하는 경우에 준용한다. 다만, 제2항에서 달리 정하는 경우는 제외한다.
② 법무법인 등의 특정 변호사에게만 제22조 제1항 제4호 또는 제42조에 해당하는 사유가 있는 경우, 당해 변호사가 사건의 수임 및 업무수행에 관여하지 않고 그러한 사유가 법무법인 등의 사건처리에 영향을 주지 아니할 것이라고 볼 수 있는 합리적 사유가 있는 때에는 사건의 수임이 제한되지 아니한다.
③ 법무법인 등은 제2항의 경우에 당해 사건을 처리하는 변호사와 수임이 제한되는 변호사들 사이에 당해 사건과 관련하여 비밀을 공유하는 일이 없도록 합리적인 조치를 취한다.

2. 이익충돌의 유형 정리

[유형 1] 의뢰인 간의 이익충돌			
분류	**특징**	**변호사법**	**변호사윤리장전 윤리규약**
수임 승낙 사건의 상대방이 위임한 사건	• 수.임 X(의뢰인 동의 유무 불문)	31조 1항 1호	22조 1항 2호
수임 승낙 사건의 상대방이 위임하는 다른 사건	• 원칙: 수임 X(예외: 의뢰인 동의)	31조 1항 2호	22조 1항 3호
종전 의뢰인과 이익충돌	• 수임 X(위임사무종료후 + 대립당사자로부터 + 종전사건&동일사건)	(31조 1항 1호)	22조 2항
잠재적 의뢰인과 이익충돌	• 이해 침해되지 않는다고 합리적으로 여겨지는 경우 수임 O.	-	22조 3항
복수 당사자 대리와 이익충돌	• 원칙: 수임 X(예외: 전원동의 + 이익 침해X)	-	22조 1항 5호 (27조)
현재 수임하고 있는 사건과 이해가 충돌하는 사건	• 원칙: 수임 X(예외: 전원동의 + 이익 침해X)	-	22조 1항 6호
[유형 2] 공무원 등으로 관여한 사건의 이익충돌			
분류	**특징**	**변호사법**	**변호사윤리장전 윤리규약**
공무원·조정위원·중재인으로서 직무상 취급한 사건	• 형사처벌 • 수임 X (당사자 동의, 수임료, 지방변호사회 허가 불문)	31조 1항 3호, 113조 4호 (51조, 115조 1항)	22조 1항 1호
공직퇴임변호사의 수임 제한	• 수임 X (퇴직전1년~퇴직시까지 실제 근무 국가기관 + 퇴직시부터 1년)	31조 3~5항	-
공무원 겸직과 수임 제한	• 공익 해할 우려 있을 때에 한하여 수임 X • '특정변호사' 특칙 有	-	42조
[유형 3] 의뢰인과 변호사 간의 이익충돌			
분류	**특징**	**변호사법**	**변호사윤리장전 윤리규약**
계쟁권리의 양수 금지	• 형사처벌 • 계쟁 목적물 X, 판결확정후의 권리 X	32조, 112조 5호	34조
상대방 또는 상대방 대리인과 친족관계에 있는 사건	• 원칙: 수임 X (예외: 의뢰인 동의) • '특정변호사' 특칙 有	-	22조 1항 4호
금전거래 금지	• 지위 부당 이용	-	14조

[참고] 변호사시험법 합격자의 개설 및 수임 제한

↘ 개설 제한

- 변호사시험에 합격한 변호사는 통산 (연속 X) 6개월 이상 법률사무종사기관에서 법률사무에 종사하거나 대한 변호사협회 연수를 마치지 아니하면 단독으로 법률사무소를 개설하거나 법무법인, 법무법인(유한), 법무조합의 구성원이 될 수 없음(변호사법 제21조의2 제1항). (둘 이상 기관에서 연수 또는 종사하는 경우 중첩되지 아니한 범위 내에서 그 기간을 합산) [위반 시 형사처벌]
- 최초로 개설 또는 구성원 되려면 요건 충족에 관한 확인서를 제출하여야(변호사법 제21조의2 제3항). [위반 시 형사처벌]

↳ 수임 제한:

- 통산 6개월 이상 종사 또는 연수 요건을 갖추지 못한 경우 사건을 단독 또는 공동으로 수임할 수 없으며, 법무법인 등의 담당변호사로 지정될 수 없음(변호사법 제31조의2 제1항). [위반 시 형사처벌]
- 최초로 단독 또는 공동 수임을 하려면 확인서 제출하여야(변호사법 제31조의2 제2항). [위반 시 형사처벌]

◎ [참고] 이익충돌에 해당하지 않는 경우

↳ 수임을 승낙한 사건의 의뢰인을 상대로 '제3자'가 제기하는 '다른' 사건을 수임: 이익충돌에 관한 규정 없으므로 제한 없이 수임 가능.

↳ 수임을 승낙한 사건의 상대방을 상대로 제3자가 제기하는 다른 사건을 그 제3자로부터 수임: 이익충돌이 문제되지 않고 관련 규정도 없으므로 제한 없이 수임 가능.

2-1 [유형 1] 의뢰인 간의 이익충돌

1. 수임 승낙한 사건 상대방이 위임한 사건

변호사법
제31조(수임제한) ① 변호사는 다음 각 호의 어느 하나에 해당하는 사건에 관하여는 그 직무를 수행할수 없다.
1. 당사자 한쪽으로부터 상의(相議)를 받아 그 수임을 승낙한 사건의 상대방이 위임하는 사건
② 제1항제1호 및 제2호를 적용할 때 법무법인·법무법인(유한)·법무조합이 아니면서도 변호사 2명 이상이 사건의 수임·처리나 그 밖의 변호사 업무 수행 시 통일된 형태를 갖추고 수익을 분배하거나 비용을 분담하는 형태로 운영되는 법률사무소는 하나의 변호사로 본다.
제57조(준용규정) 법무법인에 관하여는 제22조, 제27조, 제28조, 제28조의2, 제29조, 제29조의2, 제30조, 제31조제1항, 제32조부터 제37조까지, 제39조 및 제10장을 준용한다.
제58조의16(준용규정) 법무법인(유한)에 관하여는 제22조, 제27조, 제28조, 제28조의2, 제29조, 제29조의2, 제30조, 제31조제1항, 제32조부터 제37조까지, 제39조, 제44조, 제46조부터 제52조까지, 제53조제2항 및 제10장을 준용한다.
제58조의30(준용규정) 법무조합에 관하여는 제22조, 제27조, 제28조, 제28조의2, 제29조, 제29조의2, 제30조, 제31조제1항, 제32조부터 제37조까지, 제39조, 제44조, 제46조부터 제52조까지, 제53조제2항, 제58조의9제1항, 제58조의12 및 제10장을 준용한다.

변호사윤리장전 (윤리규약)
제22조(수임 제한) ① 변호사는 다음 각 호의 어느 하나에 해당하는 사건을 수임하지 아니한다.
  2. 동일한 사건에 관하여 상대방을 대리하고 있는 경우
제48조(수임 제한)
① 제22조 및 제42조의 규정은 법무법인 등이 사건을 수임하는 경우에 준용한다. 다만, 제2항에서 달리 정하는

경우는 제외한다.

가. 의의

- 당사자 한쪽으로부터 상의를 받아 그 '수임을 승낙한 사건'의 '상대방'이 위임하는 '**동일** 사건'에 관하여는 그 직무를 수행할 수 없고 수임이 금지
  - 민법 제124조와 달리 쌍방 동의 얻어도 금지
  - '다른 사건'의 경우와는 달리, 이 경우에는 위임인이 동의하여도 수임 금지

나. 요건

- 수임을 승낙한 사건
  - **= 구체적 사건에서 의뢰인 측을 위한 업무수행 승낙의 의사표시를 한 사건**
  - 약정서나 위임장이 작성되지 않고 수임료 지급도 없는 경우: 특별한 사정이 없는 한 X
  - 상담만 한 사건: X
    ➘ [참고] 잠재적 의뢰인과 이익충돌(후술)
  - 고문변호사의 자문 사건의 경우, 구체적으로 당사자와 쟁점이 확정되어 자문한 사건이라면 O, 그렇지 않은 경우라면 X.
    ➘ 법무법인 소속 甲변호사가 A회사에 대하여 A회사와 B회사 사이에 발생한 법률문제에 대하여 법무법인 명의로 무상으로 자문을 해 오고 있었는데, 같은 법무법인 소속 乙변호사가 이 사실을 모르고 B회사로부터 동일한 법률문제에 관하여 법무법인 명의의 소송위임계약을 체결하고 A회사를 상대로 소송을 제기한 사안: A회사에 대하여 '사건의 수임과 동일시할 수 있을 정도'의 법률자문을 제공한 경우는 수임 승낙 사건 O (변호사」 제31조 제1항 제1호 위반, 착오를 이유로 위반책임을 면할 수 없음, B회사의 소송대리를 사임하여야 하되 사임하더라도 이미 발생한 변호사법 위반의 잘못이 치유되는 것은 아님) (대한변협 2012. 10. 23.자 질의회신)
  - 복대리: O (따라서 원고 복대리인을 사임하고 동일 사건에 관하여 피고 대리 금지)

- 상대방
  - 상대방 여부는 **원칙적으로 형식적 소송당사자 지위를 기준으로 판단**하되, 예외적으로 **동일 사건의 실질적 이해상반자**는 형식상 별개의 주체라도 상대방에 포함
    ➘ Ex. 교통사고 피해자와 '가해자' & '가해자 측 손해보험회사'의 관계: '상대방' O
  - 독립당사자참가의 참가인: O (∵ 원·피고의 일방 또는 쌍방의 상대방이 될 수 있음)
  - 보조참가의 참가인: X (∵ 동일한 사건의 대립되는 당사자에 해당하지 아니함)

대법원 2009. 4. 23. 선고 2007두13159 판결(도로구역결정처분취소)
변호사법 제31조, 제33조는 동일한 사건의 대립되는 당사자 중 일방의 대리인인 변호사가 상대방이 위임하는 사건을 수임하는 것을 금지하거나 상대방으로부터 부당한 이익을 취하는 것을 금지하는데 그 목적이 있다. 원고들이 피고를 상대로 이 사건 실시협약 체결에 따른 이 사건 사업시행자지정처분의 취소를 구하고, 이에 대응하여 이 사건 실시협약의 당사자인 피고 및 참가인이 그 적법함을 주장하여 응소하고 있는 이 사건의 경우, 피고 및 참가인은 동일한 사건의 대립되는 당사자가 아니다. 그러므로 참가인이 피고의 제1심 대리인 선임비용을 부담하였거나, 제1심에서 피고의 대리인이었던 변호사가 원심에서 참가인의 대리인이 되었다고 하더라도, 그

변호사의 수임행위 및 소송행위가 변호사법 제31조 또는 제33조 위반행위로서 무효라고 할 수 없다.

◎ 동일 사건

▸ 사건의 동일성은 **기초가 된 분쟁의 실체가 동일한지 여부에 의하여 결정** (소송물 기준 X)

↘ Ex. 매매대금 청구 & 매매계약 해제를 이유로 한 계약금·중도금 반환청구: '동일 사건' O

민사사건과 형사사건 간에도 실질적으로 동일한 쟁점을 포함한 경우: '동일 사건' O
대법원 2003. 11. 28. 선고 2003다41791 판결(부당이득금반환)
변호사법 제31조 제1호에서 당사자의 일방으로부터 상의를 받아 그 수임을 승낙한 사건의 상대방이 위임하는 사건의 경우에 변호사의 직무행위를 금지하는 이유는, 변호사가 그와 같은 사건에 관하여 직무를 행하는 것은 먼저 그 변호사를 신뢰하여 상의를 하고 사건을 위임한 당사자 일방의 신뢰를 배반하게 되고, 변호사의 품위를 실추시키게 되는 것이므로 그와 같은 사건에 있어서는 변호사가 직무를 집행할 수 없도록 금지한 것이므로, 변호사법 제31조 제1호가 적용되기 위해서는 그 변호사가 관여한 사건이 일방 당사자와 그 상대방 사이에 있어서 동일하여야 하는데, 여기서 사건이 동일한지의 여부는 그 기초가 된 분쟁의 실체가 동일한지의 여부에 의하여 결정되어야 하는 것이므로 상반되는 이익의 범위에 따라서 개별적으로 판단되어야 하는 것이고, 소송물이 동일한지 여부나 민사사건과 형사사건 사이와 같이 그 절차가 같은 성질의 것인지 여부는 관계가 없다고 할 것이다.

◎ [참고] 법무법인, 법무법인(유한), 법무조합, 공증인가합동법률사무소, 공동법률사무소에 준용 [→이와 관련하여서는 제12장 "법무법인 등과 변호사윤리" 참조]

2. 수임하고 있는 사건 상대방이 위임하는 다른 사건

변호사법
제31조(수임제한) ① 변호사는 다음 각 호의 어느 하나에 해당하는 사건에 관하여는 그 직무를 수행할 수 없다. 다만, 제2호 사건의 경우 수임하고 있는 사건의 위임인이 동의한 경우에는 그러하지 아니하다.
  2. 수임하고 있는 사건의 상대방이 위임하는 다른 사건
② 제1항 제1호 및 제2호를 적용할 때 법무법인·법무법인(유한)·법무조합이 아니면서도 변호사 2명 이상이 사건의 수임·처리나 그 밖의 변호사 업무 수행 시 통일된 형태를 갖추고 수익을 분배하거나 비용을 분담하는 형태로 운영되는 법률사무소는 하나의 변호사로 본다.
제57조(준용규정) 법무법인에 관하여는 제22조, 제27조, 제28조, 제28조의2, 제29조, 제29조의2, 제30조, 제31조제1항, 제32조부터 제37조까지, 제39조 및 제10장을 준용한다.
제58조의16(준용규정) 법무법인(유한)에 관하여는 제22조, 제27조, 제28조, 제28조의2, 제29조, 제29조의2, 제30조, 제31조제1항, 제32조부터 제37조까지, 제39조, 제44조, 제46조부터 제52조까지, 제53조제2항 및 제10장을 준용한다.
제58조의30(준용규정) 법무조합에 관하여는 제22조, 제27조, 제28조, 제28조의2, 제29조, 제29조의2, 제30조, 제31조제1항, 제32조부터 제37조까지, 제39조, 제44조, 제46조부터 제52조까지, 제53조제2항, 제58조의9제1항, 제58조의12 및 제10장을 준용한다.
변호사윤리장전 (윤리규약)
제22조(수임 제한)
① 변호사는 다음 각 호의 어느 하나에 해당하는 사건을 수임하지 아니한다. 다만, 제3호의 경우 수임하고 있는 사건의 의뢰인이 동의하거나, 제4호의 경우 의뢰인이 동의하거나, 제5호 및 제6호의 경우 관계되는 의뢰인들이 모두 동의하고 의뢰인의 이익이 침해되지 않는다는 합리적인 사유가 있는 경우에는 그러하지 아니하다.
  3. 수임하고 있는 사건의 상대방이 위임하는 다른 사건
제48조(수임 제한)
① 제22조 및 제42조의 규정은 법무법인 등이 사건을 수임하는 경우에 준용한다. 다만, 제2항에서 달리정하는 경우는 제외한다.

가. 의의

◎ '수임하고 있는 사건'의 '상대방'이 위임하는 '다른 사건'은 원칙적으로 수임 금지. 다만, 수임하고 있는 사건의 '위임인'이 '동의'하는 경우에는 수임 가능.

▸ [주의] '위임인의 동의'만이 유일한 예외에 해당하고, '위임인에게 손해가 생길 우려가 없는 경우'와 같은 사항은 예외로 규정되어 있지 않음에 유의할 것.

나. 요건

◎ 수임하고 있는 사건

▸ = 현재 수임하고 있는 사건에 한정 (현재 종료된 사건: X)

◎ 다른 사건

▸ = 수임하고 있는 사건과 '동일성'이 인정되지 않는 사건

▸ 수임하고 있는 사건의 상대방과 고문계약을 맺고 법률문제에 대한 자문업무를 수행하는 것: 금지 (∵ 수임 중에는 수임하고 있는 상대방이 위임하는 다른 사건을 **일반적으로** 수임할 수 없도록 하는 것, 다만 위임인이 동의하면 허용) [→ 제13장 "기업변호사의 윤리" 참조]

> **Quiz** 변호사 甲이 A가 피고로 되어 있는 소유권이전등기청구소송에서 A의 대리인으로서 소송을 진행하고 있던 중 위 사건과는 별개로 A를 피고로 하는 대여금청구소송이 제기된 경우, 대여금청구소송의 원고가 누구인지 관계없이 그로부터 사건을 수임할 수 있다. (X) (∵ 동일 사건에는 해당 X. 다만, 대여금청구소송의 원고가 제3자가 아니라 소유권이전등기청구소송의 원고(A의 상대방)인 경우에는 A의 동의 필요.)

◎ 상대방

▸ = 수임하고 있는 사건의 '상대방'이 위임한 사건이어야 (제3자: X)

◎ 위임인의 동의

▸ 동의에 필요한 정보를 충분히 제공하고 그 법률적 의무도 설명하여야

▸ 선정당사자 소송에서는 **선정자 전원**의 동의 필요(선정당사자 X)

◎ [참고] 법무법인, 법무법인(유한), 법무조합, 공증인가합동법률사무소, 공동법률사무소에 준용 [→이와 관련하여서는 제12장 "법무법인 등과 변호사윤리" 참조]

3. 종전 의뢰인과 이익충돌

변호사법
제31조(수임제한) ① 변호사는 다음 각 호의 어느 하나에 해당하는 사건에 관하여는 그 직무를 수행할수 없다.
　1. 당사자 한쪽으로부터 상의(相議)를 받아 그 수임을 승낙한 사건의 상대방이 위임하는 사건
② 제1항제1호 및 제2호를 적용할 때 법무법인·법무법인(유한)·법무조합이 아니면서도 변호사 2명 이상이 사건

의 수입·처리나 그 밖의 변호사 업무 수행 시 통일된 형태를 갖추고 수익을 분배하거나 비용을 분담하는 형태로 운영되는 법률사무소는 하나의 변호사로 본다.
제57조(준용규정) 법무법인에 관하여는 제22조, 제27조, 제28조, 제28조의2, 제29조, 제29조의2, 제30조, 제31조제1항, 제32조부터 제37조까지, 제39조 및 제10장을 준용한다.
제58조의16(준용규정) 법무법인(유한)에 관하여는 제22조, 제27조, 제28조, 제28조의2, 제29조, 제29조의2, 제30조, 제31조 제1항, 제32조부터 제37조까지, 제39조, 제44조, 제46조부터 제52조까지, 제53조제2항 및 제10장을 준용한다.。
제58조의30(준용규정) 법무조합에 관하여는 제22조, 제27조, 제28조, 제28조의2, 제29조, 제29조의2, 제30조, 제31조제1항, 제32조부터 제37조까지, 제39조, 제44조, 제46조부터 제52조까지, 제53조제2항, 제58조의9제1항, 제58조의12 및 제10장을 준용한다.

변호사윤리장전 (윤리규약)
제22조(수임 제한) ② 변호사는 위임사무가 종료된 경우에도 종전 사건과 기초가 된 분쟁의 실체가 동일한 사건에서 대립되는 당사자로부터 사건을 수임하지 아니한다.
제48조(수임 제한) ① 제22조 및 제42조의 규정은 법무법인 등이 사건을 수임하는 경우에 준용한다. 다만, 제2항에서 달리 정하는 경우는 제외한다.

가. 변호사윤리장전 윤리규약 제22조 제2항의 해석

◎ 변호사는 '위임사무가 종료된 경우'에도 '종전 사건'과 '기초가 된 분쟁의 실체가 동일한 사건'에서 '대립되는 당사자'로부터 사건을 수임할 수 없음(2016. 2. 29. 변호사윤리장전 개정에 따라 신설된 조항).

  ▸ 종전 의뢰인의 사건 또는 기초가 된 분쟁의 실체가 동일한 사건이 아니라면, 종전 의뢰인의 동의를 구하지 않고 그 상대방으로부터 사건을 수임할 수 있을 것.

  ▸ '대립되는 당사자': '상대방'보다는 넓은 의미로 이해. (Ex. 증뢰자, 수뢰자 간에 증뢰와 수뢰 사실의 인정 여부에 견해차가 있는 경우 등)

나. 변호사법 제31조 제1항의 수임제한규정 위반이라고 본 판례

◎ 판례는 법무법인이 보험사기미수 형사사건의 변호인으로 선임되어 제1심판결 선고 시까지 직무를 수행한 이후, 다시 동일한 쟁점인 화재와 관련하여 보험회사가 제기한 보험금채무부존재확인의 소에서 같은 법무법인이(법무법인 해산 후에는 그 소속 변호사가 개인 자격으로) 보험회사의 소송대리인으로 선임되어 직무를 수행한 것은 변호사법 제31조 제1항 위반에 해당한다고 보았음.

> 대법원 2003. 5. 30. 선고 2003다15556 판결(채무부존재확인)
> 변호사법 제31조 제1호에서는 변호사는 당사자 일방으로부터 상의를 받아 그 수임을 승낙한 사건의 상대방이 위임하는 사건에 관하여는 그 직무를 행할 수 없다고 규정하고 있고, 위 규정의 입법 취지 등에 비추어 볼 때 동일한 변호사가 형사사건에서 피고인을 위한 변호인으로 선임되어 변호활동을 하는 등 직무를 수행하였다가 나중에 실질적으로 동일한 쟁점을 포함하고 있는 민사사건에서 위 형사사건의 피해자에 해당하는 상대방 당사자를 위한 소송대리인으로서 소송행위를 하는 등 직무를 수행하는 것 역시 마찬가지로 금지되는 것으로 볼 것이며, 이러한 규정은 같은 법 제57조의 규정에 의하여 법무법인에 관하여도 준용된다고 할 것이므로, 법무법인의 구성원 변호사가 형사사건의 변호인으로 선임된 그 법무법인의 업무담당변호사로 지정되어 그 직무를 수행한 바 있었음에도, 그 이후 제기된 같은 쟁점의 민사사건에서 이번에는 위 형사사건의 피해자측에 해당하는 상대방 당사자를 위한 소송 대리인으로서 직무를 수행하는 것도 금지되는 것임은 물론이고, 위 법무법인이 해산된 이후라도 변호사 개인의 지위에서 그와 같은 민사사건을 수임하는 것 역시 마찬가지로 금지되는 것이라고 풀이할 것이며, 비록 민사사건에서 직접적으로 업무를 담당한 변호사가 먼저 진행된 형사사건에서 피고인을 위한 직접적인 변론에 관여를 한 바 없었다고 하더라도 달리 볼 것은 아니라고 할 것이니, 이러한 행위들은 모두 변

호사법 제31조 제1호의 수임제한규정을 위반한 것이라고 할 것이다.

4. 잠재적 의뢰인과 이익충돌

> 변호사윤리장전 (윤리규약)
> 제22조(수임 제한) ③ 변호사는 의뢰인과 대립되는 상대방으로부터 사건의 수임을 위해 상담하였으나 수임에 이르지 아니하였거나 기타 그에 준하는 경우로서, 상대방의 이익이 침해되지 않는다고 합리적으로 여겨지는 경우에는, 상담 등의 이유로 수임이 제한되지 아니한다.
> 제48조(수임 제한) ① 제22조 및 제42조의 규정은 법무법인 등이 사건을 수임하는 경우에 준용한다. 다만, 제2항에서 달리 정하는 경우는 제외한다.

◉ 변호사가 사건의 수임을 위해 상담하였으나 수임에 이르지 않은 경우, 상담인과 대립되는 상대방이 위임하는 사건은 상담인의 이익이 침해되지 않는다고 합리적으로 여겨지는 경우 수임 가능 (동의 불요)

  ‣ 다만 수임이 가능한 경우에도 종전 상담인과의 상담 내용 등에 관한 비밀유지의무는 준수하여야!

5. 복수 당사자 대리와 이익충돌

> 변호사윤리장전(윤리규약)
> 제22조(수임 제한)
> ① 변호사는 다음 각 호의 어느 하나에 해당하는 사건을 수임하지 아니한다. 다만, 제3호의 경우 수임하고 있는 사건의 의뢰인이 동의하거나, 제4호의 경우 의뢰인이 동의하거나, 제5호 및 제6호의 경우 관계되는 의뢰인들이 모두 동의하고 의뢰인의 이익이 침해되지 않는다는 합리적인 사유가 있는 경우에는 그러하지 아니하다.
> 5. 동일 사건에서 둘 이상의 의뢰인의 이익이 서로 충돌하는 경우
> 제27조(의뢰인 간의 이해 대립)
> 수임 이후에 변호사가 대리하는 둘 이상의 의뢰인 사이에 이해의 대립이 발생한 경우에는, 변호사는 의뢰인들에게 이를 알리고 적절한 방법을 강구한다.
> 제48조(수임 제한)
> ① 제22조 및 제42조의 규정은 법무법인 등이 사건을 수임하는 경우에 준용한다. 다만, 제2항에서 달리 정하는 경우는 제외한다.

가. 동일 사건에서 복수 의뢰인의 이익 충돌 시 수임 제한 등

◉ '동일 사건에서 둘 이상의 의뢰인의 이익이 서로 충돌'하는 경우, 수임 금지. 다만, '관계되는 의뢰인들이 모두 동의 & 의뢰인의 이익이 침해되지 않는다는 합리적인 사유가 있는 경우'에는 수임 가능.

  ‣ Ex. 공동피고인이 서로 상대방이 주범이고 자신은 종범에 불과하다고 주장하는 경우

◉ 수임 이후에 '대리하는 둘 이상의 의뢰인 사이에 이해의 대립이 발생'한 경우, 의뢰인에게 이를 알리고 적절한 방법 강구

◉ [주의] 등기신청과 같이 새로운 이해관계를 창설하는 행위가 아닌 경우에는 얼마든지 쌍방 대리 가능.

나. [참고] 복수 당자자 간의 분쟁 조정

◉ 재판 외에서 복수 당사자 간 분쟁 조정을 의뢰받는 경우: 당사자 전원의 변호사에 대한 신뢰가 강하고 이해조정 가능성

이 높을 때 조정역할 인수 가능하고, 조정 도중 원만한 해결 전망이 없게 될 때에는 당사자 전원에게 알리고 직무를 종료하여야.

◎ 계약체결을 중립적으로 조정 한 후, 일방에 의해 채무불이행이 되고 다른 일방으로부터 위약 문제 해결을 의뢰받은 경우: 수임 금지 (상대방의 동의가 있어도 이 경우에는 수임이 금지된다고 볼 것)

6. 현재 수임하고 있는 사건과 이해가 충돌하는 사건

> 변호사윤리장전(윤리규약)
> 제22조(수임 제한) ① 변호사는 다음 각 호의 어느 하나에 해당하는 사건을 수임하지 아니한다. 다만, 제3호의 경우 수임하고 있는 사건의 의뢰인이 동의하거나, 제4호의 경우 의뢰인이 동의하거나, 제5호 및 제6호의 경우 관계되는 의뢰인들이 모두 동의하고 의뢰인의 이익이 침해되지 않는다는 합리적인 사유가 있는 경우에는 그러하지 아니하다.
> 6. 현재 수임하고 있는 사건과 이해가 충돌하는 사건

◎ 현재 수임하고 있는 사건과 이해가 충돌하는 사건은 수임 금지. 다만, '관계되는 의뢰인들이 모두 동의 & 의뢰인의 이익이 침해되지 않는다는 합리적인 사유가 있는 경우'에는 수임 가능.

▸ 다른 수임제한 규정에 해당하지 않으나 이해충돌의 우려가 있는 경우에 적용되는 보충적 규정으로 이해.

▸ "복수 당사자 대리"(동일 사건) 및 "종전 의뢰인"(수임이 종료된 사건)과는 달리 '현재 수임하고 있는 사건'에 한정.

2-2 [유형 2] 공무원 등으로 관여한 사건의 이익충돌

1. 공무원 · 조정위원 · 중재인으로서 직무상 취급한 사건

> 변호사법
> 제31조(수임제한) ① 변호사는 다음 각 호의 어느 하나에 해당하는 사건에 관하여는 그 직무를 수행할수 없다.
> 3. 공무원·조정위원 또는 중재인으로서 직무상 취급하거나 취급하게 된 사건
> 제51조(업무 제한) 법무법인은 그 법인이 인가공증인으로서 공증한 사건에 관하여는 변호사 업무를수행할 수 없다. 다만, 대통령령으로 정하는 경우에는 그러하지 아니하다.
> 제57조(준용규정) 법무법인에 관하여는 제22조, 제27조, 제28조, 제28조의2, 제29조, 제29조의2, 제30조, 제31조제1항, 제32조부터 제37조까지, 제39조 및 제10장을 준용한다.
> 제58조의16(준용규정) 법무법인(유한)에 관하여는 제22조, 제27조, 제28조, 제28조의2, 제29조, 제29조의2, 제30조, 제31조제1항, 제32조부터 제37조까지, 제39조, 제44조, 제46조부터 제52조까지, 제53조제2항 및 제10장을 준용한다.
> 제58조의30(준용규정) 법무조합에 관하여는 제22조, 제27조, 제28조, 제28조의2, 제29조, 제29조의2, 제30조, 제31조제1항, 제32조부터 제37조까지, 제39조, 제44조, 제46조부터 제52조까지, 제53조제2항, 제58조의9제1항, 제58조의12 및 제10장을 준용한다.
> 제113조(벌칙) 다음 각 호의 어느 하나에 해당하는 자는 1년 이하의 징역 또는 1천만원 이하의 벌금에 처한다.
> 5. 제31조제1항제3호(제57조, 제58조의16 또는 제58조의30에 따라 준용되는 경우를 포함한다)에 따른 사건을 수임한 변호사
> 제115조(법무법인 등의 처벌) ① 법무법인·법무법인(유한)·법무조합의 구성원이나 구성원 아닌 소속 변호사가 제51조를 위반하면 500만원 이하의 벌금에 처한다.

변호사윤리장전 (윤리규약)
제22조(수임 제한) ① 변호사는 다음 각 호의 어느 하나에 해당하는 <u>사건을 수임하지 아니한다.</u>
1. 과거 공무원·중재인·조정위원 등으로 직무를 수행하면서 취급 또는 취급하게 된 사건이거나, 공정증서 작성
사무에 관여한 사건
제48조(수임 제한) ① <u>제22조 및 제42조의 규정은 법무법인 등이 사건을 수임하는 경우에 준용한다.</u>

가. 의의

◎ 공무원 · 조정위원 · 중재인으로서 직무상 취급한 사건은 수임 금지.

◎ 사건 양 당사자의 동의, 수임료 유무, 소속 지방변호사회의 허가 유무 불문!

◎ 공익적 강행규정으로서, 위반 시 형사처벌!

나. 요건

◎ 공무원 · 조정위원 · 중재인

▸ 판사, 검사, 재판연구원, 공익법무관,「국가공무원법」·「지방공무원법」상 경력직 · 특수경력직 공무원, 선거관리위
원회 등 각 위원회의 위원(상임 · 비상임 불문): O

◎ 직무상 취급한 사건

▸ **= 직무상 취급한 사건 & 그 사건과 기초가 된 분쟁의 실체가 동일한 사건**

▸ 소송물 기준 X, '추상적 관련성'만으로는 부족

▸ 민사사건과 형사사건 간에도 기초가 된 분쟁의 실체가 동일한 경우: '동일한 사건' O

▸ 특허무효사건과 특허침해를 원인으로 한 손해배상사건: '동일한 사건' O

▸ 심급이 다른 경우에도 인정

▸ '직무상 취급한 사건'의 예시:

 ↳ 판사: 영장 O, 구속적부심 O, 사건배당만 한 사건 O, 기일지정 후 공판은 진행하지 않은 사건 O, 경매사건 O,
 형사사건 공범 중 한 명에 구속영장 발부한 경우 다른 공범에 대한 형사사건 O, 재판연구관이 사건 쟁점 정리 및
 법률적 견해 정리 업무를 취급한 사건 O, 대법원에서 파기환송된 민사재판의 항소심에 관여한 사건 O / 회생사
 건(구 회사정리사건)은 구체적 계약 등 법률행위의 허가 등에 관여하였을 경우 그 계약과 관련된 소송대리만을
 수임 제한 O(모든 사건 수임 제한 X)

 ↳ 재판연구원: 소속됐던 재판부에 배당됐던 사건 O

 ↳ 검사: 직접 수사한 사건 O, 수사지휘한 사건 O

 ↳ 선거관리위원회 위원: 공직선거법위반사건의 고발이 선거관리위원회의 명의로 행해진 경우 어떠한 경우라도 '직
 무상 취급한 사건' O (대한변협 2006. 9. 18. 질의회신)

▸ 중재인으로 선정된 변호사의 수임 제한

 ↳ 중재인으로 선정된 변호사는 중재절차가 진행되고 있는 상황에도 변호사로서 불특정 다수 고객에게 상담, 수임

업무 등은 허용.

➥ 그러나 당해 사건과 무관한 것이라 하더라도 일방 당사자나 그 대리인의 의뢰로 사건을 수임하는 것은 원칙적으로 금지

➥ 특히 중재사건과 사실상 또는 법률상 쟁점을 같이하는 동종 사건을 수임하는 경우는 중재절차 배제 사유에 해당하고, 배제되지 않은 채 중재판정 내려졌다면 중재판정 취소되어야.

대법원 2004. 3. 12. 선고 2003다21995 판결(중재판정취소)
변호사가 중재인으로 선정되어 중재절차가 진행되고 있는 상황이라도 변호사로서의 직무상 불특정 다수의 고객들에게 상담을 하여 주고 그들로부터 사건을 수임하는 것은 허용된다 할 것이다. 그러나 중재인으로 선정된 변호사는 중재인의 공정성과 독립성의 확보를 위하여 그 중재사건의 일방 당사자나 그 대리인과 중재절차 외에서 접촉하는 것은 가급적 제한되어야 하고, 나아가 당해 사건과 무관한 것이라 하더라도 일방 당사자나 그 대리인의 의뢰로 사건을 수임하는 것 역시 원칙적으로는 허용될 수 없으며, 더구나 그 수임사건이 당해 사건과 사실상 또는 법률상 쟁점을 같이 하는 동종의 사건인 경우에는 그 수임행위는 당해 중재인을 그 중재절차에서 배제시켜야 할 정도로 그 공정성과 독립성에 관하여 의심을 야기할 수 있는 중대한 사유에 해당하고, 만약 당해 중재인이 배제되지 아니한 채 중재판정이 내려졌다면 이는 구 중재법 제13조 제1항 제1호 소정의 '중재인의 선정 또는 중재절차가 이 법이나 중재계약에 의하지 아니한 때'에 해당하여 취소를 면치 못한다 할 것이다.

다. 위반 시 제재

◉ 공무원·조정위원·중재인으로서 직무상 취급한 사건 수임 금지 위반 시 제재: 형사처벌(1년 이하 징역 또는 1천만원 이하 벌금) (변호사법 제113조 제5호, 제31조 제1항 제3호)

▸ 공소시효: 판례는 '수임'행위가 종료한 때부터 진행한다고 봄.

대법원 2022. 1. 14. 선고 2017도18693 판결(변호사법위반·부패방지및국민권익위원회의설치와운영에관한법률위반)
변호사법은 제31조 제1항 제3호에서 '변호사는 공무원으로서 직무상 취급하거나 취급하게 된 사건에 관하여는 그 직무를 수행할 수 없다.고 규정하면서 제113조 제5호에서 변호사법 제31조 제1항 제3호에 따른 사건을 수임한 변호사를 1년 이하의 징역 또는 1천만 원 이하의 벌금에 처하도록 규정하고 있는바, 금지규정인 변호사법 제31조 제1항 제3호가 '공무원으로서 직무상 취급하거나 취급하게 된 사건'에 관한 '직무수행'을 금지하고 있는 반면 처벌규정인 변호사법 제113조 제5호는 '공무원으로서 직무상 취급하거나 취급하게 된 사건'을 '수임'한 행위를 처벌하고 있다. … 이러한 금지규정 및 처벌규정의 문언과 변호사법 제90조, 제91조에 따라 형사처벌이 되지 않는 변호사법 위반 행위에 대해서는 징계의 제재가 가능한 점 등을 종합적으로 고려하면, 변호사법 제113조 제5호, 제31조 제1항 제3호 위반죄의 공소시효는 그 범죄행위인 '수임'행위가 종료한 때로부터 진행된다고 봄이 타당하고, 수임에 따른 '수임사무의 수행'이 종료될 때까지 공소시효가 진행되지 않는다고 해석할 수는 없다.

라. 법무법인·법무법인(유한)·법무조합에 준용

◉ 법무법인·법무법인(유한)·법무조합의 구성원 변호사 또는 구성원이 아닌 소속 변호사가 과거 공무원·중재인·조정위원으로서 직무상 취급하거나 취급하게 된 사건: 수임 금지, 위반 시 형사처벌(1년 이하 징역 또는 1천만원 이하 벌금)

◉ 그러나 법무법인 등의 직원(Ex. 법무사)이 공무원·중재인·조정위원으로서 직무상 취급하거나 취급하게 된 사건: 수임 가능 ('변호사'가 아님)

마. 공증 사건 (변호사법은 제51조에서 규정, 변호사윤리장전 윤리규약은 '공무원 등으로 직무를 수행하면서 취급 또는 취급하게 된 사건'과 함께 제22조 제1항 제1호에서 규정)

◎ 의의: 법무법인 · 법무법인(유한) · 법무조합이 '인가공증인으로 공증한 사건' 수임 금지 (변호사법 제51조, 제58조의 16, 제58조의30) (변호사법 제51조 단서 예외규정 있음. (변호사법 시행령 제13조))

▸ '공정증서 작성사무에 관여한 사건' 수임 금지 (변호사윤리장전 윤리규약 제22조 제1항 제1호)

◎ 위반 시 제재(=형사처벌): 법무법인 등의 구성원이나 구성원 아닌 소속 변호사가 제51조 위반 시 50만원 이하 벌금 (변호사법 제115조 제1항) / 법무법인 등의 구성원이나 구성원이 아닌 소속 변호사가 그 법무법인 등의 업무에 관하여 제1항의 위반행위를 하면 그 행위자를 벌하는 외에 그 법무법인 등에게도 같은 항의 벌금형을 과함(다만, 법무법인 등이 그 위반행위를 방지하기 위하여 해당 업무에 관하여 상당한 주의와 감독을 게을리하지 아니한 경우 제외) (변호사법 제115조 제2항)

2. 공직퇴임변호사의 수임 제한

변호사법
제31조(수임제한)
③ 법관, 검사, 장기복무 군법무관, 그 밖의 공무원 직에 있다가 퇴직(재판연구원, 사법연수생과 병역의무를 이행하기 위하여 군인·공익법무관 등으로 근무한 자는 제외한다)하여 변호사 개업을 한 자(이하 "공직퇴임변호사"라 한다)는 퇴직 전 1년부터 퇴직한 때까지 근무한 법원, 검찰청, 군사법원, 금융위원회, 공정거래위원회, 경찰관서 등 국가기관(대법원, 고등법원, 지방법원 및 지방법원 지원과 그에 대응하여 설치된 「검찰청법」제3조제1항 및 제2항의 대검찰청, 고등검찰청, 지방검찰청, 지방검찰청 지청은 각각 동일한 국가기관으로 본다)이 처리하는 사건을 퇴직한 날부터 1년 동안 수임할 수 없다. 다만, 국선변호 등 공익목적의 수임과 사건당사자가 「민법」제767조에 따른 친족인 경우의 수임은 그러하지 아니하다.
④ 제3항의 수임할 수 없는 경우는 다음 각 호를 포함한다.
1. 공직퇴임변호사가 법무법인, 법무법인(유한), 법무조합(이하 이 조에서 "법무법인등"이라 한다)의 담당변호사로 지정되는 경우
2. 공직퇴임변호사가 다른 변호사, 법무법인등으로부터 명의를 빌려 사건을 실질적으로 처리하는 등 사실상 수임하는 경우
3. 법무법인등의 경우 사건수임계약서, 소송서류 및 변호사의견서 등에는 공직퇴임변호사가 담당변호사로 표시되지 않았으나 실질적으로는 사건의 수임이나 수행에 관여하여 수임료를 받는 경우
⑤ 제3항의 법원 또는 검찰청 등 국가기관의 범위, 공익목적 수임의 범위 등 필요한 사항은 대통령령으로 정한다.

변호사법 시행령
제7조의2(수임제한 대상 국가기관의 범위) ① 법 제31조제3항에 따라 공직퇴임변호사의 수임이 제한되는 국가기관은 해당 변호사가 퇴직 전 1년부터 퇴직할 때까지 「국가공무원법」에 따른 국가공무원으로 근무한 모든 국가기관으로 한다.
② 다음 각 호의 각 국가기관은 이를 별도의 국가기관으로 보아 법 제31조제3항을 적용한다. 다만, 법 제31조제3항 본문에 따라 동일한 국가기관으로 보는 경우에는 그러하지 아니하다.
1. 「법원조직법」제3조에 따른 대법원, 고등법원, 특허법원, 지방법원, 가정법원, 행정법원, 회생법원, 지방법원 지원, 가정법원 지원, 가정지원, 시·군법원 및 「법원조직법」제27조제4항에 따라 관할구역의 지방법원 소재지에서 사무를 처리하는 고등법원의 부. 다만, 「법원조직법」 제3조제2항 단서에 따라 지방법원 및 가정법원의 지원 2개를 합하여 1개의 지원으로 하는 경우에 그 지방법원 및 가정법원의 지원은 이를 동일한 국가기관으로 보아 법 제31조제3항을 적용한다.
2. 「검찰청법」제3조에 따른 대검찰청, 고등검찰청, 지방검찰청, 지방검찰청 지청 및 「검찰청법」 제19조제2항에 따라 관할구역의 지방검찰청 소재지에서 사무를 처리하는 고등검찰청의 지부
3. 「군사법원법」제6조에 따른 각 지역군사법원
4. 「군사법원법」제36조제1항에 따른 국방부검찰단 및 각 군 검찰단
5. 「국가경찰과 자치경찰의 조직 및 운영에 관한 법률」 제12조 및 제13조에 따른 경찰청, 시·도경찰청 및 경찰

서

6. 「정부조직법」 및 그 밖의 다른 법률에 따른 각 중앙행정기관

7. 제6호에 따른 중앙행정기관에 그 소속의 행정기관이 있는 경우에는 각각의 행정기관

③ 파견, 직무대리, 교육훈련, 휴직, 출산휴가 또는 징계 등으로 인하여 실제로 근무하지 아니한 국가기관은 법 제31조제3항을 적용할 때 수임제한 대상 국가기관으로 보지 아니한다.

④ 겸임발령 등으로 인하여 둘 이상의 기관에 소속된 경우에 실제로 근무하지 아니한 국가기관은 법제31조제3항을 적용할 때 수임제한 대상 국가기관으로 보지 아니한다.

⑤ 퇴직 전 1년부터 퇴직한 때까지 일시적 직무대리, 겸임발령 등으로 인하여 소속된 국가기관에서의 근무기간이 1개월 이하인 국가기관은 법 제31조제3항을 적용할 때 수임제한 대상 국가기관으로 보지 아니한다.

제7조의3(공익목적 수임의 범위) 법 제31조제3항 단서 및 같은 조 제5항에서 "공익목적 수임"이란 다음 각 호의 어느 하나에 해당하는 행위나 활동에 관련된 수임을 말한다.

1. 국선변호 또는 국선대리

2. 대한변호사협회 또는 지방변호사회가 지정하는 무상 공익활동

3. 공익법인 또는 비영리법인에 대하여 무료로 제공하는 법률서비스

4. 제1호부터 제3호에 준하는 것으로 법무부장관이 지정하는 활동

가. 의의

◎ '공직퇴임변호사'는 '퇴직 전 1년부터 퇴직한 때까지 국가기관이 처리하는 사건'을 '퇴직한 날부터 1년 간' 수임 금지.

▸ [Tip] 퇴직한 날 기준으로 그 전 1년 + 그 후 1년

다만, (i) 국선변호 등 공익목적의 수임, (ii) 사건당사자가 민법 제767조에 따른 친족인 경우의 수임은 가능.

▸ [Tip] '친족': 8촌 이내의 혈족, 4촌 이내의 인척, 배우자 (사돈: '친족' X)

◎ [주의] '공무원 등으로서 직무상 취급한 사건'의 경우와는 달리 위반 시 형사처벌 X, 과태료도 X (변호사법 위반으로 징계 사유가 될 분임).

나. 요건

◎ 공직퇴임변호사

▸ 법관, 검사, 장기복무 군법무관, 그 밖의 공무원의 직에 있다가 퇴직하여 변호사 개업을 한 자 포함.

▸ 다만, 재판연구원, 사법연수생, 병역의무 이행 위해 군인·공익법무관 등으로 근무한 자 제외.

↳ **[주의] 재판연구원은 '공무원으로서 직무상 취급한 사건'에서 '공무원'에는 해당함에 유의할 것.**

◎ 수임 제한 국가기관

▸ '퇴직 전 1년부터 퇴직한 때까지', '1개월 이상', '실제로 근무'한 모든 국가기관

↳ 실제로 근무하지 않은 기관 제외

– 파견, 직무대리, 교육훈련, 휴직, 출산휴가, 징계, 겸임발령 등으로 실제로 근무하지 아니한 국가기관

– 퇴직 전 1년부터 퇴직한 때까지 일시적 직무대리, 겸임발령 등으로 인하여 근무기간이 1개월 이하인 근무기관

▸ 대법원, 고등법원, 지방법원 및 지방법원 지원과 그에 대응하여 설치된 대검찰청, 고등검찰청, 지방검찰청, 지방검찰청 지청은 각각 동일한 국가기관으로 봄.

↳ 서울중앙지방법원과 서울중앙지방검찰청: '동일한 국가기관' O

↳ 서울고등법원과 서울중앙지방법원: X

↳ 목포지청과 순천지청: X

↳ 중앙지역군사법원과 군 검찰단: X

다. 수임 금지의 기간 및 범위

◎ 수임 금지 기간: <u>퇴직한 날부터 1년 간</u>

◎ 금지되는 수임행위의 범위

‣ **(i) 수임**

‣ **(ii) 담당변호사 지정:** 법무법인·법무법인(유한)·법무조합의 담당변호사로 지정되는 경우

‣ **(iii) 사실상 수임:** 다른 변호사, 법무법인등으로부터 명의를 빌려 사건을 실질적으로 처리하는 등 사실상 수임하는 경우

‣ **(iv) 실질적 관여:** 법무법인·법무법인(유한)·법무조합의 경우 사건수임계약서, 소송서류 및 변호사의견서 등에는 담당변호사로 표시되지 않았으나 실질적으로 사건 수임·수행 관여하여 수임료를 받는 경우

‣ [주의] 공직퇴임변호사의 소속 법무법인이 선임되는 것 자체는 허용됨. 공직퇴임변호사가 해당 사건에서 그 소속 법무법인에서 담당변호사로 지정되거나 실질적으로 관여하는 것이 금지되는 것임.

3. 공무원 겸직과 수임 제한

변호사윤리장전 (윤리규약)
제42조(겸직 시 수임 제한) <u>변호사는 공정을 해할 우려가 있을 때에는, 겸직하고 있는 당해 정부기관의 사건을 수임하지 아니한다.</u>
제48조(수임 제한) ① 제22조 및 제42조의 규정은 법무법인 등이 사건을 수임하는 경우에 준용한다. 다만, 제2항에서 달리 정하는 경우는 제외한다.
② <u>법무법인 등의 특정 변호사에게만 제22조 제1항 제4호 또는 제42조에 해당하는 사유가 있는 경우, 당해 변호사가 사건의 수임 및 업무수행에 관여하지 않고 그러한 사유가 법무법인 등의 사건처리에 영향을 주지 아니할 것이라고 볼 수 있는 합리적 사유가 있는 때에는 사건의 수임이 제한되지 아니한다.</u>
③ <u>법무법인 등은 제2항의 경우에 당해 사건을 처리하는 변호사와 수임이 제한되는 변호사들 사이에 당해 사건과 관련하여 비밀을 공유하는 일이 없도록 합리적인 조치를 취한다.</u>

가. 의의

◎ '공정을 해할 우려가 있을 경우' 겸직하고 있는 당해 '정부기관'의 사건 수임 금지. (민간기업체 법률자문 겸직은 민간기업체의 사건 수임에 영향 없음)

◎ [주의] '공무원 등으로서 직무상 취급한 사건'의 경우와는 달리 위반 시 형사처벌 X, 과태료도 X (변호사법 위반으로 징계 사유가 될 뿐임).

◎ [Tip] 변호사의 겸직이 허용된 것을 전제한 논의라는 점에 유의할 것. [→ 변호사의 겸직 허용 여부에 관하여는 제8장 "변호사의 직무에 관한 의무" 참조]

나. 법무법인·법무법인(유한)·법무조합·공증인가합동법률사무소·공동법률사무소의 특정 변호사가 공무원을 겸직하는 경우에 관한 특칙

- 당해 변호사가 사건의 수임 및 업무수행에 관여하지 않고, 법무법인 등의 사건처리에 영향을 주지 아니할 것이라고 볼 수 있는 합리적 사유가 있는 경우, 법무법인 등은 당해 정부기관 사건을 제한 없이 수임할 수 있음. (변호사윤리장전 윤리규약 제48조 제1항 단서, 제2항)

- 이 경우 법무법인 등은 당해 사건을 처리하는 변호사와 수임이 제한되는 변호사들 사이에 당해 사건 관련 비밀을 공유하는 일이 없도록 합리적인 조치 필요. (변호사윤리장전 윤리규약 제48조 제3항)

2-3 [유형 3] 의뢰인과 변호사 간의 이익충돌

1. 계쟁권리의 양수 금지

> 변호사법
> 제32조(계쟁권리의 양수 금지) 변호사는 계쟁권리(係爭權利)를 양수하여서는 아니 된다.
> 제57조(준용규정) 법무법인에 관하여는 제22조, 제27조, 제28조, 제28조의2, 제29조, 제29조의2, 제30조, 제31조제1항, 제32조부터 제37조까지, 제39조 및 제10장을 준용한다.
> 제58조의16(준용규정) 법무법인(유한)에 관하여는 제22조, 제27조, 제28조, 제28조의2, 제29조, 제29조의2, 제30조, 제31조제1항, 제32조부터 제37조까지, 제39조, 제44조, 제46조부터 제52조까지, 제53조제2항 및 제10장을 준용한다.
> 제58조의30(준용규정) 법무조합에 관하여는 제22조, 제27조, 제28조, 제28조의2, 제29조, 제29조의2, 제30조, 제31조제1항, 제32조부터 제37조까지, 제39조, 제44조, 제46조부터 제52조까지, 제53조제2항, 제58조의9제1항, 제58조의12 및 제10장을 준용한다.
> 제112조(벌칙) 다음 각 호의 어느 하나에 해당하는 자는 3년 이하의 징역 또는 2천만원 이하의 벌금에 처한다. 이 경우 벌금과 징역은 병과할 수 있다.
> 5. 제32조(제57조, 제58조의16 또는 제58조의30에 따라 준용되는 경우를 포함한다)를 위반하여 계쟁권리를 양수한 자
> 변호사윤리장전 (윤리규약)
> 제34조(보수 분배 금지 등)
> ② 변호사는 소송의 목적을 양수하거나, 정당한 보수 이외의 이익분배를 약정하지 아니한다.

가. 의의

- 변호사의 '계쟁권리(係爭權利)' 양수 금지.

- 계쟁권리 양수로 인하여 당사자와 변호사 사이의 신임 관계에 균열을 초래하거나 당사자와 이해상반하는 결과를 가져오는 등 변호사의 일반적 품위를 손상시킬 염려가 있어 이를 제한하기 위함.

나. 요건

- 계쟁권리(係爭權利)

  ▸ '계쟁권리'는 '다투고 있는 실체법상 권리'(= 소송의 목적 = 소송물)를 의미함. 따라서 계쟁 목적물(= 다툼의 대상)은 '계쟁권리'가 아니고('권리'가 아님), 판결 확정 후의 권리 역시 '계쟁권리'가 아님('계쟁'이 아님).

    ↪ Ex. A토지 소유권보전등기말소청구 사건에서 계쟁권리: 말소등기청구권 (A토지 자체는 계쟁권리 X, 따라서 사건 수임 변호사가 X토지 지분을 양수하기로 약정하는 것은 계쟁권리 양수 금지 위반 X)

↳ Ex. 부당이득반환청구 사건의 승소 확정판결 후 부당이득반환채권 중 20%를 양수하기로 약정하는 것은 계쟁권리 양수 금지 위반 X

○ 양수
▸ '양수'는 유상, 무상을 불문하고, 계약 유형을 불문함.
▸ '양수' 여부는 실질을 기준으로 판단. 즉, 사무장 등 타인 명의로 양수하더라도 실질적 양수인이 변호사이라면 '양수' O.

다. 위반 시 제재

형사처벌(3년 이하 징역 또는 2천만원 이하 벌금) (변호사법 제112조 제5호, 제32조)

라. 계쟁권리 양수행위의 사법적 효력: 유효

대법원 1985. 4. 9. 선고 83다카1775 판결(소유권이전등기말소)
구 변호사법(1973.12.20 법률 제2654호) 제17조는 변호사는 계쟁권리를 양수할 수 없다고 규정하고 있는바, 이는 변호사가 당사자로부터 계쟁권리를 양수함으로 인하여 당사자와 변호사 사이의 신임 관계에 균열을 초래하며 또는 당사자와 이해상반하는 결과를 가져오는 등 변호사의 일반적 품위를 손상시킬 염려가 있으므로 이와 같은 행위를 단속하기 위하여 금지규정을 둔 것에 불과하여 그 양수행위의 사법적 효력에는 아무 소장이 있을 수 없을 뿐만 아니라 계쟁권리라 함은 바로 계쟁중에 있는 그 권리이며 이 사건에서와 같이 판결이 확정된 계쟁목적물이었던 부동산은 계쟁권리라 할 수 없으므로 피고 …와 … 명의의 이 사건 소유권이전등기를 위 구 변호사법 제17조의 위반이라고 나무라는 논지는 독자적 견해에 불과하여 받아드릴 것이 되지 못한다.

▸ [참고] 계쟁 중인 권리를 양수받기로 하는 성공보수 약정: 유효

서울고등법원 1982. 1. 20. 선고 81나1481 판결 [손해배상등청구사건]
구 변호사법(1973. 12. 20 법률 제2654호) 제17조는 변호사가 계쟁중인 권리를 양수하여 당사자가 되는 것을 금하는 취지이고 변호사가 승소의 확정판결을 조건으로 수임사무처리의 보수로 계쟁목적물의 일부를 지급받는 것을 약정하는 것까지 금하여 무효로 하는 것이라고는 볼 수 없고, 또한 위 보수약정이 현저하게 불공정하다고도 보여지지 않으므로 위 주장은 이유없다.

2. 상대방 또는 상대방 대리인과의 친족관계에 있는 사건

변호사윤리장전 (윤리규약)
제22조(수임 제한) ① 변호사는 다음 각 호의 어느 하나에 해당하는 사건을 수임하지 아니한다. 다만, 제3호의 경우 수임하고 있는 사건의 의뢰인이 동의하거나, 제4호의 경우 의뢰인이 동의하거나, 제5호 및 제6호의 경우 관계되는 의뢰인들이 모두 동의하고 의뢰인의 이익이 침해되지 않는다는 합리적인 사유가 있는 경우에는 그러하지 아니하다.
　4. 상대방 또는 상대방 대리인과 친족관계에 있는 경우
제20조(수임 시의 설명 등)
③ 변호사는 상대방 또는 상대방 대리인과 친족관계 등 특수한 관계가 있을 때에는, 이를 미리 의뢰인에게 알린다.
제48조(수임 제한) ① 제22조 및 제42조의 규정은 법무법인 등이 사건을 수임하는 경우에 준용한다. 다만, 제2항에서 달리 정하는 경우는 제외한다.
② 법무법인 등의 특정 변호사에게만 제22조 제1항 제4호 또는 제42조에 해당하는 사유가 있는 경우, 당해 변호사가 사건의 수임 및 업무수행에 관여하지 않고 그러한 사유가 법무법인 등의 사건처리에 영향을 주지 아니

할 것이라고 볼 수 있는 합리적 사유가 있는 때에는 사건의 수임이 제한되지 아니한다.

③ 법무법인 등은 제2항의 경우에 당해 사건을 처리하는 변호사와 수임이 제한되는 변호사들 사이에 당해 사건과 관련하여 비밀을 공유하는 일이 없도록 합리적인 조치를 취한다.

가. 상대방 또는 상대방 대리인과 친족관계에 있는 사건 수임 금지

상대방 또는 상대방 대리인과 친족관계에 있는 경우 해당 사건 수임 금지. 다만, 의뢰인이 동의한 경우는 수임 가능. (의뢰인의 이익 침해 여부와 관계없음에 유의할 것)

나. 상대방 또는 상대방 대리인과의 특수 관계 사전 고지

변호사는 상대방 또는 상대방 대리인과 친족관계 등 특수 관계가 있을 때, 미리 의뢰인에게 알려야 함.

다. 법무법인·법무법인(유한)·법무조합·공증인가합동법률사무소·공동법률사무소의 특정 변호사에게만 상대방 또는 상대방 대리인과 친족관계에 있는 경우에 관한 특칙

- 당해 변호사가 사건의 수임 및 업무수행에 관여하지 않고, 법무법인 등의 사건처리에 영향을 주지 아니할 것이라고 볼 수 있는 합리적 사유가 있는 경우, 법무법인 등은 당해 상대방 또는 상대방 대리인과 친족관계에 있는 사건을 제한 없이 수임할 수 있음. (변호사윤리장전 윤리규약 제48조 제1항 단서, 제2항)
- 이 경우 법무법인 등은 당해 사건을 처리하는 변호사와 수임이 제한되는 변호사들 사이에 당해 사건 관련 비밀을 공유하는 일이 없도록 합리적인 조치 필요. (변호사윤리장전 윤리규약 제48조 제3항)

3. 금전거래 금지

- 지위를 부당히 이용하여 의뢰인과 금전거래하는 행위 금지.

  변호사윤리장전 (윤리규약)
  제14조(금전거래의 금지) 변호사는 그 지위를 부당하게 이용하여 의뢰인과 금전대여, 보증, 담보 제공 등의 금전거래를 하지 아니한다.

3 이익충돌 회피의무 위반 시 제재

- 징계: O (변호사법 제91조 제2항 제1~3호)
- 불법행위책임: 의뢰인에게 손해가 발생했다면 법무과오에 따른 불법행위 손해배상책임
- 형사처벌이 되는 유형: (i) 공무원·조정위원·중재인으로서 직무상 취급한 사건을 수임한 경우, (ii) 계쟁권리를 양수한 경우 (나머지 유형은 형사처벌, 과태료 X)

4 이익충돌 회피의무 위반행위의 사법적 효력

1. 민사소송의 경우(변호사법 제31조에 위반된 소송행위의 효력): 이의설

가. [판례] 상대방 당사자가 법원에 사실심 변론종결시까지 이의를 제기하였다면: 무효. / 상대방 당사자가 그와 같은 사실을 알았거나 알 수 있었음에도 불구하고 '사실심 변론종결시'까지 아무런 이의를 제기하지 않았다면: 소송법상 완전한 효력. (대법원 2003. 5. 30. 선고 2003다15556 판결) → 재심청구 X

> 대법원 2003. 5. 30. 선고 2003다15556 판결 [채무부존재확인]
> 법무법인의 구성원 변호사가 형사사건의 변호인으로 선임된 그 법무법인의 업무담당변호사로 지정되어 그 직무를 수행한 바 있었음에도, 그 이후 제기된 같은 쟁점의 민사사건에서 이번에는 위 형사사건의 피해자측에 해당하는 상대방 당사자를 위한 소송대리인으로서 직무를 수행하는 것도 금지되는 것임은 물론이고, 위 법무법인이 해산된 이후라도 변호사 개인의 지위에서 그와 같은 민사사건을 수임하는 것 역시 마찬가지로 금지되는 것이라고 풀이할 것이며, 비록 민사사진에서 직접적으로 업무를 담당한 변호사가 먼저 진행된 형사사건에서 피고인을 위한 직접적인 변론에 관여를 한 바 없었다고 하더라도 달리 볼 것은 아니라고 할 것이니, 이러한 행위들은 모두 변호사법 제31조 제1호의 수임 제한규정을 위반한 것이라고 할 것이다.
> 그리고 이 규정에 위반한 변호사의 소송행위에 대하여는 상대방 당사자가 법원에 대하여 이의를 제기하는 경우 그 소송행위는 무효이고 그러한 이의를 받은 법원으로서는 그러한 변호사의 소송관여를 더 이상 허용하여서는 아니 될 것이지만, 다만 상대방 당사자가 그와 같은 사실을 알았거나 알 수 있었음에도 불구하고 사실심 변론종결시까지 아무런 이의를 제기하지 아니하였다면 그 소송행위는 소송법상 완전한 효력이 생긴다고 보아야 할 것이다.

나. [판례] 항소심사건의 변론에 법관으로 관여하여 판결한 변호사가, 이후 해당 사건이 확정된 이후 대법원에서 재심을 받아들여 이를 취소하고 파기환송한 사건을 수임하여 그 소송대리를 수행한 행위는 공무원으로서 직무상 취급한 사건에 관하여 변호사로서 그 직무를 담당하고 소송을 대리한 것에 해당하여 구 변호사법 제16조 제2호(현행 변호사법 제31조 제1항 제3호)에 위반되며, 구 변호사법 제16조(현행 변호사법 제31조 제1항)는 공익적인 강행규정으로서 이에 위반되는 행위는 그 효력이 없음. / 다만, 구 민사소송법 제422조 제1항 제3호(현행 민사소송법 제451조 제1항 제3호)의 소송대리권에 흠결이 있는 재심사유가 있는 경우에도 당사자가 상소에 의하여 그 사유를 주장하였거나 이를 알고도 주장하지 아니한 때에는 재심의 소를 제기할 수 없음, (대법원 1971. 5. 24. 선고 71다556판결)

2. 형사소송의 경우: 유효

가. 변호사법 제31조 제1항에 위반된 소송행위의 효력

◉ [판례] 피고인이 스스로 변호인으로 선임한 이상 변호인의 조력을 받을 권리가 침해되었다거나 소송절차가 무효로 된다고 볼 수 없음. (대법원 2009. 2. 26. 선고 2008도9812 판결)

> 대법원 2009. 2. 26. 선고 2008도9812 판결(사기미수·사문서위조·위조사문서행사·위증교사)
> 피고인 1과 공소외 1, 2, 3 사이의 대여금사건에서 공소외 1 등의 소송대리인으로서 직무를 수행한 변호사 공소외 4가, 위 대여금사건 종결 후 그와 실질적으로 동일한 쟁점을 포함하고 있는 피고인들의 공소외 1 등에 대한 소송사기미수 범행 등에 대한 형사재판인 이 사건 공판절차 제1심에서 피고인들의 변호인으로 선임되어 변호활동 등을 한 것은 변호사법 제31조 제1호(현행 변호사법 제31조 제1항 제1호에 해당)에 위반된다고 봄이 상당하다.

그런데 피고인들의 제1심 변호인에게 변호사법 제31조 제1호의 수임제한 규정을 위반한 위법이 있다 하여도, 피고인들 스스로 위 변호사를 변호인으로 선임한 이 사건에 있어서 다른 특별한 사정이 없는 한 위와 같은 위법으로 인하여 변호인의 조력을 받을 피고인들의 권리가 침해되었다거나 그 소송절차가 무효로 된다고 볼 수는 없다.

덕조윤리 개념편

변호사의
광고

10

1 개요

1. 변호사 광고의 의의

= 변호사등의 소개·홍보, 변호사등 수행 직무의 소개·홍보, 그 밖의 소비자와 변호사등을 연결하는 수단과 방법. (변호사 광고에 관한 규정 제2조 제1항)

2. 광고 규제의 방식

금지되는 광고의 범위를 법률에 직접 규정하고 금지되지 않는 광고는 허용하는 이른바 '네거티브' 규제의 방식을 취하고 있음. (변호사법 제23조 참조)

3. 변호사 광고 규제 관련 법규

◎ 변호사법 제23조 및 제113조 제3호
◎ 변호사 광고에 관한 규정(이하 "광고규정")
◎ 변호사 전문분야 등록에 관한 규정(이하 "전문분야등록규정")

2 규제의 주요 내용

1. 광고의 주체

가. 광고의 주체

◎ 변호사법은 광고의 주체를 "**변호사 · 법무법인 · 법무법인(유한) 또는 법무조합**"으로 규정.
◎ 광고규정은 이 외에 "**법률사무소, 합동법률사무소, 공동법률사무소**"를 포함하여 규정.

> 변호사법
> 제23조(광고) ① 변호사 · 법무법인 · 법무법인(유한) 또는 법무조합(이하 이 조에서 "변호사등"이라 한다)은 자기 또는 그 구성원의 학력, 경력, 주요 취급 업무, 업무 실적, 그 밖에 그 업무의 홍보에 필요한 사항을 신문 · 잡지 · 방송 · 컴퓨터통신 등의 매체를 이용하여 광고할 수 있다.
> 광고규정
> 제1조(목적) 이 규정은 변호사법 제23조, 제24조 및 대한변호사협회 회칙 제44조 제5항, 제57조에 의하여 변호사 · 법률사무소 · 법무법인 · 법무법인(유한) · 법무조합 · 합동법률사무소 · 공동법률사무소(이하 "변호사등"이라 한다)의 광고 · 소개 · 홍보, 그 밖에 변호사등과 소비자를 연결하는 일체의 광고 · 소개 · 홍보에 관하여 필요한 사항을 정함을 목적으로 한다.

나. 광고의 주체의 표시

(i) 자신의 이름으로 광고하여야. (ii) 타인의 성명, 사업자명, 기타 상호 등 표시 금지. (iii) 광고주체인 변호사("변호사(단독)"의 경우) 또는 광고책임변호사("변호사(단독)"을 제외한 "법무법인등"의 경우)의 성명을 표시하여야(단, 사무소 소재지에 위치하면서 사무소 명칭과 연락처만을 표시하는 경우 제외)

광고규정

제2조(정의) ③ "광고책임변호사"라 함은 법무법인 · 법무법인(유한) · 법무조합 · 합동법률사무소 · 공동법률사무소(이하 "법무법인등")가 법무법인등에 관한 광고를 할 경우 구성원 중 광고 담당자로 지정된 변호사를 말한다.

제3조(광고의 주체) ① 변호사등은 자신의 이름으로 광고를 하여야 한다.

② 변호사등은 자기가 아닌 변호사 · 비(非)변호사, 개인 · 단체, 사업자 등(이하 "타인"이라 한다)의 영업이나 홍보 등을 위하여 광고에 타인의 성명, 사업자명, 기타 상호 등을 표시하여서는 아니된다.

③ 변호사등 광고에는 광고 주체인 변호사 또는 광고책임변호사의 성명을 반드시 표시하여야 한다. 다만, 사무소 소재지에 위치하면서 사무소 명칭, 연락처만을 표시하는 경우는 제외한다.

다. [참고] 명칭의 사용

◎ 법무법인은 그 명칭 중에 법무법인이라는 문자 사용하여야.

◎ 법무법인 아닌 자는 법무법인 또는 이와 유사한 명칭 사용 금지(위반 시 형사처벌).

변호사법

제44조(명칭) ① 법무법인은 그 명칭 중에 법무법인이라는 문자를 사용하여야 한다.

② 법무법인이 아닌 자는 법무법인 또는 이와 유사한 명칭을 사용하지 못한다.

제112조(벌칙) 다음 각 호의 어느 하나에 해당하는 자는 3년 이하의 징역 또는 2천만원 이하의 벌금에 처한다. 이 경우 벌금과 징역은 병과할 수 있다.

6. 제44조제2항(제58조의16이나 제58조의30에 따라 준용되는 경우를 포함한다)을 위반하여 유사 명칭을 사용한 자

2. 광고의 범위

◎ "변호사등의 소개·홍보, 변호사등 수행 직무의 소개·홍보, 그 밖의 소비자와 변호사등을 연결하는 수단과 방법"에 해당하면 광고 O

◎ 변호사등이 금전·기타 경제적 이익을 제공하는 (i) 기사 작성, (ii) 인터뷰 게재, (iii) 인터넷 멀티미디어 방송 출연, (iv) 방송 출연, (v) 상훈은 명칭과 형식 불문 광고로 간주, 광고 규정 적용 O.

광고규정

제2조(정의) ① "변호사등 광고"(이하 "광고")라 함은 변호사등에 관한 소개 · 홍보, 변호사등이 수행하는 일체의 직무에 관한 소개 · 홍보, 그 밖의 소비자와 변호사등을 연결하는 일체의 수단과 방법을 말한다.

② 변호사등이 다음 각 호의 행위와 관련하여 금전 · 기타 경제적 이익을 제공할 경우, 이는 그 명칭과 형식을 불문하고 광고로 보며 본 광고 규정의 적용을 받는다.

1. 기사 작성

2. 인터뷰 게재

3. 인터넷 멀티미디어 방송 출연

4. 방송 출연

5. 상훈

3. 광고내용 등의 제한

◎ 변호사법 제23조 제2항, 광고규정 제4조에서 광고내용 등의 제한을 규정하고 있음(조문 인용은 다음 표 정리로 대체).

유형	광고규정 제4조	변호사법 제23조 제2항
변호사등의 업무 및 경력에 관한 객관적 사실에 부합하지 아니하거나 허위의 내용을 표시한 광고 (광고규정) 변호사의 업무에 관하여 거짓된 내용을 표시하는 광고 (변호사법)	1호	1호 ('업무' 한정)
객관적 사실을 과장하거나 사실의 일부를 누락하는 등으로 고객을 호도하거나 고객으로 하여금 객관적 사실에 관하여 오해를 불러일으킬 우려가 있는 내용의 광고	2호	3호
승소율, 석방율 기타 고객으로 하여금 업무수행결과에 대하여 부당한 기대를 가지도록 하는 내용의 광고	3호	4호
다른 변호사를 비방하거나 다른 변호사나 그 업무의 내용을 자신의 입장에서 비교하는 내용의 광고	4호	5호
변호사의 품위 또는 신용을 훼손할 우려가 있는 내용의 광고	5호	6호
특정사건과 관련하여 당사자나 이해관계인(당사자나 이해관계인으로 예상되는 자 포함)에 대하여 그 요청이나 동의 없이 방문, 전화, 팩스, 우편, 전자우편, 문자 메시지 송부, 기타 이에 준하는 방식으로 접촉하여 당해 사건의 의뢰를 권유하는 내용의 광고. **다만, 소속 지방변호사회(이하 "지방회")의 허가를 받은 경우에는 그러하지 아니하다.** ▸ [Tip] 후술할 광고 방법의 제한(불특정 다수에 대한 전화 등 광고)과 종합적으로 비교·정리할 것.	6호	無
국제변호사 기타 법적 근거가 없는 자격이나 명칭을 표방하는 내용의 광고	7호	2호
과거에 취급하였거나 관여한 사건이나 현재 수임중인 사건 또는 의뢰인(고문 포함)을 표시하는 내용의 광고. **다만, 의뢰인이 동의하거나, 당해 사건이 널리 일반에 알려져 있거나 의뢰인이 특정되지 않는 경우 등 의뢰인의 이익을 해칠 우려가 없는 경우에는 그러하지 아니하다.**	8호	無
법률사건이나 법률사무의 수임을 위하여 재판이나 수사 등 업무(변호사법 제109조 제1호 각 목에 정한 사건 관련 업무)에 종사하는 공무원과의 연고 등 사적인 관계를 드러내며 영향력을 미칠 수 있는 것으로 선전하거나 암시하는 내용의 광고	9호	無
변호사법 제31조 제3항(공직퇴임변호사의 수임제한)에서 정한 수임제한의 해제 광고 ▸ 수임제한 기간의 전후 불문.	10호	無
변호사 보수액에 관하여 견적, 입찰, 비교 등을 표방하는 등 공정한 수임질서를 저해할 수 있는 내용의 광고	11호	無
사건 또는 법률사무의 수임료에 관하여 공정한 수임질서를 저해할 우려가 있는 무료 또는 부당한 염가를 표방하는 광고	12호	無
수사기관과 행정기관의 처분·법원 판결 등의 결과 예측을 표방하는 광고	13호	無
기타 법령, 변호사윤리장전, 대한변호사협회(이하 "협회")및 지방회의 회칙이나 규정(이하 "회규")에 위반되는 내용의 광고 [*]	14호	無
그 밖에 광고의 방법 또는 내용이 변호사의 공공성이나 공정한 수임 질서를 해치거나 소비자에게 피해를 줄 우려가 있는 것으로서 대한변호사협회가 정하는 광고	無	7호

◉ [*] [참고] "협회의 유권해석에 위반되는 내용의 광고" 부분은 위헌결정 이후 삭제되었음 (헌법재판소 2022. 5. 26. 2021헌마619 결정)

> 헌법재판소 2022. 5. 26.자 2021헌마619 결정 [변호사 광고에 관한 규정 제3조 제2항 등 위헌확인]
> … 그런데 이 사건 유권해석위반 광고금지규정은 단순히 '협회의 유권해석에 위반되는'이라는 표지만을 두고 그에 따라 금지되는 광고의 내용 또는 방법 등을 한정하지 않고 있다. … 그러므로 이 사건 유권해석위반 광고 금지규정은 법률유보원칙을 위반하여 청구인들의 표현의 자유, 직업의 자유를 침해한다.

4. 광고 방법의 제한(광고규정 제5조)

◉ 불특정 다수에게 '전화·전자적 매체를 통한 메시지' 금지 (제1항 제1호)

▸ 불특정 다수에게 '전화·전자적 매체를 통한 메시지' 예외 없이 금지 (소속 지방변호사회 허가 얻어도 금지)

▸ 특정인에게 '전화·전자적 매체를 통한 메시지' 발송하는 행위는 특정 사건 관련 의뢰의 권유인데 상대방 동의나 요청도 없고 소속 지방변호사회의 허가도 없을 때 금지

▸ [Tip] 아래 표에서 광고가 금지되는 경우 위주로 기억(나머지는 모두 허용) (광고규정 제4조 제6호 내용과의 종합 정리)

  ↳ Ex. 변호사 사무실 인근 아파트부녀회 및 입주자대표회의에 1년에 2회 법률상담 안내 공문을 보내는 행위: 허용 (특정 사건 관련 의뢰를 권유하는 내용이 아닌 우편 발송은 제한 없이 허용)

유형	대상 특정 여부	특정 사건 의뢰 권유 여부	제한 사유		허용 여부
방문 팩스 우편 전자우편	특정인	특정 사건 관련 의뢰 권유 X	(제한 없음)		O
		특정 사건 관련 의뢰 권유 O	상대방 동의·요청 有		O
			상대방 동의·요청 無	지방변회 허가 有	O
				지방변회 허가 無	X
	불특정 다수	특정 사건 관련 의뢰 권유 X	(제한 없음)		O
		특정 사건 관련 의뢰 권유 O	제방변회 허가 有		O
			지방변회 허가 無		X
전화 전화매체 메시지	특정인	특정 사건 관련 의뢰 권유 X	(제한 없음)		O
		특정 사건 관련 의뢰 권유 O	상대방 동의·요청 有		O
			상대방 동의·요청 無	지방변회 허가 有	O
				지방변회 허가 無	X
	불특정 다수 (예외 없이 금지)				X

◉ 광고 전단, 명함 기타 광고물을 공공장소에서 불특정 디수인에 나누어주거나 살포 금지 (제1항 제2호)

↘ 생활정보지에 광고하는 것은 허용(생활정보지는 '광고물'이 아님)

◎ 운송수단의 외부에 광고물을 비치, 부착, 게시 금지 (제1항 제3호)

↘ 지하철역, 고속버스터미널, 버스 내 음성광고는 허용('운송수단의 외부'가 아님)

◎ 현수막, 애드벌룬, 확성기, 샌드위치맨, 어깨띠 사용하여 광고 금지 (제1항 제4호)

◎ 기타 큰 소음, 소란, 교통체증 유발 등 변호사의 품위를 해칠만한 방법으로 광고 금지 (제1항 제5호)

◎ 다음 각 호의 행위를 하는 자(개인·법인·단체 불문)에게 광고·홍보·소개를 의뢰하거나 참여·협조 금지 (제2항 각 호)

▸ (i) 변호사 또는 소비자로부터 금전·경제적 대가를 받고 법률상담 또는 사건 등을 소개·알선·유인하기 위하여 변호사 등과 소비자를 연결하는 행위

↘ [참고] "변호사등을 광고·홍보·소개하는 행위" 부분은 위헌결정 이후 삭제되었음 (헌법재판소 2022. 5. 26. 2021헌마619 결정)

헌법재판소 2022. 5. 26. 2021헌마619 결정 [변호사 광고에 관한 규정 제3조 제2항 등 위헌확인]
… 법률상담 또는 사건 등을 소개하켜나 유인할 목적으로 불특정 다수의 변호사를 동시에 광고· 홍보·소개하는 행위도 위 규정에 따라 금지되는 범위에 포함된다고 해석된다.
… 변호사광고에 대한 합리적 규제는 필요하지만, 광고표현이 지닌 기본권적 성질을 고려할 때 광고의 내용이나 방법적 측면에서 꼭 필요한 한계 외에는 폭넓게 광고를 허용하는 것이 바람직하다. 각종 매체를 통한 변호사 광고를 원칙적으로 허용하는 변호사법 제23조 제1항의 취지에 비추어 볼 때, 변호사등이 다양한 매체의 광고업자에게 광고비를 지급하고 광고하는 것은 허용된다고 할 것인데, 이러한 행위를 일률적으로 금지하는 위 규정은 수단의 적합성을 인정하기 어렵다.
대가수수 광고금지규정이 아니더라도 변호사법이나 다른 규정들에 의하여 입법목적을 달성할 수 있고, 공정한 수임질서를 해치거나 소비자에게 피해를 줄 수 있는 내용의 광고를 특정하여 제한하는 등 완화된 수단에 의해서도 입법목적을 같은 정도로 달성할 수 있다. 나아가, 위 규정으로 입법목적이 달성될 수 있을지 불분명한 반면, 변호사들이 광고업자에게 유상으로 광고를 의뢰하는 것이 사실상 금지되어 청구인들의 표현의 자유, 직업의 자유에 중대한 제한을 받게 되므로, 위 규정은 침해의 최소성 및 법익의 균형성도 갖추지 못하였다.
따라서 대가수수 광고금지규정은 과잉금지원칙에 위반되어 청구인들의 표현의 자유와 직업의 자유를 침해한다.

▸ (ii) 광고 주체인 변호사등 이외의 자가 자신의 성명, 기업명, 상호 등을 표시하거나 기타 자신을 드러내는 방법으로, 법률상담 또는 사건등을 소개·알선·유인하기 위하여 변호사등과 소비자를 연결하거나 변호사등을 광고·홍보· 소개하는 행위

▸ (iii) 변호사등이 아님에도 수사기관·행정기관 처분, 법원 판결 등의 결과 예측을 표방하는 서비스를 취급·제공하는 행위

▸ (iv) 변호사등이 아님에도 변호사등의 수임료·보수의 산정에 직접 관여하거나, 이에 대한 견적·비교·입찰 서비스 등을 취급·제공하는 행위

▸ (v) 변호사등이 아님에도 변호사등의 직무와 관련한 서비스의 취급·제공 등을 표시하거나, 기타 소비자로 하여금 변호사등으로 오인하게 만들 수 있는 일체의 행위

▸ (vi) 기타 법령, 변호사윤리장전, 협회 및 지방회의 회규에 위반되는 광고행위

◎ 광고이면서도 광고가 아닌 것처럼 가장하는 방법으로 광고 금지 (제3항)

▸ Ex. 월간지나 일간신문에 기사나 칼럼 형식을 빌려 광고하는 행위, 친분이 있는 보험설계사의 명함 뒷면에 변호사

성명과 사무소 등을 기재하여 명함을 배포하는 행위

◎ 소비자에게 금전 기타 경제적 이익 공여 또는 약속하는 방법으로 광고 금지 (제4항)

5. 사전광고 금지

대한변호사협회에서 자격등록신청이 수리되기 전 또는 소속 지방변호사회에 입회신청이 허가되기 전에 미리 광고 금지. (광고규정 제6조)

6. 주로 취급하는 업무 광고

가. 광고규정 제7조 주요 내용

◎ 주체: 변호사에 한정 (법률사무소, 법무법인 등 제외)

◎ 주요취급업무, 주로 취급하는 분야, 주요취급분야, 전문, 전담" 등 용어: 제한 없이 사용 가능.

◎ 대한변호사협회 명칭을 병기하는 '전문' 표시: '전문분야등록규정'에 따라 전문분야 등록을 한 변호사만 사용 가능.

▸ 예시 (대한변호사협회)

　↳ 변호사 甲이 대한변호사협회에 형사 전문 등록이 되어 있는 경우: "**대한변협 등록** 형사 전문 변호사 甲" O, "**대한변협 인증** 형사 전문 변호사 甲" X

　↳ 변호사 甲이 대한변호사협회에 형사 전문 등록이 되어 있지 않는 경우: "형사 **전문(또는 전담)** 변호사 甲" O, "**대한변협 등록** 형사 전문 변호사 甲" X, "**대한변협 인증** 형사 전문 변호사 甲" X

　↳ 허용되지 않는 법무법인 광고 표시: "형사 전문 **법무법인 乙**" X, "**대한변협 등록 법무법인 乙**" X, "**대한변협 인증 법무법인 乙**" X (∵ 주체 변호사에 한정)

◎ '최고', '유일' 기타 이와 유사한 용어: **사용 금지!**

> 광고규정
> 제7조(주로 취급하는 업무 광고) ① 변호사는 주로 취급하는 업무("주요취급업무", "주로 취급하는 분야", "주요취급분야", "전문", "전담" 등의 용어도 사용 가능하다)를 광고할 수 있다. 단, 협회의 명칭을 병기하는 "전문" 표시의 경우, 협회 '변호사전문분야 등록에 관한 규정'에 따라 전문분야 등록을 한 변호사만이 사용할 수 있다.
> ② 변호사는 자신이나 자신의 업무에 대하여 "최고", "유일" 기타 이와 유사한 용어를 사용하여 광고할 수 없다.

나. 전문분야등록규정 주요 내용

◎ 전문분야의 구분: 62개 전문분야 중 2개까지 전문분야 등록 가능

> 전문분야등록규정
> 제2조(전문분야의 구분) ① 변호사가 전문분야로 등록할 수 있는 업무는 〈별표1〉과 같다.
> ② 변호사는 자신의 전문분야를 2개까지 등록할 수 있다.

◎ 등록요건: 법조경력 3년 이상 & 연수 또는 교육 이수 & 일정 건수 이상 수임

▸ '일정 건수 이상 수임' 요건 관련, "개업 변호사로서 소속 기관의 소송대리인으로 진행한 사건은 연간 10건 이내로 인정한다. 다만, 위 소속 기관은 겸직허가 또는 겸직 신고 대상 기관에 한한다."는 내용의 규정이 추가됨. (2024. 1.

8. 개정)

> 전문분야등록규정
> 제8조 (등록요건) ① 전문분야의 등록은 다음 각 호의 요건을 모두 충족하여야 한다.
> 1. 해당 변호사의 법조경력이 3년 이상일 것
> 2. 해당 변호사가 전문분야의 등록신청 전 최근 3년 내에 이 회가 인정하는 연수 또는 제12조제1항에서 정한 기준을 포함하여 해당 전문분야 관련 교육을 14시간 이상 이수하였을 것
> 3. 해당 변호사가 전문분야의 등록신청 전 최근 3년 내에 전문분야별 요구되는 사건수임 건수 이상의 사건을 수임하였을 것
> 제12조 (심사기준) ① 심사위원회가 제8조제1항제2호의 요건을 심사하는 경우 다음 각 호의 기준에 따라 심사하여야 한다.
> 1. 해당 전문분야 관련 석·박사 학위에 대해서는 제8조제1항제2호의 연수 요건을 충족한 것으로 인정한다.
> 2. 법과대학 또는 법과대학원, 법학전문대학원, 사법연수원 등에서의 해당 전문분야에 관한 강의 경력에 대해서는 전체 강의시간과 동일한 시간의 교육시간을 인정한다.
> ② 심사위원회가 제8조제1항제3호의 요건을 심사하는 경우 다음 각 호의 기준에 따라 심사하여야 한다.
> 1. 소송사건 등
> 가. 〈삭제〉
> 나. 심급이 다른 사건은 개별사건으로 인정한다.
> 다. 보전처분 중 임시지위를 정하는 가처분은 소송사건과 동일하게 인정한다.
> 라. 다목에서 정한 것 이외의 보전처분, 가사소송법상 사전처분, 비송사건 및 이와 유사한 절차의 사건은 2건 이상의 건을 1건으로 인정할 수 있다.
> 마. 경찰·검찰수사단계 및 고소대리 건은 소송사건과 동일하게 인정할 수 있다.
> 바. 행정·조세·특허심판 등 본안에 준하는 사건은 소송사건과 동일하게 인정할 수 있다.
> 사. 개업 변호사로서 소속 기관의 소송대리인으로 진행한 사건은 연간 10건 이내로 인정한다. 다만, 위 소속 기관은 겸직허가 또는 겸직 신고 대상 기관에 한한다. (신설 2024. 1. 8.)
> 2. 자문사건
> 가. 〈삭제〉
> 나. 자문사건 3건을 소송사건 1건으로 본다. 다만, 심사위원회는 그 결정에 따라 자문사건을 전문분야별 요구되는 사건수임 건수에서 제외할 수 있다.
> 다. 동종사건의 자문은 동일한 자문사건으로 본다.
> 3. 〈삭제〉
> 4. 〈삭제〉

○ 등록 절차

▸ 등록신청(전문분야등록심사위원회, 전문분야별 등록료 20만원) → 전문분야등록심사위원회 심사 → 상임이사회에 보고 → 상임이사회의 등록 여부 결정 → 전문분야등록심사위원회의 등록증 교부 및 통지 → 대한변호사협회는 등록 후 1개월 이내 법조신문에 전문분야 등록사실 공시 & 홈페이지에 명단 공개

▸ 등록신청 시 첨부하여야 할 서류로 "해당 전문분야 관련 수임사건 목록과 증빙할 수 있는 서류"가 추가됨 (2024. 1. 8. 개정)

> 전문분야등록규정
> 제9조(등록신청) ① 전문분야의 등록을 신청하려는 변호사(이하 "등록신청인"이라 한다)는 해당분야에 대한 전문성을 입증할 수 있는 다음 각 호의 서류를 첨부하여 〈별지 제1호서식〉에 의한 신청서를 심사위원회에 제출하여야 한다.
> 1. 해당 전문분야 관련 학위 증명서
> 2. 해당 전문분야 관련 강의 경력 증명서
> 3. 이 회가 인정하는 연수 중 해당 전문분야 관련 교육 수료 증명서
> 4. 해당 전문분야 관련 수임사건 목록과 증빙할 수 있는 서류. 해당 증빙서류는 심사위원회에서 정한 바에 따른다. 다만, 자문사건의 경우에는 수임사건 목록에 해당 자문사건 관련 의견서를 첨부하여야 한다. 이 경우 업무

상 비밀이 포함되어 있는 부분은 삭제하고 제출할 수 있다. (개정 2024. 1. 8.)

② 제1항의 등록을 신청한 자는 등록료를 납부하여야 한다.

◎ 등록 취소: 전문분야등록심사위원회는 (i) 등록요건을 갖추지 못한 사실이 발견된 경우 또는 (ii) 등록을 유지하는 것이 부적합하다고 인정되는 사유가 있는 경우에 전문분야 등록을 취소하여야(이 때 소명 기회 부여하여야)

◎ 등록의 거부, 취소에 관한 불복이의신청: 통지를 받은 날부터 1개월 이내 대한변호사협회에 이의신청

◎ [참고] 등록 유효기간: 폐지

◎ [참고] 등록갱신 및 말소규정: 삭제 (종전 규정에 의하여 등록말소된 사람이 말소된 전문분야의재등록을 원하는 경우 심사 없이 재등록)

7. 법률상담 광고

◎ '법률상담에 관한 광고', '법률상담 방식에 의한 광고' 허용

◎ '무료 또는 부당한 염가'의 법률상담 방식에 의한 광고 금지. 다만, 공익을 위한 경우 등 공정한 수임질서를 저해할 우려가 없는 경우는 허용.

  ▸ 변호사의 무료 '상담' 자체를 금지하는 것이 아님에 유의할 것.

◎ 법률상담 관련 광고 중 금지되는 사항(그러한 사업구조를 갖는 타인에게 불허)

  ▸ (i) 변호사 아닌 자가 법률상담 대가의 전부 또는 일부를 직·간접적으로 취득하는 경우

  ▸ (ii) 변호사등 또는 소비자가 법률상담 '연결' 또는 '알선' 관련 금전 기타 경제적 이익(알선료, 중개료, 수수료, 회비, 가입비, 광고비 등 명칭과 정기·비정기 형식을 불문)을 타인에게 지급하는 경우

  ▸ (iii) 타인의 영업 또는 홍보의 일환으로 운영되는 법률상담에 참여하는 경우

  ▸ (iv) 기타 법령 및 협회 회규에 위반되는 행위를 목적 또는 수단으로 하여 행하는 경우

    ➥ [참고] "협회의 유권해석에 위반되는 행위를 목적 또는 수단으로 하여 행하는 경우" 부분은 위헌결정 이후 삭제되었음 (헌법재판소 2022. 5. 26. 2021헌마619 결정)

8. 인터넷 광고

◎ 인터넷을 사용한 광고도 허용됨. 참고로 2016. 6. 27. '인터넷 등을 이용한 변호사업무광고 기준'은 폐지되어 변호사업무광고규정(현 변호사 광고에 관한 규정)과 통합되였음.

9. 변호사의 광고규정 위반 여부에 대한 심사 (이하 광고규정 제14조, 제15조 주요 내용)

◎ 변호사등의 광고 심사를 위해 대한변호사협회와 각 지방변호사회에 광고심사위원회를 둠

◎ 소속 지방변호사회 광고심사위원회 위원장에게 광고규정 위반여부 심사 요청

  ▸ 소속 지방변호사회 광고심사위원회 위원장은 지체없이 심사하고 그 결과와 이유를 통지

  ▸ 회신하지 않거나 요청서가 접수된 날부터 3개월이 지나도 위반 여부를 심사하지 않는 경우, 대한변호사협회 광고심사위원회 위원장에게 요청

◎ 대한변호사협회 광고심사위원회 위원장은 광고규정 위반여부 직권 심사 기능

10. 변호사 및 이해관계인의 광고 내용방법에 관한 질의 (이하 광고규정 제17조 주요 내용)

- 변호사는 소속 지방변호사회장에게 광고의 내용·방법 등에 관하여 서면 질의: 소속 지방변호사회장은 지방변호사회 광고심사위원회의 의견을 들어 답변 회신(그 내용을 대한변호사협회장에게 보고)
- 답변 선례가 없거나 해석이 모호한 경우 소속 지방변호사회장이 대한변호사협회장에게 서면 질의: 대한변호사협회장은 대한변호사협회 광고심사위원회의 의견을 들어 답변 회신

3 규제 위반 시 조치

1. 광고규정 위반행위에 대한 조치 (이하 광고규정 제16조 주요 내용)

- 지방변호사회장의 조치 절차

당해 변호사에게 소명의 기회 제공 → 지방변호사회 광고심사위원회 의결 → 지방변호사회장의 조치(경고, 중지·시정을 위하여 필요한 요구 기타 필요한 조치) → 당해 변호사의 즉시 이행 후 지방변호사회에 결과 보고 → 지방변호사회장의 대한변호사협회장에 대한 보고

- 지방변호사회장은 당해 변호사가 지방변호사회장의 시정조치 요구에도 이를 불이행한 경우, 당해 변호사 비용으로 시정조치 요구 사실 및 그 이유의 요지를 공표할 수 있음.
- 대한변호사협회장의 조치 절차

지방변호사회장이 경고 또는 시정조치 요구 → 시정조치 요구사실 및 이유 공표를 하지 않거나 그 조치가 부적절한 경우 → 대한변호사협회 광고심사위원회의 의결 → 대한변호사협회장의 조치(경고 또는 시정조치 요구, 공표) [보충적]

2. 징계

- 징계 사유 중 변호사법 위반에 해당.
  - ▶ '광고규정'은 변호사법 제23조 제2항 제7호의 위임에 따라 대한변호사협회가 제정한 규정임. 그렇다면, '광고규정' 위반 역시 변호사법 제23조 제2항 제7호 위반이므로 변호사법 제91조 제2항 제1호("이 법을 위반한 경우")에 해당.

3. 형사처벌

- 변호사 광고 규제 위반 시 형사처벌되는 경우는 변호사법 제23조 제2항 제1호 "변호사등의 업무에 관하여 거짓된 내용을 표시하는 광고" 및 제2호 "국제변호사를 표방하거나 그 밖에 법적 근거가 없는 자격이나 명칭을 표방하는 내용의 광고"에 국한됨.
- 1년 이하 징역 도는 1천만원 이하 벌금

    변호사법
    제23조(광고)
    ② 변호사등은 다음 각 호의 어느 하나에 해당하는 광고를 하여서는 아니 된다.
    1. 변호사의 업무에 관하여 거짓된 내용을 표시하는 광고

2. 국제변호사를 표방하거나 그 밖에 법적 근거가 없는 자격이나 명칭을 표방하는 내용의 광고

제113조(벌칙) 다음 각 호의 어느 하나에 해당하는 자는 <u>1년 이하의 징역 또는 1천만원 이하의 벌금</u>에 처한다.

3. <u>제23조제2항제1호 및 제2호를 위반하여 광고를 한 자</u>

▸ [참고] (변호사에 대한 광고 규제에는 해당하지 않지만) 법무법인 아닌 자가 법무법인 또는 이와 유사한 명칭을 사용하는 행위도 형사처벌 대상에 해당함(전술).

덕조윤리 개념편

변호사의
보수

11

1 변호사 보수의 분류 및 결정 기준

1. 분류

◎ 사건보수(성공·실패 있는 사무처리 보수): 착수금, 성공보수

◎ 사무보수(성공·실패 없는 사무처리 보수): 상담료, 감정료, 문서작성료, 고문료

◎ 실비변상 : 수임사무 및 사건의 처리비용, 여비 등

> 대한변호사협회 회칙
> 제44조(변호사·법무법인·법무법인(유한)·법무조합 등의 보수 및 광고) ① 변호사·법무법인·법무법인(유한)·법무조합은 그 직무에 관하여 사무보수, 사건보수 및 실비변상을 받을 수 있다.
> ② 사무보수는 상담료, 감정료, 문서작성료 및 고문료로, 사건보수는 그 사건의 종류에 따라 착수금과 성공보수로, 실비변상은 수임사무 및 사건의 처리비용과 여비 등으로 나눌 수 있다.

2. 결정 기준

가. 원칙

◎ 변호사의 보수는 원칙적으로 변호사와 의뢰인 사이의 자유로운 합의에 따라 결정함. 변호사법에는 보수의 결정에 관한 규정이 없고, 대한변호사협회 회칙 및 변호사윤리장전 윤리규약에서 보수의 결정과 관련된 규정을 두고 있음.

나. 대한변호사협회 회칙

◎ 위임인과의 계약으로 정하되, 사회통념에 비추어 현저하게 부당하여서는 안 됨.

> 대한변호사협회 회칙
> 제44조(변호사·법무법인·법무법인(유한)·법무조합 등의 보수 및 광고)
> ③ 변호사·법무법인·법무법인(유한)·법무조합의 보수는 위임인과의 계약으로 정한다. 다만, 보수는 사회통념에 비추어 현저하게 부당한 것이어서는 아니 된다.

다. 변호사윤리장전 윤리규약

◎ 원칙 (제31조)

↳ (i) 부당하게 과도한 약정 금지

↳ (ii) (보수 결정 시 사건의 난이도, 소요되는 노력의 정도와 시간, 변호사의 경험과 능력, 의뢰인이 얻게 되는 이익의 정도 등 고려하여) 합리적으로 결정

↳ (iii) 과당 염가 경쟁 지양

↳ (iv) 애플리케이션등 영업에 참여 또는 회원가입 등 협조 금지

　- Ex. 플랫폼 사업자

> 변호사윤리장전 (윤리규약)
> 제31조(원칙)
> ① 변호사는 직무의 공공성과 전문성에 비추어 부당하게 과다한 보수를 약정하지 아니한다.
> ② 변호사의 보수는 사건의 난이도와 소요되는 노력의 정도와 시간, 변호사의 경험과 능력, 의뢰인이 얻게 되는 이익의 정도 등 제반 사정을 고려하여 합리적으로 결정한다.
> ③ 변호사는 건전한 수임질서를 교란하는 과당 염가 경쟁을 지양함으로써 법률사무의 신뢰와 법률시장의 건강의 유지한다.

④ 변호사는 변호사 또는 법률사무 소개를 내용으로 하는 애플리케이션등 전자적 매체 기반의 영업에 대하여 이에 참여하거나 회원으로 가입하는 등의 방법으로 협조하지 아니한다.

○ [참고] 변호사 보수에 관한 변호사윤리장전 윤리규약상 기타 규제

> ↘ 기급적 서면계약 (제32조)

> ↘ 정당한 사유 없는 경우에는 추가보수 금지 (제33조 제1항)

> ↘ 명백한 서면 약정 없이 공탁금, 보증금, 기타 보관금 등을 보수로 전환 금지 (다만, 미수령 채권과 상계 가능) (제33조 제2항)

> ↘ 담당 공무원에 대한 접대 등 명목으로 보수 결정 및 금품 요구 금지 (제33조 제3항) [→ 유사: "3. 공무원 교제용 보수 금지" 참조]

> ↘ 변호사 아닌 자와 공동 사업으로 사건 수임 또는 보수 분배 금지 (다만 외국법자문사법에서 달리 정하는 경우 제외) (제34조)
>   – 변호사법 제34조 제5항에서도 동일한 의무가 규정되어 있음.

> ↘ [참고] '성공보수 조건부 선 수령 금지', '보수의 액 숨기기로 밀약 또는 증거조작 금지', '보수의 부당경쟁 금지' 규정은 삭제됨
>   – 따라서 성공보수를 조건부로 선 수령하는 것 허용! (Ex. 소송 대상 부동산(계쟁목적물)에 대하여 변호사 명의 소유권이전)

라. 관련판례

▸ 판례는 약정 보수액이 부당하게 과다하여 신의성실의 원칙이나 형평의 관념에 반한다고 볼만한 특별한 사정이 있는 경우 예외적으로 적당하다고 인정되는 범위 내 보수만 청구할 수 있다고 봄. 이에 따라 상당하다고 인정되는 금액을 초과하는 보수금 약정은 신의성실의 원칙에 반하여 무효. (대법원 2018. 5. 17. 선고 2016다35833 전원합의체 판결)

▸ 판례는 약정된 보수액이 부당하게 과다하여 신의성실의 원칙이나 형평의 원칙에 반한다고 볼 만한 특별한 사정의 존재에 대한 증명책임은 약정된 보수액이 부당하게 과다하다고 주장하는 측에 있다고 봄. (대법원 2012. 8. 17. 선고 2010다60172 판결)

▸ 판례는 약정된 보수액이 부당하게 과다하여 신의성실의 원칙이나 형평의 원칙에 반한다고 볼 만한 특별한 사정이 있는 경우에는 상당하다고 인정되는 범위 내의 보수만을 청구할 수 있으나, 이러한 보수 청구의 제한은 어디까지나 계약자유의 원칙에 대한 예외를 인정하는 것이므로, 법원은 그에 관한 합리적인 근거를 명확히 밝혀야 한다고 판시함. (대법원 2018. 5. 17. 선고 2016다35833 전원합의체 판결)

> 대법원 2018. 5. 17. 선고 2016다35833 전원합의체 판결 [약정금]
> 변호사의 소송위임 사무처리 보수에 관하여 변호사와 의뢰인 사이에 약정이 있는 경우 위임사무를 완료한 변호사는 원칙적으로 약정 보수액 전부를 청구할 수 있다. 다만 의뢰인과의 평소 관계, 사건수임 경위, 사건처리 경과와 난이도, 노력의 정도, 소송물 가액, 의뢰인이 승소로 인하여 얻게 된 구체적 이익, 그 밖에 변론에 나타난 여러 사정을 고려하여, 약정 보수액이 부당하게 과다하여 신의성실의 원칙이나 형평의 관념에 반한다고 볼 만한 특별한 사정이 있는 경우에는 예외적으로 적당하다고 인정되는 범위 내의 보수액만을 청구할 수 있다. 그런데 이러한 보수 청구의 제한은 어디까지나 계약 자유의 원칙에 대한 예외를 인정하는 것이므로, 법원은 그에 관한 합리적인 근거를 명확히 밝혀야 한다. 이러한 법리는 대법원이 오랜 시간에 걸쳐 발전시켜 온 것으로서, 현

재에도 여전히 그 타당성을 인정할 수 있다.

… 위임이나 신탁과 같은 계약은 당사자 사이의 신뢰관계를 기초로 상대방의 권리와 이익을 보호하는 데에 목적이 있으므로, 단순히 급부의 교환에 그치는 매매와 같은 계약에 비하여 신의칙과 형평의 관념이 강하게 작용된다. … 변호사의 직무수행이 영리추구가 목적인 상인의 영업활동과 중대한 차이가 있다는 점은 소송위임계약에 관하여 신의칙을 적용할 때에도 고려하여야 한다.

… 변호사 보수에 관하여 공서양속에 관한 민법 제103조나 불공정 법률행위에 관한 민법 제104조를 적용하여 구체적으로 타당한 결론을 도출하는 데에는 한계가 있다. 또한 민법 제103조나 제104조에 따른 효과는 법률행위의 전부 무효가 원칙이므로 이 규정들을 통하여 변호사 보수 제한에 관한 적정한 결론을 도출하기도 어렵고, 신의칙을 적용하여 그 보수를 제한하는 것에 비하여 우월하다고 보기도 어렵다. 위 두 조항의 요건을 충족하지는 않지만 소송위임계약에서 정보 불균형, 교섭력의 차이 등으로 말미암아 약정 보수액이 지나치게 많아 그 청구를 예외적으로 제한할 필요가 있는 경우가 있다. 특히 소송위임계약 이후의 소송 경과에 따라 당사자들이 예상할 수 없는 사정변경이 생겨 당초 약정한 보수액이 과도하게 불합리하다고 판단되는 경우도 있다. 이러한 경우 신의칙은 법 규정의 흠결을 보충하여 구체적 타당성을 도출하는 기능을 할 수 있다. 과도한 변호사 보수 청구를 적정한 수준으로 제한하는 것은 당사자의 진정한 의사에 부합할 뿐만 아니라, 당사자 사이에 보수에 관한 약정이 없는 경우 변호사가 위임인을 상대로 적정 보수를 청구할 수 있다는 것과도 균형이 맞는다.

3. 공무원 교제용 보수의 금지

◎ '재판·수사기관 공무원' 교제 등 명목 금품 수수 금지

▸ 주체: 변호사나 그 사무직원

▸ 행위: (i) 판사·검사 기타 재판·수사기관 공무원에게 제공하거나 그 공무원과 교제한다는 명목으로 금품이나 그 밖의 이익을 받거나 받기로 한 행위, (ii) 이러한 명목의 비용을 변호사 선임료·성공사례금에 명시적으로 포함시키는 행위

　↳ [참고] '교제': 공공성을 지닌 법률 전문직으로서의 정상적 활동이라고 보기 어려운 방법으로 당해 공무원과 직·간접적으로 접촉하는 것(향응 제공이 없어도 '교제'에 해당할 수 있음)

▸ 위반 시 형사처벌(5년 이하 징역 또는 3천만원 이하 벌금)

▸ 몰수·추징(교제비 명목으로 받은 금원)

변호사법
제110조(벌칙) 변호사나 그 사무직원이 다음 각 호의 어느 하나에 해당하는 행위를 한 경우에는 5년이하의 징역 또는 3천만원 이하의 벌금에 처한다. 이 경우 벌금과 징역은 병과할 수 있다.
1. 판사·검사, 그 밖에 재판·수사기관의 공무원에게 제공하거나 그 공무원과 교제한다는 명목으로 금품이나 그 밖의 이익을 받거나 받기로 한 행위
2. 제1호에 규정된 공무원에게 제공하거나 그 공무원과 교제한다는 명목의 비용을 변호사 선임료·성공사례금에 명시적으로 포함시키는 행위
제116조(몰수추징) 제34조(제57조, 제58조의16 또는 제58조의30에 따라 준용되는 경우를 포함한다)를 위반하거나 제109조제1호, 제110조, 제111조 또는 제114조의 죄를 지은 자 또는 그 사정을 아는 제3자가 받은 금품이나 그 밖의 이익은 몰수한다. 이를 몰수할 수 없을 때에는 그 가액을 추징한다.

◎ [판례] 정식으로 법률사건을 의뢰받은 변호사라 하더라도 금품 등의 수수 명목이 변호사의 지위 및 직무범위와 무관하다고 평가할 수 있는 경우에는 변호사법 제110조 제1호 위반죄('재판·수사기관 공무원 교제 등 명목 금품 수수') 성립.

대법원 2019. 3. 14. 선고 2015도1900 판결 [변호사법위반]
변호사법 제110조 제1호는 변호사가 판사·검사, 그 밖에 재판·수사기관의 공무원에게 제공하거나 그 공무원과 교제한다는 명목으로 금품이나 그 밖의 이익을 받거나 받기로 한 행위를 처벌하고 있고, 제111조 제1항 전문은 누구든지 공무원이 취급하는 사건 또는 사무에 관하여 청탁 또는 알선을 한다는 명목으로 금품·향응 그 밖의 이익을 받거나 받을 것을 약속하면 처벌하도록 하고 있다. 변호사는 공공성을 지닌 법률전문직으로서 독립

하여 자유롭게 그 직무를 수행한다(변호사법 제2조). 변호사의 위와 같은 지위, 사명과 직무를 감안하면, 정식으로 법률사건을 의뢰받은 변호사라 하더라도 의뢰받은 사건의 해결을 위한 접대나 향응, 뇌물의 제공, 사적인 연고관계나 친분관계를 부정하게 이용하는 등 공공성을 지닌 법률전문직으로서의 정상적인 활동이라고 보기 어려운 방법을 내세워 공무원과 직접·간접으로 접촉하거나 공무원에게 청탁 또는 알선을 한다는 명목으로 금품 등을 받거나 받기로 하는 등, 금품 등의 수수 명목이 변호사의 지위 및 직무범위와 무관하다고 평가할 수 있을 때에는 변호사법 제110조 제1호 위반죄 및 제111조 제1항 위반죄가 성립한다. 그리고 변호사가 받은 금품 등이 정당한 변호활동에 대한 대가나 보수가 아니라 교제 명목 또는 청탁 내지 알선 명목으로 받은 것에 해당하는 지는 당해 금품 등의 수수 경위와 액수, 변호사선임서 제출 여부, 구체적인 활동내역, 그 밖의 여러 사정을 종합하여 판단하여야 한다.

2 보수청구권

1. 보수청구권의 성립

◎ 보수청구권의 성립: (i) 변호사선임계약의 존재 & (ii) 계약상의 의무 이행

◎ 변호사선임계약은 존재하지만 보수에 관한 약정이 없는 경우에도, 무보수로 한다는 등 특별한 사정이 없는 한 응분의 보수를 지급할 묵시의 약정이 있는 것으로 보아야 함.

> 대법원 1993. 11. 12. 선고 93다36882 판결 [약정금]
> 변호사에게 계쟁사건의 처리를 위임함에 있어서 그 보수지급 및 수액에 관하여 명시적인 약정을 아니하였다 하여도, 무보수로 한다는 등 특별한 사정이 없는 한 응분의 보수를 지급할 묵시의 약정이 있는 것으로 봄이 상당하다 할 것이다.
> 대법원 1995. 12. 5. 선고 94다50229 판결 [보수금]
> 변호사에게 계쟁 사건의 처리를 위임함에 있어서 그 보수 지급 및 수액에 관하여 명시적인 약정을 아니하였다 하여도, 무보수로 한다는 등 특별한 사정이 없는 한 응분의 보수를 지급할 묵시의 약정이 있는 것으로 봄이 상당하고, 이 경우 그 보수액은 사건 수임의 경위, 사건의 경과와 난이 정도, 소송물가액, 승소로 인하여 당사자가 얻는 구체적 이익과 소속 변호사회 보수규정 및 의뢰인과 변호사 간의 관계, 기타 변론에 나타난 제반 사정을 참작하여 결정함이 상당하다.

◎ 본안소송과 보전소송을 동일한 소송대리인에게 위임한 경우 보전소송을 구별하여 별도로 변호사보수지급 약정을 하였는지 여부는 소송위임계약의 체결 경위와 내용, 본안소송과 보전소송의 진행 경과 등 여러 사정을 고려하여 구체적·개별적으로 판단하여야 함. (대법원 2023. 11. 9.자 2023마6427 결정)

◎ 소송대리를 위임 받았으나 소송제기 전 다른 방법(ex, 재판 외 화해)으로 사무를 처리하여 소송을 제기할 필요가 없게 된 경우, 소제기에 의하지 아니한 사무처리에 관하여 명시적인 보수 약정을 한 바 없다고 하여도 특단의 사정이 없는 한 위 사무처리에 들인 노력에 상당한 보수를 지급할 의무가 있음. (대법원 1982. 9. 14. 선고 82다125 판결)

> 대법원 1982. 9. 14. 선고 82다125,82다카264 판결 [사례금]

◎ 소송대리를 위임 받았으나 소송제기 전 의뢰인의 일방적 위임계약 해지로 위임관계가 종료된 경우,변호사(수임인)의 책임없는 사유로 인하여 위임이 종료된 때에는 변호사는 이미 처리한 사무의 비율에 따른 보수를 청구할 수 있음. (민법 제686조 제3항)

◎ 수인의 공동당사자를 소송대리한 경우 소송대리위임에 따라 수인의 의뢰인이 부담하는 보수금 지급채무 : 각자 분할채

무(수인의 공동당사자가 소송사건의 결과에 따라 경제적 이익을 불가분적으로 향유하거나 상대방에게 부진정연대채무를 부담하는지 여부와 관계없음) (대법원 1993. 2. 12. 선고 92다42941 판결)

> 대법원 1993. 2. 12. 선고 92다42941 판결 [약정금]
> 피고와 위 김무성 등이 공동당사자로서 원고에게 그 소송대리를 위임한 위 계쟁 민사소송사건의 결과에 따라 경제적 이익을 불가분적으로 향유하게 되거나 패소할 경우 그 소송 상대방에 대하여 부진정연대관계의 채무를 부담하게 된다 하더라도, 이러한 사정만으로 곧바로 피고나 위 김무성 등의 원고에 대한 위 소송대리위임에 따른 보수금 지급채무가 연대 또는 불가분채무에 해당하는 것으로 단정할 수는 없다.

◉ 선정당사자가 선정자로부터 별도의 수권 없이 변호사 보수에 관한 약정을 하였다면, 선정자들이 이를 추인하는 등의 특별한 사정이 없는 한 선정자에 대하여 효력이 없음. (대법원 2010. 5. 13. 선고 2009다105246 판결)

2. 착수금의 청구

가. 착수금의 의의

위임된 사건처리의 결과에 관계없이 지급되는 보수. 위임사무의 처리비용과 보수금 일부의 선급금조로 지급받는 성질의 금원.

> 대법원 1982. 9. 14. 선고 82다125,82다카264 판결 [사례금]
> 변호사가 소송사건 위임을 받으면서 저급받는 착수금 또는 착수 수수료는 일반적으로 위임사무의 처리비용 외에 보수금 일부(이 경우의 보수금은 위임사무인 소송 사건의 성공여부와 관계없이 지급되는 것이 보통이다)의 선급금조로 지급받는 성질의 금원이라 볼 것이다.

나. 지급시기

착수금은 사건 수임 시에 지급. (소송위임장 또는 변호인선임신고서 제출과는 무관)

3. 성공보수의 청구

가. 성공보수의 의의

사건의 성공적 처리를 조건으로 지급되는 보수

나. 지급시기

성공보수는 수임사무가 종결된 후 지급함이 원칙

▸ **성공보수 청구권의 발생**: 원칙적으로 심급대리의 원칙에 따라 수임한 소송사무 종료 시기인 '제1심 판결을 송달받은 때' (판결 확정 시 X) 발생하고, 이 때부터 3년의 단기 소멸시효 진행. (대법원 1995. 12. 26. 선고 95다24609 판결)

↘ 그러나 당사자 사이에 보수금의 지급시기에 관한 특약이 있다면, 그에 따라 보수채권을 행사할 수 있는 때로부터 소멸시효 진행. (대법원 2023. 2. 2. 선고 2022다276307 판결)

↘ 전체 심급 소송대리를 약정하고 성공보수도 승소 확정 시 받기로 약정한 경우에는, 성공보수 청구권은 판결 확정

<u>으로 사건이 종국적으로 완결된 때 발생</u> (대법원 2007. 6. 28. 선고 2002도3600 판결)

대법원 1995. 12. 16. 선고 95다24609 판결 [소유권지분이전등기]
… 이 사건 성공보수 약정이 제1심에 대한 것으로 인정되는 이상 보수금의 지급시기에 관하여 당사자 사이에 <u>특약이 없는 한 심급대리의 원칙에 따라 수임한 소송사무가 종료하는 시기인 제1심 판결을 송달받은 때로부터</u> <u>그 소멸시효 기간이 진행된다.</u> … 그 소멸시효의 가산점을 판결 확정시로 볼 수는 없다.
대법원 2023. 2. 2. 선고 2022다276307 판결 [양수금]
민법 제686조 제2항에 의하면 수임인은 위임사무를 완료하여야 보수를 청구할 수 있다. 따라서 소송 위임계약으로 성공보수를 약정하였을 경우 심급대리의 원칙에 따라 수임한 소송사무가 종료하는 시기인 해당 심급의 판결을 송달받은 때로부터 그 소멸시효기간이 진행되나, <u>당사자 사이에 보수금의 지급시기에 관한 특약이 있다면</u> <u>그에 따라 보수채권을 행사할 수 있는 때로부터 소멸시효가 진행한다고 보아야 한다.</u>
대법원 2007.06.28.선고 2002도3600 판결 [특정범죄가중처벌등에관한법률위반(조세)·특정범죄가중처벌등에관한법률위반(알선수재)(예비적죄명:변호사법위반)·증거위조교사·증거위조·조세범처벌법위반]
…<u>변호사가 소송사무를 위임받으면서 수임사건이 승소로 확정되었을 때 승소금액의 일정비율 부분을 보수로</u> <u>받기로 약정한 경우에는 소송사무의 처리가 수임사건의 승소로 확정됨으로써 완결된 때에 그 보수금 소득이 실</u> <u>현된 것으로 보아야 하고…</u>

- ▸ **항소심 사건에 대한 성공보수 청구권**: 원칙적으로 항소심판결이 송달되어 위임사무가 종료된 때 청구할 수 있음.

    - ↳ 그러나 항소심판결이 상고심에서 파기환송된 경우, <u>파기환송 후의 항소심 사건 소송사무까지 처리하여야만 비로</u>소 위임사무의 종료에 따른 보수를 청구할 수 있음. 다만, 환송 후 사건을 위임사무에서 제외하는 특약을 한 경우는 제외. (대법원 2016. 7. 7. 선고 2014다1447 판결)

    대법원 2016. 7. 7. 선고 2014다1447 판결(성공보수금)
    수임인은 위임사무를 완료하여야 보수를 청구할 수 있는 것이 원칙이다(민법 제686조 제2항 참조). 항소심 사건의 소송대리인 변호사 또는 법무법인, 법무법인(유한), 법무조합(이하 '변호사 등'이라 한다)의 위임사무는 특별한 약정이 없는 한 항소심판결이 송달된 때에 종료되므로, 변호사 등은 항소심판결이 송달되어 위임사무가 종료되면 원칙적으로 그에 따른 보수를 청구할 수 있다.
    그러나 항소심판결이 상고심에서 파기되고 사건이 환송되는 경우에는 사건을 환송받은 항소심법원이 환송 전의 절차를 속행하여야 하고 환송 전 항소심에서의 소송대리인인 변호사 등의 소송대리권이 부활하므로, 환송 후 사건을 위임사무의 범위에서 제외하기로 약정하였다는 등의 특별한 사정이 없는 한 변호사 등은 환송 후 항소심 사건의 소송사무까지 처리하여야만 비로소 위임사무의 종료에 따른 보수를 청구할 수 있다.

다. 성공보수에 관한 약정이 없는 경우

판례는 무보수로 한다는 특약이 없는 한, 여전히 승소사례금 청구할 수 있다고 봄.

대법원 1975. 5. 25. 선고 75다1637 판결(보수금)
변호사는 당사자 관계인의 위촉 또는 관청의 선임에 의하여 소송에 관한 행위 기타 일반 법률사무를 행함을 직무로 하고(변호사법 제2조 참조) 변호사는 현저히 부당한 보수를 받을 수 없을 뿐이므로(같은 법 제7조 2항) 변호사에게 계쟁사건의 처리를 위임함에 있어서 그 보수 및 액에 관하여 명시의 약정을 아니하였다 하여도 <u>무보수로 한다는 등 특별한 사정이 없는 한 응분의 보수를 지급할 묵시의 약정이 있는 것으로 봄이 상당하며 변호사는 그 수임 사건이 승소로 확정된 때와 이와 동일시할 사건귀결이 된 경우에는 무보수로 한다는 특약이 없는 한 민법 제686조에 의하여 승소사례금을 청구할 수 있다</u> 할 것이다.

라. 소취하 간주와 성공보수

판례는 쌍방불출석으로 소취하 간주되는 것도 법률이 마련한 사건종결의 한 방식으로서, 응소자나 그 대리인이 이 방식에 따라 제소자의 소권 행사를 저지하는 결과를 가져왔다면 그 이후의 재소 여하에 구애없이 승소에 준해서 보아도 무방하다고 봄(보수 지급하여야). (대법원 1970. 12. 22. 판결 70다2312 판결)

마. 화해권고결정과 성공보수

일부 승소 시 성공보수를 지급하기로 약정한 경우에서 화해권고결정이 확정되었다면, 청구취지의 일부가 받아들여진 것이므로 수임약정에서 정한 일부 승소 시의 성공보수를 지급해야 한다고 판단한 하급심 판결례 有.

> 서울중앙지방법원 2006. 11. 14. 선고 2006가단192339 판결 [수임료]
> 이 사건 수임소송의 청구취지와 화해권고결정의 내용에 비추어 보면, 피고가 11.8㎡ 상당의 이 사건 부동산의 명도 및 임료 상당 부당이득을 청구함에 대하여 이 사건 부동산을 210,000,000원에 양도하기로 하는 내용으로 화해권고결정이 확정되었는바, 비록 피고가 의뢰한 청구취지가 전부 받아들여진 것은 아니라고 할지라도 피고는 이 사건 부동산의 사용대가 및 양도대가로 금원을 지급받고 이 사건 부동산을 양도한 것이어서 피고외 청구취지의 일부가 받아들여진 것이라고 봄이 상당하여 피고는 이 사건 약정의 일부 승소의 경우에 해당하는 성공보수금을 지급하여야 할 의무가 있다고 할 것이므로 피고의 항변은 이유 없다.

바. 조정 성립과 성공보수

◎ 판례는 조정이 성립된 경우 최소한의 성공보수금를 지급하기로 약정한 경우에서 임의조정이 성립되었다면, 지급을 약속한 성공보수금의 하한액을 지급할 의무가 있다고 봄. (대법원 2012. 8. 17. 선고 2010다60172 판결)

◎ 판례는 건물명도와 차임 상당 부당이득반환을 구하는 본소와 유익비를 구하는 반소에 관하여 모두 소송위임계약을 체결하면서 조정도 승소로 본다고 약정한 경우에서 건물을 인도하고 나머지 본소청구와 반소청구를 포기한다는 조정이 성립되었다면, 본소 금전청구 부분에 관하여는 성공보수를 구할 수 없지만 반소 금전청구 부분에 관하여는 성공보수를 구할 수 있다고 봄. (대법원 2014. 3. 27. 선고 2012다50353 판결)

사. 형사사건과 성공보수

◎ 형사사건(형사변호사건, 형사고소사건 불문)에서의 성공보수약정은 선량한 풍속 기타 사회질서에 위배되어, '대법원 전원합의체 판결 이후' 체결된 성공보수약정은 민법 제103조에 의하여 무효. (사법적 효력이 무효인 것일 뿐, 변호사법 위반 X, 형사처벌 X)

> 대법원 2015. 7. 23. 선고 2015다200111 전원합의체 판결 [부당이득금]
> 형사사건에 관하여 체결된 성공보수약정이 가져오는 여러 가지 사회적 폐단과 부작용 등을 고려하면, 구속영장청구 기각, 보석 석방, 집행유예나 무죄 판결 등과 같이 의뢰인에게 유리한 결과를 얻어 나기 위한 변호사의 변론활동이나 직무수행 그 자체는 정당하다 하더라도, 형사사건에서의 성공보수약정은 수사·재판의 결과를 금전적인 대가와 결부시킴으로써, 기본적 인권의 옹호와 사회정의의 실현을 사명으로 하는 변호사 직무의 공공성을 저해하고, 의뢰인과 일반 국민의 사법제도에 대한 신뢰를 현저히 떨어뜨릴 위험이 있으므로, 선량한 풍속 기타 사회질서에 위배되는 것으로 평가할 수 있다.
> … 종래 이루어진 보수약정의 경우 보수약정이 성공보수라는 명목으로 되어 있다는 이유만으로 민법 제103조에 의하여 무효라고 단정하기는 어렵다. 그러나 대법원이 이 판결을 통하여 형사사건에 관한 성공보수약정이 선량한 풍속 기타 사회질서에 위배되는 것으로 평가할 수 있음을 명확히 밝혔음에도 불구하고 향후에도 성공보수약정이 체결된다면 이는 민법 제103조에 의하여 무효로 보아야 한다.

4. 수임업무의 중도 종료와 보수청구

가. 수임업무의 중도 종료 시 보수청구에 관한 약정이 있는 경우

◎ 일반적으로 약정에 따르되. 내용이 현저히 불공평한 경우 적용 제한, 감액 가능.

◎ 착수금은 절대 반환하지 않는다는 약정이 있는 경우, 수임인(변호사)의 귀책사유로 계약이 종료되었다고 하더라도 수

임인이 계약종료 당시까지 이행한 사무 처리부분에 관해서 상당하다고 인정되는 보수금액 및 처리비용을 착수금 중 공제하고 나머지 착수금만 수임인으로부터 반환받을 수 있다고 본 사례 有.

> 대법원 2008. 12. 11. 선고 2006다32460 판결 [손해배상(기)등]
> 소송위임계약과 관련하여 위임사무 처리 도중에 수임인의 귀책사유로 계약이 종료되었다 하더라도, 위임인은, 수임인이 계약종료 당시까지 이행한 사무처리 부분에 관해서 수임인이 처리한 사무의 정도와 난이도, 사무처리를 위하여 수임인이 기울인 노력의 정도, 처리된 사무에 대하여 가지는 위임인의 이익 등 제반사정을 참작하여 상당하다고 인정되는 보수 금액 및 상당하다고 인정되는 사무처리 비용을 착수금 중에서 공제하고 그 나머지 착수금만을 수임인으로부터 반환받을 수 있다고 한 사례

나. 수임업무의 중도 종료 시 보수청구에 관한 약정이 없는 경우

- (i) 변호사가 정당한 사유 없이 사임: 보수 청구 X

- (ii) 변호사의 정당한 사유에 의한 사임: 이미 처리한 사무 비율에 따른 상당한 보수 청구 O (민법 제686조 제3항, 수임인이 위임사무를 처리하는 중 수임인의 책임 없는 사유로 인하여 위임이 종료된 때)

- (iii) 의뢰인이 정당한 사유 없이 변호사를 해임: 이미 처리한 수임사무 비율에 따른 상당한 보수 청구 O

- (iv) 변호사의 귀책사유로 신뢰관계가 훼손된 후 의뢰인이 위임계약을 해지(해임): 이미 수행한 사무처리에 상당한 보수 청구 O & (전 심급을 통한 최종 승소 금액의 일정 비율을 성공보수금으로 지급하기로 약정한 경우) 상당한 보수를 정할 때 그 당시까지의 소송 수행의 결과 충분히 예상 가능한 성공보수액도 참작 O

> 대법원 2013. 8. 23. 선고 2013다32673 판결 [양수금]
> 이 사건 각 행정소송 항소심 소송 진행 중 조정을 통한 분쟁의 종국적인 해결을 바라는 피고와는 달리, 위 법무법인이 이에 부정적인 의견을 피력하고 나아가 그에 관한 내용이 신문 인터뷰를 통하여 대외적으로 보도되게 함에 따라, 위 법무법인의 귀책사유로 그들 사이의 신뢰관계가 훼손되어 이 사건 위임계약을 계속 유지할 것을 기대하기 어렵게 되고, 피고의 해지에 의하여 이 사건 위임계약이 종료되었으므로, 피고로서는 위 약정 보수 중에서 이 사건 위임계약의 해지 당시까지 이 사건 각 행정소송에 관하여 위 법무법인이 수행한 사무처리에 상당한 보수를 지급할 의무가 있다.
> 대법원 2012. 6. 14. 선고 2010다52584 판결 [양수금]
> 소송위임계약과 관련하여 위임사무 처리 도중에 수임인의 귀책사유로 신뢰관계가 훼손되어 더 이상 소송위임 사무를 처리하지 못하게 됨에 따라 계약이 종료되었다 하더라도, 위임인은, 수임인이 계약종료 당시까지 이행한 사무처리 부분에 관해서 수임인이 처리한 사무의 정도와 난이도 사무처리를 위하여 수임인이 기울인 노력의 정도, 처리된 사무에 대하여 가지는 위임인의 이익 등 여러 사정을 참작하여 상당하다고 인정되는 보수 금액 및 상당하다고 인정되는 사무처리 비용을 지급할 의무가 있다.
> 그리고 당사자들 사이에 이른바 성공보수의 약정을 하면서 전 심급을 통하여 최종적으로 승소한 금액의 일정 비율을 성공보수금으로 지급하기로 한 경우에, 특별한 사정이 없는 한 성공보수는 소송위임 계약에서 정한 소송위임 사무처리 대가로서의 보수의 성격을 가진다고 할 것이고, 또한 각 심급별 소송비용에 산입될 성공보수는 최종 소송 결과에 따라 확정된 성공보수금을 승소한 심급들 사이에서 각 심급별 승소금액에 따라 안분하는 방법으로 산정함이 타당함에 비추어 보면, 위와 같이 상당한 보수 금액을 정할 때에는 그 당시까지의 소송 수행의 결과 충분히 예상 가능한 성공보수액도 참작할 수 있다고 봄이 상당하다.

다. 승소간주조항

- "의뢰인이 '변호사의 동의 없이 임의로' 소 취하, 청구의 포기, 화해하거나 소송위임을 해지한 경우 성공보수 전액을 지급한다"는 내용의 승소간주조항 내지 특약조항의 효력이 문제되는바, 아래 세 가지 경우로 나누어 살핌.
    - ▶ (i) 소 취하, 청구의 포기, 화해 등 승소간주조항(부동문자 인쇄): 약관에 해당 O → 신의성실의 원칙에 반하는 불공정약관으로서 무효

▸ (ii) 위임인의 위임계약 위반이나 중도해지 등 특약조항(추가 기재): 약관에 해당 X(개별적, 구체적 약정) → 위임계약 위반시 부담할 손해배상액의 예정으로서 효력이 있으며, 승소사례금을 위약금으로서 청구 가능. (다만, 손해배상액의 예정이 부당히 과도한 경우 법원은 적당히 감액 가능)

▸ (iii) 위임인의 정당한 사유 없는 일방적 위임계약 해지 승소간주조항(부동문자 인쇄): 약관에 해당 O → 다만 불공정 약관에 해당한다고 볼 수 없다(따라서 무효가 아니다)고 본 판결례 有 (부산고등법원 2015, 8, 13, 선고 2014나 53967 판결)

◉ [참고] 승소 가망이 전혀 없는 소송취하의 경우: 이 경우에는 소 취하 시 승소로 간주한다는 특약을 적용할 수 없다는 것이 대법원의 입장임.

> 대법원 1979. 6. 26. 선고 77다2091 판결(보수금)
> 소취하시 승소로 간주한다는 특약의 취지에 비추어 동 피고는 원고에게 약정사금을 지급하여야 한다는 원고의 주장에 대하여, 당사자간에 그러한 특약이 있어도 그와 같은 특약은 의뢰인의 반신의 행위를 제지하기 위한 것 이므로 민법 제150조 규정에 비추어 승소의 가능성이 있는 소송을 부당하게 취하하여 변호사인 원고의 조건부 권리를 침해하는 경우에 한하여 적용되는 것이라 할 것이며, 승소의 가능성이 전연없는 소송을 취하하는 경우 에는 적용될 수 없다.

5. 완전성공보수제

◉ 의의: 사건 수임 시의 보수(착수금) 없이 승소 시에만 승소액의 일정 비율을 성공보수로 받는 계약

◉ 변호사윤리장전상 이를 금지하는 규정 없음.

3 과다한 변호사 보수에 대한 제재

◉ 부당히 과다한 보수에 관한 약정을 하거나 수령한 경우 대한변호사협회 회칙 위반 또는 변호사로서의 품위 손상 행위 등 징계 사유에 해당할 수 있음.

◉ 판례는 약정 보수액이 과다하여 신의성실의 원칙이나 형평의 원칙에 반한다고 볼 만한 특별한 사정이 있는 경우 법원 에 의하여 보수액이 감축될 수 있다고 봄(전술).

4 관련 문제

1. 의뢰인이 변호사에게 보수를 지급하지 않는 경우

◉ 변호사의 정당한 사임사유에 해당 (의뢰인의 동의 불필요)

◉ 변호사의 직무에 관한 채권의 소멸시효: 3년의 단기 소멸시효(민법 제163조 제5호)

◉ 변호사가 보관하는 서류 등에 대한 유치권 인정 여부: X. 특약 없는 한 반환을 거절할 수 없음.

◉ '의뢰인과 직무 관련한 분쟁이 발생한 경우'에 해당할 수 있고, 이 경우 변호사는 소속 지방변호사회의 조정에 의하여 분쟁을 해결하도록 노력하여야.

> 변호사윤리장전 (윤리규약)

제30조(분쟁 조정) 변호사는 의뢰인과 직무와 관련한 분쟁이 발생한 경우에는, 소속 지방변호사회의 조정에 의하여 분쟁을 해결하도록 노력한다.

2. 단체와 단체 대표자 간 변호사 비용 부담관계

가. 단체가 소송당사자가 된 경우

◎ 원칙: 단체 비용으로 변호사 비용 지출.

◎ 예외: 단체(법인)이 형식적으로 소송당사자가 되어 있을 뿐 실질적 당사자가 따로 있고 단체(법인)으로서는 그 소송의 결과에 있어서 별다른 이해관계가 없다고 볼 특별한 사정이 있는 경우, 단체 비용으로 변호사 비용 지출 X.

> 대법원 2008. 6. 26. 선고 2007도9679 판결 [상법위반·업무상횡령]
> … 반대로 법인 자체가 소송당사자가 된 경우에는 원칙적으로 그 소송의 수행이 법인의 업무수행이라고 볼 수 있으므로 그 변호사 선임료를 법인의 비용으로 지출할 수 있을 것이나, 그 소송에서 법인이 형식적으로 소송당사자가 되어 있을 뿐 실질적인 당사자가 따로 있고 법인으로서는 그 소송의 결과에 있어서 별다른 이해관계가 없다고 볼 특별한 사정이 있는 경우에는, 그 소송의 수행이 법인의 업무수행이라고 볼 수 없어 법인의 비용으로 이를 위한 변호사 선임료를 지출할 수 없다고 할 것이다.

나. 단체의 대표자 개인이 소송당사자가 된 경우

◎ 원칙: 개인 비용으로 변호사 비용 지출.

▸ [주의] 단체의 대표자가 '단체의 비용으로 지출할 수 없는 대표자 개인이 당사자가 된 소송'의 변호사 비용을 지출하면 그 비용 지출은 업무상 횡령에 해당.

> 대법원 2006. 10. 26. 선고 2004도6280 판결(공갈·업무상횡령·무고·폭력행위등처벌에관한법률위반(야간공동협박)·총포·도검·화약류등단속법위반업무상배임)
> 재건축조합 조합장으로서의 적법한 업무집행에 관련된 것이 아니라 조합장 개인의 위법행위 관한 것일 뿐이고, 그러한 개인적 비리와 관련하여 조합장이 구속됨으로써 재건축조합의 업무 수행에 지장이 초래된다 하여도 이는 그 개인에 대한 적법한 법 집행으로 인하여 재건축조합이 입는 반사적인 불이익에 지나지 않으므로, 가사 그 고소사실에 대한 혐의가 분명하지 않고 조합장의 업무집행을 방해하는 데 고소의 주목적이 있었다 하더라도, 조합장 개인을 위해 위 형사사건의 변호인을 선임하는 것은 재건축조합의 업무라고 볼 수는 없다 할 것이니, 이러한 사정 아래 피고인이 재건축조합의 자금으로 그 자신의 변호사 비용을 지출하였다면 이는 횡령에 해당한다고 보아야 할 것이고, 나아가 피고인이 공갈 고소사건의 변호인 선임료를 지출함에 있어 2003. 4. 12. 이사 및 대위원회의 승인을 받았다 하여도 재건축조합의 업무집행과 무관한 피고인 개인에 대한 고소사건을 위하여 변호사 선임료를 지출하는 것이 위법한 이상 위 각 결의는 그 내재적 한계를 벗어나는 것으로서 횡령죄의 성립에 영향을 미치지 아니한다 할 것이다.

◎ 예외: (실질적 이해관계는 단체에 있으나 법적인 이유로 대표자 개인이 당사자가 된 경우, 단체의 기관으로서 적법한 업무 수행 중 발생한 일이고 적극적으로 다투는 것이 단체에도 이익이 되는 경우 등) 특별한 필요성이 인정되는 경우, 단체 비용으로 변호사 비용 지출 가능.

> 대법원 2009. 2. 12. 선고 2008다74895 판결(손해배상(기))
> 단체의 비용으로 지출할 수 있는 변호사 선임료는 단체 자체가 소송당사자가 된 경우에 한하므로 단체의 대표자 개인이 당사자가 된 민·형사사건의 변호사 비용은 단체의 비용으로 지출할 수 없는 것이 원칙이나, 예외적으로 분쟁에 대한 실질적인 이해관계는 단체에게 있으나 법적인 이유로 그 대표자의 지위에 있는 개인이 소송 기타 법적 절차의 당사자가 되었다거나 대표자로서 단체를 위해 적법하게 행한 직무행위 또는 대표자의 지위에 있음으로 말미암아 의무적으로 행한 행위 등과 관련하여 분쟁이 발생한 경우와 같이, 당해 법적 분쟁이 단체와 업무적인 관련이 깊고 당시의 여러 사정에 비추어 단체의 이익을 위하여 소송을 수행하거나 고소에 대응하여야

<u>할 특별한 필요성이 있는 경우</u>에 대하여는 단체의 비용으로 변호사 선임료를 지출할 수 있다.

법무법인 등과
변호사윤리

12

1 공동사무소와 변호사윤리

[→ 공동사무소의 의의, 그 개설·운영 관련 사항은 제4장 "법률사무소·법무법인 등의 개설·운영" 중 "II. 공동사무소의 개설·운영" 참조]

1. 공동사무소와 이익충돌 회피의무

변호사법
제31조(수임제한) ① 변호사는 다음 각 호의 어느 하나에 해당하는 사건에 관하여는 <u>그 직무를 수행할수 없다. 다만, 제2호 사건의 경우 수임하고 있는 사건의 위임인이 동의한 경우에는 그러하지 아니하다.</u>
1. 당사자 한쪽으로부터 상의(相議)를 받아 그 수임을 승낙한 사건의 상대방이 위임하는 사건
2. 수임하고 있는 사건의 상대방이 위임하는 다른 사건
3. 공무원·조정위원 또는 중재인으로서 직무상 취급하거나 취급하게 된 사건
② 제1항제1호 및 제2호를 적용할 때 법무법인·법무법인(유한)·법무조합이 아니면서도 변호사 2명 이상이 사건의 수임·처리나 그 밖의 변호사 업무 수행 시 통일된 형태를 갖추고 수익을 분배하거나 비용을 분담하는 형태로 운영되는 법률사무소는 하나의 변호사로 본다.

변호사윤리장전 (윤리규약)
제22조(수임 제한) ① 변호사는 다음 각 호의 어느 하나에 해당하는 <u>사건을 수임하지 아니한다. 다만, 제3호의 경우 수임하고 있는 사건의 의뢰인이 동의하거나, 제4호의 경우 의뢰인이 동의하거나, 제5호 및 제6호의 경우 관계되는 의뢰인들이 모두 동의하고 의뢰인의 이익이 침해되지 않는다는 합리적인 사유가 있는 경우에는 그러하지 아니하다.</u>
1. 과거 공무원·중재인·조정위원 등으로 직무를 수행하면서 취급 또는 취급하게 된 사건이거나, 공정증서 작성사무에 관여한 사건
2. 동일한 사건에 관하여 상대방을 대리하고 있는 경우
3. 수임하고 있는 사건의 상대방이 위임하는 다른 사건
4. 상대방 또는 상대방 대리인과 친족관계에 있는 경우
5. 동일 사건에서 둘 이상의 의뢰인의 이익이 서로 충돌하는 경우
6. 현재 수임하고 있는 사건과 이해가 충돌하는 사건
② 변호사는 위임사무가 종료된 경우에도 종전 사건과 기초가 된 분쟁의 실체가 동일한 사건에서 대립되는 당사자로부터 사건을 수임하지 아니한다.
③ 변호사는 의뢰인과 대립되는 상대방으로부터 사건의 수임을 위해 상담하였으나 수임에 이르지 아니하였거나 기타 그에 준하는 경우로서, 상대방의 이익이 침해되지 않는다고 합리적으로 여겨지는 경우에는, 상담 등의 이유로 수임이 제한되지 아니한다.
제42조(겸직 시 수임 제한) 변호사는 공정을 해할 우려가 있을 때에는, <u>겸직하고 있는 당해 정부기관의 사건을 수임하지 아니한다.</u>
제46조(법무법인 등의 구성원, 소속 변호사의 규정 준수 의무) ① 변호사법에 의한 법무법인, 법무법인(유한), 법무조합 및 대한변호사협회 회칙에서 정한 공증인가합동법률사무소 및 공동법률사무소(이하 '법무법인 등'이라고 한다)의 구성원, 소속 변호사는 이 절의 규정을 준수한다.
② 구성원 변호사는 소속 변호사가 변호사 업무의 수행에 관련하여 이 절의 규정을 준수하도록 노력한다.
③ 변호사는 다른 변호사의 지시에 따라 업무를 수행하는 경우에도 이 절의 규정을 준수한다.
④ 소속 변호사는 그 업무수행이 이 절의 규정에 위반되는 것인지 여부에 관하여 이견이 있는 경우, 그 업무에 관하여 구성원 변호사의 합리적인 결론에 따른 때에는 이 절의 규정을 준수한 것으로 본다.
제48조(수임 제한) ① 제22조 및 제42조의 규정은 법무법인 등이 사건을 수임하는 경우에 준용한다. 다만, 제2항에서 달리 정하는 경우는 제외한다.
② 법무법인 등의 특정 변호사에게만 제22조 제1항 제4호 또는 제42조에 해당하는 사유가 있는 경우, 당해 변호사가 사건의 수임 및 업무수행에 관여하지 않고 그러한 사유가 법무법인 등의 사건처리에 영향을 주지 아니할 것이라고 볼 수 있는 합리적 사유가 있는 때에는 사건의 수임이 제한되지 아니한다.
③ 법무법인 등은 제2항의 경우에 당해 사건을 처리하는 변호사와 수임이 제한되는 변호사들 사이에 당해 사건

과 관련하여 비밀을 공유하는 일이 없도록 합리적인 조치를 취한다.

가. 의의

◎ 의의: 공동사무소 내 한 변호사가 이익충돌을 이유로 특정 사건을 수임하지 못하는 경우 같은 사무소 내 다른 변호사들도 그 사건의 수임이 제한되는지의 문제

◎ 공동사무소는 (i) 사건 수임이나 보수는 각자 처리하되 사무소 운영 경비는 분담하는 경비공동형, (ii) 사건을 통일적으로 수임 등 처리하여 일정 기준에 따라 구성원에게 수익을 분배하는 수지공동형, (iii) 비용을 분담하거나 수익을 분배하지 않고 편의상 사무실만 공동으로 사용하는 형태로 분류할 수 있는바, 운영 형태에 따라 이익충돌 회피의무 적용 범위가 다름.

◎ "변호사 업무 수행 시 통일된 형태를 갖추고 수익을 분배하거나 비용을 분담하는 형태로 운영"되는 공동사무소의 경우 (경비공동형 또는 수지공동형):

▸ 변호사법 제31조 제2항 적용 여부: O → 공동사무소를 하나의 변호사로 보아 수임 제한

▸ 변호사윤리장전 윤리규약 제46조 제1항, 제48조 적용 여부: O → 수임 제한 (다만, 친족관계, 겸직 시 예외)

◎ 수익을 분배하거나 비용을 분담하지 않는 형태로 운영되는 공동사무소(편의상 사무실만 공동 사용):

▸ 변호사법 제31조 제2항 적용 여부: X

▸ 변호사윤리장전 윤리규약 제46조 제1항, 제48조 적용 여부: 규정상 수익분배나 비용분담을 명시하고 있지 않지만, 규정의 취지상 완전히 별개의 독립된 운영을 하고 있는 경우에는 적용되지 않는다고 해석됨.

나. 공동사무소의 이익충돌 회피의무 관련 규정 (종합 정리)

[변호사법이 적용되는 경우]

◎ 의의: (i) 수임을 승낙한 사건의 상대방이 위임하는 동일 사건(제31조 제1항 제1호), (ii) 수임하고 있는 사건의 상대방이 위임하는 다른 사건(제31조 제1항 제2호)의 경우, 공동사무소를 하나의 법률사무소로 간주.

[참고] '공무원·조정위원·중재인으로 직무상 취급한 사건'(제31조 제1항 제3호)은 준용 X → 따라서 공동사무소의 경우 위반 시 형사처벌을 받게 되지는 않음. 그러나 여전히 변호사윤리장전 윤리규약 제22조 제1항 제1호("과거 공무원·중재인·조정위원 등으로 직무를 수행하면서 취급 또는 취급하게 된 사건")는 적용되므로, 수임이 제한됨.

[참고] '인가공증인으로서 공증한 사건'의 경우도 마찬가지로 제51조가 준용되지 않으므로 공동사무소의 경우 위반 시 형사처벌을 받게 되지는 않음. 그러나 여전히 변호사윤리장전 윤리규약 제22조 제1항 제1호("공정증서 작성사무에 관여한 사건")는 적용되므로, 공동사무소의 한 변호사가 공정증서 작성사무에 관여한 사건의 경우 수임이 제한됨.

[변호사윤리장전 윤리규약이 적용되는 경우]

이익충돌의 유형	변호사윤리장전 윤리규약
과거 공무원·중재인·조정위원 등으로 직무를 수행하면서 취급 또는 취급하게 된	22조 1항 1호

이익충돌의 유형	변호사윤리장전 윤리규약
사건	
공정증서 작성사무에 관여한 사건	22조 1항 1호
동일한 사건에 관하여 상대방을 대리하고 있는 경우 [= 변호사법 제31조 제1항 제1호]	22조 1항 2호
수임하고 있는 사건의 상대방이 위임하는 다른 사건 [= 변호사법 제31조 제1항 제2호]	22조 1항 3호
상대방 또는 상대방 대리인과 친족관계에 있는 경우 / 특정변호사 예외	22조 1항 4호 / 48조 2항
동일 사건에서 둘 이상의 의뢰인의 이익이 서로 충돌하는 경우	22조 1항 5호
현재 수임하고 있는 사건과 이해가 충돌하는 사건	22조 1항 6호
종전 의뢰인과 이익충돌(종전 사건과 기초가 된 분쟁의 실체가 동일한 사건으로 대립되는 당사자가 위임하는 사건) [= 변호사법 제31조 제1항 제1호의 포섭 범위로 이해]	22조 2항
잠재적 의뢰인과 이익충돌	22조 3항
겸직하고 있는 정부기관의 사건	42조 / 48조 2항

다. 공동사무소의 이익충돌 회피의무의 유형 (종합 정리)

[→ 각 의무의 구체적 내용은 제9장 "변호사의 이익충돌 회피의무" 참조]

◉ 의뢰인 간의 이익충돌

- 공동사무소의 한 변호사가 수임 승낙한 상대방이 위임한 동일 사건: 수임 X(위임인의 동의 불문).
- 공동사무소의 한 변호사가 수임하고 있는 사건의 상대방이 위임하는 다른 사건: 원칙 – 수임 X. 예외 – 위임인의 동의 있는 경우 수임 O.
- 공동사무소의 한 변호사의 수임사무 종료 후 그 대립 당사자가 위임하는 종전 사건과 기초가 된 분쟁의 실체가 동일한 사건: 수임 X (종전 의뢰인의 동의 불문) ([주의] 동일하지 않은 사건은 자유롭게 수임 가능)
- 동일 사건에서 둘 이상의 의뢰인의 이익이 서로 충돌: 원칙 – 수임 X. 예외 – 관계되는 의뢰인들이 모두 동의하고 의뢰인의 이익이 침해되지 않는다는 합리적인 사유가 있는 경우 수임 O.
- 공동사무소의 한 변호사가 상담하였으나 수임에 이르지 않은 경우, 상담인과 대립되는 상대방이 위임하는 사건: 상대방의 이익이 침해되지 않는다고 합리적으로 여겨지는 경우에는 수임 O.
- 공동사무소의 한 변호사가 수임하고 있는 사건과 이해가 충돌하는 사건: 원칙 – 수임 X. / 예외 – 관계되는 의뢰인들이 모두 동의하고 의뢰인의 이익이 침해되지 않는다는 합리적인 사유가 있는 경우 수임 O.

◎ 공무원 등으로 관여한 사건의 이익충돌

– 공동사무소의 한 변호사가 과거 공무원·중재인·조정위원 등으로 직무를 수행하면서 취급 또는 취급하게 된 사건 : 수임 X (그러나 위반 시 형사처벌 X. ∵ 변호사법 제31조 제2항)

– 공동사무소의 한 변호사가 공정증서 작성사무에 관여한 사건: 수임 X (그러나 위반 시 형사처벌 X. ∵ 법무법인등에 관한 변호사법 제51조 준용 X) → 이 경우 이익충돌 문제되는 변호사의 서명날인 여부를 불문하고 수임 X

> 대법원 1975. 5. 13. 선고 72다1183 전원합의체 판결(청구이의)
> 합동법률사무소의 구성원인 변호사는 법률상 합동하여 공증사무를 처리하는 것이고 따라서 공증에 관한 문서도 합동법률사무소 명의로 작성되는 것이므로 합동법률사무소가 공증한 사건에 관하여는 그 공정증서에 서명날인한 변호사는 물론 그에 서명날인하지 아니한 변호사라 할지라도 소속 합동법률 사무소 명의로 공증된 사건에 관하여는 변호사법 제16조가 준용되는 것으로 해석하여야 할 것이며 따라서 합동법률사무소 명의로 공정증서가 작성된 경우에는 그 소속구성원인 변호사는 그 공정증서에 서명날인한 여부에 불구하고 변호사법 제16조 제2호의 규정에 의하여 그 직무를 행사할 수 없는 것이라 할 것이다.
> 그러나 변호사가 변호사법 제16조 제2호의 규정에 위배되는 소송행위를 하였다고 하더라도 당사자가 그에 대하여 아무런 이의를 제기하지 아니하면 그 소송행위는 소송법상 완전한 효력이 생긴다고 할 것인 바, 원고가 원심변론종결시까지 이에 대하여 아무런 이의를 제기하지 아니하고 상고이유에서 비로소 이를 주장함이 기록상 명백하니 논지는 이유 없는 것이라 할 것이고 또 소론과 같이 공증인법 제24조와 같은법 제5조에 위배되는 행위가 있었다고 하더라도 본건 소송에 있어서의 소송행위의 효력을 부정할 수는 없는 것이라 할 것이니 논지도 이유 없다.

– 공동사무소의 한 변호사가 공무원으로 겸직하고 있는 정부기관의 사건: 공정을 해할 우려가 있을 때에는 수임 X

> ▸ **특칙**: 특정변호사만 공무원 겸직 사유가 있는 경우, 당해 변호사가 사건 수임 및 업무수행에 관여하지 않고 그러한 사유가 사건처리에 영향을 주지 않을 것이라 볼 수 있는 합리적 사유가 있는 때에는 수임 가능. 당해 사건을 처리하는 변호사와 수임이 제한된 변호사들 사이에 당해 사건 관련 비밀이 공유되지 않도록 합리적 조치 필요.

◎ 기타

– 공동사무소의 한 변호사가 상대방 또는 상대방 대리인과 친족관계에 있는 사건: 원칙 – 수임 X. 예외 – 의뢰인의 동의 있는 경우 수임 O.

> ▸ **특칙**: 특정변호사만 상대방 또는 상대방 대리인과 친족관계가 있는 경우, 당해 변호사가 사건 수임 및 업무수행에 관여하지 않고 그러한 사유가 사건처리에 영향을 주지 않을 것이라 볼 수 있는 합리적 사유가 있는 때에는 수임 가능. 당해 사건을 처리하는 변호사와 수임이 제한된 변호사들 사이에 당해 사건 관련 비밀이 공유되지 않도록 합리적 조치 필요.

라. 관련정보 관리

◎ [주의] 구성원 변호사만 해당(소속 변호사는 해당 X).

> 변호사윤리장전 (윤리규약)
> 제49조(수임 관련 정보의 관리) **법무법인 등**(주: "법무법인 등" = 법무법인, 법무법인(유한), 법무조합, 공증인가합동법률사무소, 공동법률사무소)은 전조의 규정에 의해 수임이 제한되는 사건을 수임하지 않도록 의뢰인, 상대방 당사자, 사건명 등 사건 수임에 관한 정보를 관리하고, 필요한 합리적인 범위 내에서 사건 수임에 관한 정보를 구성원 변호사들이 공유할 수 있도록 적절한 조치를 취한다.

2. 공동사무소와 비밀유지의무

◎ = 공동사무소 내 비밀유지의무 & 공동사무소 퇴직 후 비밀유지의무

> 변호사윤리장전(윤리규약)
> 제47조(비밀유지의무) 법무법인 등의 구성원 변호사 및 소속 변호사는 정당한 이유가 없는 한 다른 변호사가 의뢰인과 관련하여 직무상 비밀유지의무를 부담하는 사항을 알게 된 경우에는, 이를 누설하거나 이용하지 아니한다. 이는 변호사가 해당 법무법인 등으로부터 퇴직한 경우에도 같다.

3. 공동사무소의 명칭 사용 제한

공동사무소는 법무법인 · 법무법인(유한) · 법무조합과 동일 또는 유사한 명칭 사용이 금지됨. (대한변호사협회 회칙 제39조)

2 법무법인 등과 변호사윤리

[→ 참고로 변호사법에서 "법무법인 등"은 법무법인, 법무법인(유한), 법무조합을 의미하고, 변호사윤리장전 윤리규약에서 "법무법인 등"은 법무법인, 법무법인(유한), 법무조합에 더하여 공증인가합동법률사무소, 공동법률사무소도 포함(변호사윤리장전 윤리규약 제46조 제1항). 법무법인 등의 개설 · 운영 관련 사항은 제4장 "법률사무소 · 법무법인 등의 개설 · 운영" 중 "III. 법무법인 등의 개설 · 운영" 참조]

1. 법무법인 등과 이익충돌 회피의무

> 변호사법
> 제31조(수임제한) ① 변호사는 다음 각 호의 어느 하나에 해당하는 사건에 관하여는 그 직무를 수행할 수 없다. 다만, 제2호 사건의 경우 수임하고 있는 사건의 위임인이 동의한 경우에는 그러하지 아니하다.
> 1. 당사자 한쪽으로부터 상의(相議)를 받아 그 수임을 승낙한 사건의 상대방이 위임하는 사건
> 2. 수임하고 있는 사건의 상대방이 위임하는 다른 사건
> 3. 공무원 ·조정위원 또는 중재인으로서 직무상 취급하거나 취급하게 된 사건
> 제32조(계쟁권리의 양수 금지) 변호사는 계쟁권리(係爭權利)를 양수하여서는 아니 된다 .
> 제51조(업무 제한) 법무법인은 그 법인이 인가공증인으로서 공증한 사건에 관하여는 변호사 업무를 수행할 수 없다. 다만, 대통령령으로 정하는 경우는 그러하지 아니하다.
> 제52조(구성원 등의 업무 제한) ② 법무법인의 구성원이었거나 구성원 아닌 소속 변호사이었던 자는 법무법인의 소속 기간 중 그 법인이 상의를 받아 수임을 승낙한 사건에 관하여는 변호사의 업무를 수행할 수 없다.
> 제57조(준용규정) 법무법인에 관하여는 제22조, 제27조, 제28조, 제28조의2, 제29조, 제29조의2, 제30조, 제31조제1항, 제32조부터 제37조까지, 제39조 및 제10장을 준용한다.
> 제58조의16(준용규정) 법무법인(유한)에 관하여는 제22조, 제27조, 제28조, 제28조의2, 제29조, 제29조의2, 제30조, 제31조제1항, 제32조부터 제37조까지, 제39조, 제44조, 제46조부터 제52조까지, 제53조제2항 및 제10장을 준용한다.
> 제58조의30(준용규정) 법무조합에 관하여는 제22조, 제27조, 제28조, 제28조의2, 제29조, 제29조의2, 제30조, 제31조제1항, 제32조부터 제37조까지, 제39조, 제44조, 제46조부터 제52조까지, 제53조제2항, 제58조의9제1항, 제58조의12 및 제10장을 준용한다.
> 제112조(벌칙) 다음 각 호의 어느 하나에 해당하는 자는 3년 이하의 징역 또는 2천만원 이하의 벌금에 처한다. 이 경우 벌금과 징역은 병과할 수 있다.
> 5. 제32조(제57조, 제58조의16 또는 제58조의30에 따라 준용되는 경우를 포함한다)를 위반하여계쟁권리를

양수한 자

제113조(벌칙) 다음 각 호의 어느 하나에 해당하는 자는 <u>1년 이하의 징역 또는 1천만원 이하의 벌금에 처한다.</u>

5. 제31조제1항제3호(제57조, 제58조의16 또는 제58조의30에 따라 준용되는 경우를 포함한다)에따른 사건을 수임한 변호사

제115조(법무법인 등의 처벌) ① 법무법인·법무법인(유한)·법무조합의 구성원이나 구성원 아닌 소속변호사가 <u>제51조를 위반하면 500만원 이하의 벌금에 처한다.</u>

② 법무법인, 법무법인(유한) 또는 법무조합의 구성원이나 구성원이 아닌 소속 변호사가 그 법무법인, 법무법인(유한) 또는 법무조합의 업무에 관하여 제1항의 위반행위를 하면 그 행위자를 벌하는 외에 그 법무법인, 법무법인(유한) 또는 법무조합에게도 같은 항의 벌금형을 과(科)한다. 다만, 법무법인, 법무법인(유한) 또는 법무조합이 그 위반행위를 방지하기 위하여 해당 업무에 관하여 상당한주의와 감독을 게을리하지 아니한 경우에는 <u>그러하지 아니하다.</u>

변호사법 시행령

제13조(법무법인의 업무범위) 법 제51조 단서에 따라 법무법인이 수행할 수 있는 변호사의 업무는 <u>다음 각 호의 어느 하나에 해당하는 사건에 대한 소송에 관한 행위를 제외한 것으로 한다.</u>

1. <u>법률행위나 그 밖의 사권(私權)에 관한 사실에 대한 공정증서를 작성한 사건</u>
2. <u>어음, 수표 또는 이에 부착된 보충지(補充紙)에 강제집행할 것을 적은 증서를 작성한 사건</u>
3. <u>법인의 등기 절차에 첨부되는 의사록을 인증한 사건</u>
4. <u>「상법」제292조 및 그 준용규정에 따라 정관을 인증한 사건</u>

변호사윤리장전 (윤리규약)

제22조(수임 제한) ① 변호사는 다음 각 호의 어느 하나에 해당하는 사건을 수임하지 아니한다. 다만, 제3호의 경우 수임하고 있는 사건의 의뢰인이 동의하거나, 제4호의 경우 의뢰인이 동의하거나, 제5호 및 제6호의 경우 관계되는 의뢰인들이 모두 동의하고 의뢰인의 이익이 침해되지 않는다는 합리적인 사유가 있는 경우에는 그러하지 아니하다.

1. 과거 공무원· 중재인·조정위원 등으로 직무를 수행하면서 취급 또는 취급하게 된 사건이거나, 공정증서 작성 사무에 관여한 사건
2. 동일한 사건에 관하여 상대방을 대리하고 있는 경우
3. 수임하고 있는 사건의 상대방이 위임하는 다른 사건
4. 상대방 또는 상대방 대리인과 친족관계에 있는 경우
5. 동일 사건에서 둘 이상의 의뢰인의 이익이 서로 충돌하는 경우
6. 현재 수임하고 있는 사건과 이해가 충돌하는 사건

② 변호사는 <u>위임사무가 종료된 경우에도 종전 사건과 기초가 된 분쟁의 실체가 동일한 사건에서 대립되는 당사자로부터 사건을 수임하지 아니한다.</u>

③ 변호사는 의뢰인과 대립되는 상대방으로부터 사건의 수임을 위해 상담하였으나 수임에 이르지 아니하였거나 기타 그에 준하는 경우로서, 상대방의 이익이 침해되지 않는다고 합리적으로 여겨지는 경우에는, 상담 등의 이유로 수임이 제한되지 아니한다.

제42조(겸직 시 수임 제한)

<u>변호사는 공정을 해할 우려가 있을 때에는, 겸직하고 있는 당해 정부기관의 사건을 수임하지 아니한다.</u>

제46조(법무법인 등의 구성원, 소속 변호사의 규정 준수 의무) ① 변호사법에 의한 법무법인, 법무법인(유한), 법무조합 및 대한변호사협회 회칙에서 정한 공증인가합동법률사무소 및 공동법률사무소(이하 '법무법인 등'이라고 한다)의 구성원, 소속 변호사는 이 절의 규정을 준수한다.

② <u>구성원 변호사는 소속 변호사가 변호사 업무의 수행에 관련하여 이 절의 규정을 준수하도록 노력한다.</u>

③ <u>변호사는 다른 변호사의 지시에 따라 업무를 수행하는 경우에도 이 절의 규정을 준수한다.</u>

④ <u>소속 변호사는 그 업무수행이 이 절의 규정에 위반되는 것인지 여부에 관하여 이견이 있는 경우, 그 업무에 관하여 구성원 변호사의 합리적인 결론에 따른 때에는 이 절의 규정을 준수한 것으로 본다.</u>

제48조(수임 제한)

① <u>제22조 및 제42조의 규정은 법무법인 등이 사건을 수임하는 경우에 준용한다. 다만, 제2항에서 달리 정하는 경우는 제외한다.</u>

② <u>법무법인 등의 특정 변호사에게만 제22조 제1항 제4호 또는 제42조에 해당하는 사유가 있는 경우. 당해 변</u>

호사가 사건의 수임 및 업무수행에 관여하지 않고 그러한 사유가 법무법인 등의 사건처리에 영향을 주지 아니할 것이라고 볼 수 있는 합리적 사유가 있는 때에는 사건의 수임이 제한되지 아니한다.

③ 법무법인 등은 제2항의 경우에 당해 사건을 처리하는 변호사와 수임이 제한되는 변호사들 사이에 당해 사건과 관련하여 비밀을 공유하는 일이 없도록 합리적인 조치를 취한다.

가. 법무법인 등의 이익충돌 회피의무 관련 규정 (종합 정리)

[변호사법이 적용되는 경우]

◎ **의의**: 아래의 경우에 법무법인·법무법인(유한)·법무조합에 준용

▸ (i) 수임을 승낙한 사건의 상대방이 위임하는 동일 사건(제31조 제1항 제1호), (ii) 수임하고 있는 사건의 상대방이 위임하는 다른 사건(제31조 제1항 제2호), (iii) 공무원·조정위원·중재인으로 직무상 취급한 사건(제31조 제1항 제3호) , (iv) 인가공증인으로서 공증한 사건(변호사법 제51조 단서 예외 있음(변호사법 시행령 제13조))

▸ 위 (iii), (iv)의 경우 공동사무소의 경우와 달리 법무법인·법무법인(유한)·법무조합의 경우 준용 규정이 있고, 따라서 위반 시 형사처벌 O.

[변호사윤리장전 윤리규약이 적용되는 경우]

이익충돌의 유형	변호사윤리장전 윤리규약
과거 공무원·중재인·조정위원 등으로 직무를 수행하면서 취급 또는 취급하게 된 사건	22조 1항 1호
공정증서 작성사무에 관여한 사건	22조 1항 1호
동일한 사건에 관하여 상대방을 대리하고 있는 경우	22조 1항 2호
수임하고 있는 사건의 상대방이 위임하는 다른 사건	22조 1항 3호
상대방 또는 상대방 대리인과 친족관계에 있는 경우 / 특정변호사 예외	22조 1항 4호/ 48조 2항
동일 사건에서 둘 이상의 의뢰인의 이익이 서로 충돌하는 경우	22조 1항 5호
현재 수임하고 있는 사건과 이해가 충돌하는 사건	22조 1항 6호
종전 의뢰인과 이익충돌(종전 사건과 기초가 된 분쟁의 실체가 동일한 사건으로 대립되는 당사자가 위임하는 사건)	22조 2항
잠재적 의뢰인과 이익충돌	22조 3항
겸직하고 있는 정부기관의 사건	42조/ 48조 2항

나. 법무법인 등의 이익충돌 회피의무의 유형 (종합 정리)

◉ 의뢰인 간의 이익충돌

– 법무법인 등이 <u>수임 승낙한 상대방이 위임한 동일 사건</u>: 수임 X(위임인의 동의 불문)

– 법무법인 등이 <u>수임하고 있는 사건의 상대방이 위임하는 다른 사건</u>: 원칙 – 수임 X. 예외 – 위임인의 동의 있는 경우 수임 O.

– 법무법인 등의 수임사무 종료 후 그 대립당사자가 위임하는 종전 사건과 기초가 된 분쟁의 실체가 동일한 사건 : 수임 X(종전 의뢰인의 동의 불문) ([주의] 동일하지 않은 사건은 자유롭게 수임 가능)

– 동일 사건에서 둘 이상의 의뢰인의 이익이 서로 충돌: 원칙 – 수임 X. 예외 – 관계되는 의뢰인들이 모두 동의하고 의뢰인의 이익이 침해되지 않는다는 합리적인 사유가 있는 경우 수임 O.

– 법무법인 등이 <u>상담하였으나 수임에 이르지 않은 경우</u>, 상담인과 대립되는 상대방이 위임하는 사건: 상대방의 이익이 침해되지 않는다고 합리적으로 여겨지는 경우에는 수임 O

– 법무법인 등이 <u>수임하고 있는 사건과 이해가 충돌하는 사건</u>: 원칙 – 수임 X. 예외 – 관계되는 의뢰인들이 모두 동의하고 의뢰인의 이익이 침해되지 않는다는 합리적인 사유가 있는 경우 수임 O.

◉ 공무원 등으로 관여한 사건의 이익충돌

– **법무법인 등의 한 변호사가 공무원·조정위원·중재인으로서 직무상 취급하거나 취급하게된 사건: 수임 X [위반 시 형사처벌(1년 이하 징역 또는 1천만원 이하 벌금)]**

  ▸ 그러나 법무법인 등의 직원이 공무원·조정위원·중재인으로서 직무상 취급하거나 취급하게 된 사건은 당연히 수임 가능.

– **법무법인이 인가공증인으로서 공증한 사건: 수임 X [위반 시 형사처벌(500만원 이하 벌금)]**

  ▸ 변호사법」 제51조 단서(변호사법 시행령 제13조)의 예외 有 (미출제)

– 법무법인 등의 한 변호사가 공무원으로 겸직하고 있는 정부기관의 사건: 공정을 해할 우려가 있을 때에는 수임 X.

  ▸ **특칙:** 특정변호사만 공무원 겸직 사유가 있는 경우, <u>당해 변호사가 사건 수임 및 업무수행에 관여하지 않고 그러한 사유가 사건처리에 영향을 주지 않을 것이라 볼 수 있는 합리적사유가 있는 때에는 수임 가능</u>. 당해 사건 처리 변호사와 수임이 제한되는 변호사들 사이에 당해 사건 관련 비밀이 공유되지 않도록 합리적 조치 필요.

    [참고] 공직퇴임변호사: 소속 법무법인 등의 선임 자체는 허용
    해당 공직퇴임변호사의 '퇴직한 날부터 1년 동안 수임, 법무법인 등 담당변호사 지정, 사실상 수임, 법무법인 등 실질적 관여 일체 금지(예외 : 국선변호 등 공익적 목적, 사건당사자가 친족)

◉ 기타

– 법무법인 등의 한 변호사가 상대방 또는 상대방 대리인과 친족관계에 있는 사건: 원칙 – 수임 X. 예외 – 의뢰인의 동의 있는 경우 수임 O.

  ▸ **특칙:** 특정변호사만 상대방 또는 상대방 대리인과 친족관계가 있는 경우, <u>당해 변호사가 사건 수임 및 업무수행에 관여하지 않고 그러한 사유가 사건처리에 영향을 주지 않을것이라 볼 수 있는 합리적 사유가 있는 때에는 수임 가능</u>. 당해 사건을 처리하는 변호사와 수임이 제한된 변호사들 사이에 당해 사건 관련 비밀이 공유되지 않도록 합리적 조치 필요.

다. 법무법인 등 가입 전에 수임한 사건의 수임 가능 여부

법무법인 등의 구성원이 된 때부터는 수임의 주체가 **법무법인 등**이 되는 것임(그 구성원 변호사는 담당변호사로 지정되는 지위).

라. 법무법인 퇴사, 법무법인 등의 해산 후 이익충돌 관련 규정의 적용

법무법인을 퇴사하거나 법무법인 등이 해산된 경우, 법무법인 등의 구성원 변호사이었거나 구성원이 아닌 소속 변호사이었던 자는 직접 관여 여부를 불문하고, 법무법인을 퇴사하거나 법무법인 등이 해산된 후에도 법무법인 등의 이익충돌 관련 규정을 동일하게 적용된다는 것이 대법원의 입장임.

> 대법원 2003.5. 30. 선고 2003다15556 판결(채무부존재확인)
> 변호사법 제31조 제1호에서는 변호사는 당사자 일방으로부터 상의를 받아 그 수임을 승낙한 사건의 상대방이 위임하는 사건에 관하여는 그 직무를 행할 수 없다고 규정하고 있고, 위 규정의 입법 취지 등에 비추어 볼 때 동일한 변호사가 형사사건에서 피고인을 위한 변호인으로 선임되어 변호활동을 하는 등 직무를 수행하였다가 나중에 실질적으로 동일한 쟁점을 포함하고 있는 민사사건에서 위 형사 사건의 피해자에 해당하는 상대방 당사자를 위한 소송대리인으로서 소송행위를 하는 등 직무를 수행하는 것 역시 마찬가지로 금지되는 것으로 볼 것이며, 이러한 규정은 같은 법 제57조의 규정에 의하여 법무법인에 관하여도 준용된다고 할 것이므로, 법무법인의 구성원 변호사가 형사사건의 변호인으로 선임된 그 법무법인의 업무담당변호사로 지정되어 그 직무를 수행한 바 있었음에도, 그 이후 제기된 같은 쟁점의 민사사건에서 이번에는 위 형사사건의 피해자측에 해당하는 상대방 당사자를 위한 소송 대리인으로서 직무를 수행하는 것도 금지되는 것임은 물론이고, 위 법무법인이 해산된 이후라도 변호사 개인의 지위에서 그와 같은 민사사건을 수임하는 것 역시 마찬가지로 금지되는 것이라고 풀이할 것이며, 비록 민사사건에서 직접적으로 업무를 담당한 변호사가 먼저 진행된 형사사건에서 피고인을 위한 직접적인 변론에 관여를 한 바 없었다고 하더라도 달리 볼 것은 아니라고 할 것이니, 이러한 행위들은 모두 변호사법 제31조 제1호의 수임제한규정을 위반한 것이다.

마. 법무법인 등 탈퇴 후의 수임 제한

법무법인 등의 구성원이었거나 구성원 아닌 소속 변호사였던 자는 법무법인 등의 소속 기간 중 그 법무법인 등이 상의를 받아 수임을 승낙한 사건에 관하여 변호사의 업무를 수행할 수 없음. (변호사법 제52조 제2항).

- ▸ 위반 시 형사처벌에 관한 규정은 없음.
- ▸ 이와 관련하여 대한변호사협회는 수임 승낙 당시의 심급이 종결된 후에는 수임 제한을 받지 않고 그 사건의 상소심을 수임할 수 있다고 해석.

바. 주식회사의 이사 직무대행자로 선임된 회사의 사건을 수임할 수 있는지 여부

- ◉ 법무법인 등의 구성원 변호사가 주식회사의 이사 직무대행자로 선임된 경우, 그 주식회사의 소송사건을 자신이 소속된 법무법인에 위임할 수 있는지 여부가 문제됨.
- ◉ 이 경우 변호사법, 변호사윤리장전 윤리규약에는 이와 관련된 규정이 없으며, 상법 제398조에서 규율하는 자기거래(주식회사 이사와 회사 간 거래)에 해당하여 이사회의 사전 승인을 받아야 함.
  - ▸ [참고] 주식회사의 이사 직무대행자: (i) 상법 제407조 이사선임결의 무효·취소 or (ii) 이사 해임의 소가 제기된 경우, 당사자의 신청에 의하여 법원이 선임

사. 관련정보 관리

- [주의] 구성원 변호사만 해당(소속 변호사는 해당 X).

    변호사윤리장전 (윤리규약)
    제49조(수임 관련 정보의 관리) **법무법인 등(주: "법무법인 등" = 법무법인, 법무법인(유한), 법무조합, 공증인 가합동법률사무소, 공동법률사무소)**은 전조의 규정에 의해 수임이 제한되는 사건을 수임하지 않도록 의뢰인, 상대방 당사자. 사건명 등 사건 수임에 관한 정보를 관리하고, 필요한 합리적인 범위 내에서 사건 수임에 관한 정보를 구성원 변호사들이 공유할 수 있도록 적절한 조치를 취한다.

2. 법무법인 등과 비밀유지의무

= 법무법인 등 내 비밀유지의무 & 법무법인 등 퇴직 후 비밀유지의무

    변호사윤리장전(윤리규약)
    제47조(비밀유지의무) 법무법인 등의 구성원 변호사 및 소속 변호사는 정당한 이유가 없는 한 다른 변호사가 의뢰인과 관련하여 직무상 비밀유지의무를 부담하는 사항을 알게 된 경우에는, 이를 누설하거나 이용하지 아니한다. 이는 변호사가 해당 법무법인 등으로부터 퇴직한 경우에도 같다.

덕조윤리 개념편

기업변호사의
윤리

13

1 사내변호사

1. 의의

정부, 공공기관, 비영리단체, 기업 등 단체(법무법인 등 제외)에 고용되어 그 기업의 법적 업무를 담당하는 변호사.

2. 이중적 지위

소송사건에 관한 회사의 소송대리인으로서의 지위 & 회사 내부 업무를 처리하는 피용자의 지위.

3. 독립성

그 직무를 수행함에 있어 독립성 유지가 변호사의 기본 윤리임을 명심하고, 직업적 양심과 전문적 판단에 따라 업무를 성실히 수행.

> 변호사윤리장전 (윤리규약)
> 제51조(사내변호사의 독립성) 정부, 공공기관, 비영리단체, 기업, 기타 각종의 조직 또는 단체 등(단, 법무법인 등은 제외한다. 이하 '단체 등'이라 한다)에서 임원 또는 직원으로서 법률사무 등에 종사하는 변호사(이하 '사내변호사'라 한다)는 그 직무를 수행함에 있어 독립성의 유지가 변호사로서 준수해야 하는 기본 윤리임을 명심하고, 자신의 직업적 양심과 전문적 판단에 따라 업무를 성실히 수행한다.

4. 충실의무

변호사윤리의 범위 안에서 속한 단체 등의 이익을 위하여 성실히 업무 수행.

> 변호사윤리장전 (윤리규약)
> 제52조(사내변호사의 충실의무)
> 사내변호사는 변호사윤리의 범위 안에서 그가 속한 단체 등의 이익을 위하여 성실히 업무를 수행한다.

5. 사내변호사의 의무가 문제되는 경우

- 사내변호사가 회사 명의가 아니라 변호사 명의로 법률사무 처리: 소속 지방변호사회의 겸직허가를 받는 경우에 한하여 가능(개업신고 필요).
- 사내변호사가 회사나 회사 직원의 사건 수임: 소속 지방변호사회의 겸직허가를 받는 경우에 한하여 가능(개업신고 필요). 변호인선임서나 소송위임장 등을 받아 소속 지방변호사회를 경유하여 법원이나 수사기관에 제출하여야. [→ 변호사의 겸직 제한과 관련하여 제8장 "변호사의 직무에 관한 의무" 참조]
- 회사와 직원 간 분쟁에서 이익 충돌: 원칙 – 수임 X. 예외 – 관계 의뢰인들(회사와 직원) 모두 동의하고, 의뢰인의 이익이 침해되지 않는다는 합리적인 사유가 있는 경우에는 수임 O. (변호사윤리장전 윤리규약 제22조 제1항 제5호)
- 사내변호사가 고용주의 업무로서 일반인에게 법률서비스 제공: 금지. (변호사법 제34조 제4항 "비변호사의 변호사를 고용한 법률사무소 개설·운영 금지", 제34조 제5항 "비변호사와의 보수분배 등 동업 금지")

6. 법무법인 등 구성원·소속 변호사의 사내변호사 겸직 금지

법무법인 등의 구성원이나 구성원 아닌 소속 변호사는 제3자에게 고용되는 사내변호사 형태의 변호사 업무를 수행할 수

없음(겸직 허가 대상도 아님에 유의할 것). (변호사법 제52조 제1항)

2 고문변호사

1. 의의

- 기업 등 단체(주: 의뢰인은 기업 등 단체 자체)로부터 법률상담 및 법률사무에 관하여 <u>계속적 의뢰를 받는 계약관계</u>에 있는 변호사.
- 사내변호사와 같은 사용·종속 관계 없음.

2. 고문변호사의 의무가 문제되는 경우

- 이익충돌 회피의무: 자문사건 중 <u>대립하는 당사자가 구체적으로 특정되고 구체적인 법률관계에 대하여 일방 당사자에게 조력하겠다는 의사가 표시된 경우</u>에는 수임사건에 준하여 이익충돌에 따른 수임 제한 적용.
- 비밀유지의무: 고문계약이 해지된 이후에도 비밀유지의무를 부담.

3. 고문변호사의 겸직 제한

- 이사 취임

휴업을 하지 않는 한, 소속 지방변호사회의 겸직 허가를 받아야만 가능. (변호사법 제38조 제2항)

- 사외이사 취임
  - ▶ 상장회사: 상장회사와 법률자문계약을 체결한 변호사의 사외이사 취임 자격 제한 (상법 제542조의8 제2항 제7호)
  - ▶ 비상장회사: 비상장회사와 법률자문계약을 체결한 변호사의 사외이사 취임은 가능. 다만, 회사와의 법률고문계약 체결은 자기거래에 해당하므로 이사회의 사전 승인 필요.

- 감사 취임

가능(감사는 변호사법 제38조 조2항에 따른 지방변호사회의 겸직허가 대상에 포함되지 않으며, 고문변호사는 상법 제411조에 따라 감사 겸임이 금지되는 사용인에 포함되지 않음)

덕조윤리 개념편

변호사와 의뢰인
외의 자의 관계

14

1 변호사와 상대방 당사자의 관계

1. 상대방 당사자와 직접 접촉·교섭

가. 수임사건의 상대방 당사자에게 변호사 또는 법정대리인이 있는 경우

- ◎ 원칙: 직접 접촉·교섭 금지.
  - ▸ 전화·우편·팩스·이메일 포함, 사무직원 등 다른 사람을 통해서 만나는 것 모두 금지.
- ◎ 예외:
  - ▸ (i) 변호사 또는 법정대리인의 동의
    - ↳ 상대방 당사자가 먼저 접촉을 제안하였더라도, 반드시 상대방의 대리인에게 먼저 동의 여부를 확인하여야 함
  - ▸ (ii) 기타 합리적인 이유가 있는 경우
    - ↳ 법에 의해 허용된 경우, 법원의 명령에 의한 경우 등

> 변호사윤리장전 (윤리규약)
> 제45조(대리인 있는 상대방 당사자와의 직접교섭 금지) 변호사는 수임하고 있는 사건의 상대방 당사자에게 변호사 또는 법정대리인이 있는 경우에는, 그 변호사 또는 법정대리인의 동의나 기타 다른 합리적인 이유가 없는 한 상대방 당사자와 직접 접촉하거나 교섭하지 아니한다.

나. 수임사건의 상대방 당사자에게 변호사 또는 법정대리인이 없는 경우

- ◎ 직접 접촉·교섭 가능.

2. 변호사와 상대방 간의 이익 수령·요구·제공 및 약속 금지

- ◎ '수임하고 있는 사건의 상대방'으로부터 이익 수령·요구 및 약속 금지(독직행위 금지) **(위반시 형사처벌)**

> 변호사법
> 제33조(독직행위의 금지) 변호사는 수임하고 있는 사건에 관하여 상대방으로부터 이익을 받거나 이를 요구 또는 약속하여서는 아니 된다.
> 제109조(벌칙) 다음 각 호의 어느 하나에 해당하는 자는 7년 이하의 징역 또는 5천만원 이하의 벌금에 처한다. 이 경우 벌금과 징역은 병과할 수 있다.
> 2. 제33조 또는 제34조(제57조, 제58조의16 또는 제58조의30에 따라 준용되는 경우를 포함한다)를 위반한 자
> 변호사윤리장전 (윤리규약)
> 제43조(부당한 이익 수령 금지) 변호사는 사건의 상대방 또는 상대방이었던 자로부터 사건과 관련하여 이익을 받거나 이를 요구 또는 약속받지 아니한다.

- ◎ '사건의 상대방이었던 자'로부터 사건 관련 이익 수령·요구 및 약속 금지

> 변호사윤리장전 (윤리규약)
> 제43조(부당한 이익 수령 금지) 변호사는 사건의 상대방 또는 상대방이었던 자로부터 사건과 관련하여 이익을 받거나 이를 요구 또는약속받지 아니한다.

- ◎ 사건의 상대방 또는 상대방이었던 자'에게' 사건 관련 이익 제공·약속 금지

> 변호사윤리장전 (윤리규약)
> 제44조(부당한 이익 제공 금지) 변호사는 사건의 상대방 또는 상대방이었던 자에게 사건과 관련하여 이익을 제

공하거나 약속하지 아니한다.

3. 상대방의 프라이버시 침해 또는 명예 훼손

◎ 판례는 변호사가 변론과정에서 상대방의 프라이버시나 명예 관련 사항을 주장하여 상대방의 프라이버시가 침해되거나
명예가 훼손되었다 하더라도, 정당한 변론활동의 범위 내라면 위법성이 없다고 봄.

> 대법원 2008. 2. 15. 선고 2006다26243 판결 [손해배상(기)]
> 민사소송절차의 변론과정에서 당사자가 상대방의 프라이버시나 명예에 관한 사항을 주장하고 이에 관한 증거
> 자료를 제출함으로써 상대방의 프라이버시가 침해되거나 명예가 훼손되었다 하더라도, 그 주장과 입증이 당사
> 자에게 허용되는 정당한 변론활동의 범위를 일탈한 것이 아니라면 위법성이 없다고 보아야 한다.
> 원심은, 피고 산하 안동교도소장이 그곳에 기결수로 수감중이던 원고가 제출한 판시 심사청구서와 서신들의 발
> 송을 불허함으로써 원고의 통신권을 위법하게 침해하였다고 주장하면서 원고가 피고를 상대로 제기한 전주지
> 방법원 2004가소28388호 위자료청구소송에서, 피고가 그 답변서를 통하여 판시와 같이 원고의 형이 확정된
> 범죄사실, 교도소 내에서의 추가적인 범죄사실과 징벌 내용, 원고가 수용생활 중 각종 기관이나 단체에 제기 또
> 는 제출해 온 다수의 형사고소·질의·진정·청원·정보공개청구·손해배상청구 등의 내역에 관한 사실을 주장하고
> 이를 뒷받침하는 증거자료를 제출한 것은 위 소송의 주요사실 내지 쟁점에 해당하는 행형법 시행령 제62조 제
> 3항 제3호, 제4호 소정 서신발송불허가 사유의 존부나 피고 주장의 소권남용 여부를 판단함에 있어 필요한 간
> 접사실에 관한 주장·입증으로 볼 여지가 충분하고, 또 위 답변서의 판시 ⑦항 기재 내용은 객관적 사실에 피고
> 의 의견 내지 평가를 덧붙인 것에 불과할 뿐 아니라 피고의 소권남용 주장과 무관하지 않으므로 이를 허위 사실
> 또는 당해 사건과 관련이 없는 사실의 주장으로 보기 어렵다는 이유로, 이와 같은 피고의 주장과 입증은 정당한
> 변론활동의 범위를 일탈한 것이 아니어서 위법성이 없다고 판단한 다음, 위 주장과 입증으로 자신의 프라이버
> 시와 명예 등 인격권이 침해되었다고 주장하는 원고의 이 사건 위자료청구를 기각하였다.
> 관련 법규와 기록에 비추어 살펴보면, 원심의 판단은 정당한 것으로 수긍이 가고, 거기에 상고이유에서 주장하
> 는 바와 같은 인격권 침해 여부에 관한 법리오해나 자유심증주의 또는 채증법칙 위배 등의 위법이 없다.

2 변호사 상호 간의 관계

1. 변호사 상호 간의 기본 윤리

> 변호사윤리장전 (윤리규약)
> 제2조(기본 윤리) ③ 변호사는 서로 존중하고 예의를 갖춘다.
> 제10조(상대방 비방 금지 등) ① 변호사는 상대방 또는 상대방 변호사를 유혹하거나 비방하지 아니한다.
> ② 변호사는 수임하지 않은 사건에 개입하지 아니하고, 그에 대한 경솔한 비판을 삼간다.

2. 다른 변호사의 참여

> 변호사윤리장전 (윤리규약)
> 제25조(다른 변호사의 참여) ① 변호사는 의뢰인이 다른 변호사에게 해당 사건을 의뢰하는 것을 방해하지 아니
> 한다.
> ② 변호사는 의뢰인이 변호사를 바꾸고자 할 경우에는 업무의 인수인계가 원활하게 이루어질 수 있도록 합리적
> 인 범위 내에서 협조한다.

3. 공동 직무수행

> 변호사윤리장전 (윤리규약)
> 제26조(공동 직무수행) ① 변호사는 동일한 의뢰인을 위하여 공동으로 직무를 수행하는 경우에는, 의뢰인의 이

익을 위해 서로 협력한다.

② 변호사는 공동으로 직무를 수행하는 다른 변호사와 의견이 맞지 아니하여 의뢰인에게 불이익을 미칠수 있는 경우에는, 지체 없이 의뢰인에게 이를 알린다.

4. 분쟁 조정 (당사자의 청구로)

변호사법

제74조(분쟁의 조정) 지방변호사회는 그 회원인 변호사 상호간 또는 그 회원인 변호사와 위임인 사이에 직무상 분쟁이 있으면 당사자의 청구에 의하여 이를 조정할 수 있다.

3 변호사와 법원의 관계

1. 사법권 존중, 공정한 재판 및 적법 절차 실현 노력

변호사윤리장전 (윤리규약)

제35조(사법권의 존중 및 적법 절차 실현) 변호사는 사법권을 존중하며, 공정한 재판과 적법 절차의 실현을 위하여 노력한다.

2. 법원 업무에 대한 영향력 선전 및 행사 금지

변호사법

제30조(연고 관계 등의 선전금지) 변호사나 그 사무직원은 법률사건이나 법률사무의 수임을 위하여 재판이나 수사업무에 종사하는 공무원과의 연고(緣故) 등 사적인 관계를 드러내며 영향력을 미칠 수 있는 것으로 선전하여서는 아니 된다.

변호사윤리장전 (윤리규약)

제20조(수임 시의 설명 등) ④ 변호사는 사건의 수임을 위하여 재판이나 수사업무에 종사하는 공무원과의 연고 등 사적인 관계를 드러내며 영향력을 미칠 수 있는 것처럼 선전하지 아니한다.

제38조(영향력 행사 금지) 변호사는 개인적 친분 또는 전관관계를 이용하여 직접 또는 간접으로 법원이나 수사기관 등의 공정한 업무 수행에 영향을 미칠 행위를 하지 아니한다.

3. 재판절차에서의 진실의무

변호사윤리장전 (윤리규약)

제36조(재판절차에서의 진실의무) ① 변호사는 재판절차에서 의도적으로 허위 사실에 관한 주장을 하거나 허위증거를 제출하지 아니한다.

② 변호사는 증인에게 허위의 진술을 교사하거나 유도하지 아니한다.

제11조(위법행위 협조 금지 등)

③ 변호사는 위증을 교사하거나 허위의 증거를 제출하게 하거나 이러한 의심을 받을 행위를 하지 아니한다.

4. 소송 기일·기한 준수 및 부당한 소송지연 금지

변호사윤리장전(윤리규약)

제37조(소송 촉진) 변호사는 소송과 관련된 기일, 기한 등을 준수하고, 부당한 소송지연을 목적으로 하는 행위를 하지 아니한다.

국선변호인

15

1 국선변호인의 의의

1. 의의

= 국가(법원)에 의하여 선정된 변호인

2. 국선변호인의 조력을 받을 권리

⊙ 국가는 피고인이 국선변호인의 '실질적' 조력을 받을 수 있도록 보장하여야.

⊙ 이해가 상반된 피고인들을 모두 변론하도록 한 국선변호인 선정은 국선변호인의 조력을 받을 피고인의 권리 침해에 해당 O.

> 대법원 2015. 12. 23. 선고 2015도9951 판결(모욕·폭행·상해·명예훼손)
> 헌법상 보장되는 '변호인의 조력을 받을 권리'는 변호인의 '충분한 조력'을 받을 권리를 의미하므로, 피고인에게 국선변호인의 조력을 받을 권리를 보장하여야 할 국가의 의무에는 피고인이 국선변호인의 실질적 조력을 받을 수 있도록 할 의무가 포함된다.
> 공소사실 기재 자체로 보아 어느 피고인에 대한 유리한 변론이 다른 피고인에게는 불리한 결과를 초래하는 경우 … 이해가 상반된 피고인들 중 어느 피고인이 특정 법무법인을 변호인으로 선임하고 해당 법무법인이 담당변호사를 지정하였을 때, 법원이 위 담당변호사 중 1인 또는 수인을 다른 피고인을 위한 국선변호인으로 선정한다면, 국선변호인으로 선정된 변호사는 이해가 상반된 피고인들 모두에게 유리한 변론을 하기 어렵다. 결국 이로 인하여 위 다른 피고인은 국선변호인의 실질적 조력을 받을 수 없게 되었다고 보아야 하고, 따라서 위와 같은 국선변호인 선정은 국선변호인의 조력을 받을 피고인의 권리를 침해하는 것이다.

2 국선변호인의 기본 윤리

⊙ 이해관계인 등으로부터 '부당한' 보수를 받지 아니함.

⊙ 신속하고 성실하게 처리하고 다른 일반 사건과 차별하지 않음.

⊙ 이미 수임하고 있는 사건과 이해관계가 상반되는 등 정당한 사유가 있는 경우는 그 취지를 알리고 거절.

> 변호사윤리장전 (윤리규약)
> 제4조(공익 활동 등) ② 변호사는 국선변호 등 공익에 관한 직무를 위촉받았을 때에는 공정하고 성실하게 직무를 수행하며, 이해관계인 등으로부터 부당한 보수를 받지 아니한다.
> 제16조(수임 거절 등) ③ 변호사는 법원을 비롯한 국가기관 또는 대한변호사협회나 소속 지방변호사회로부터 국선변호인, 국선대리인, 당직변호사 등의 지정을 받거나 기타 임무의 위촉을 받은 때에는, 신속하고 성실하게 이를 처리하고 다른 일반 사건과 차별하지 아니한다. 그 선임된 사건 또는 위촉받은 임무가 이미 수임하고 있는 사건과 이해관계가 상반되는 등 정당한 사유가 있는 경우에는, 그 취지를 알리고 이를 거절한다.

3 국선변호인의 보수

⊙ 국선변호인의 보수: 매년 예산의 범위 안에서 대법관회의에서 결정

⊙ 국선변호인의 일당, 여비 및 숙박료: 국선변호인이 기일에 출석하거나 조사·처분에 참여한 경우에만 지급

⊙ 국선변호인에 대한 실비변상: 국선변호인이 변론·심문 종결일 전까지 '국선변호보수증액등신청서'에 사유와 내역을 기재하여 소명자료와 함께 제출하면, 재판장이 인정하는 범위 내에서 실비 상당의 변상금을 지급

형사소송비용 등에 관한 법률
제8조(국선변호인의 일당 등) ① 국선변호인에게 지급할 일당, 여비 및 숙박료의 금액은 제3조부터 제6조까지에 규정된 기준에 준하여 대법원규칙으로 정하는 범위에서 법원이 정한다.
② 국선변호인에게 지급할 보수의 기준 및 금액은 대법원규칙으로 정하는 범위에서 법원이 정한다.
제10조(일당 등의 지급 요건) 증인·감정인·통역인 또는 번역인에게 지급하는 일당, 여비 및 숙박료는 법원이 정한 기일·장소에 출석하거나 조사받은 경우에만 지급하며, 국선변호인에게 지급하는 일당, 여비 및 숙박료는 국선변호인이 기일에 출석하거나 조사 또는 처분에 참여한 경우에만 지급한다.

형사소송비용 등에 관한 규칙
제5조(국선변호인의 일당등) ① 법 제8조제1항의 규정에 의한 국선변호인의 일당은 매년 예산의 범위안에서 대법관회의에서 정한다.
② 국선변호인의 국내여비 및 숙박료에 관하여는 제3조제2항의 규정을 준용한다.
③ 국선변호인이 국외여행하는 경우의 여비 및 숙박료에 관하여는 제4조제2항, 제3항의 규정을 준용하되, 이 경우 "중간 등급 이하의 운임"은 "최상등급의 운임"으로, 별표 1 여비지급구분표의 제2호 나목 해당자는 별표 1 여비지급구분표의 제1호 라목 해당자로 본다.
제6조(국선변호인의 보수) ① 법 제8조제2항의 규정에 의한 국선변호인의 보수는 매년 예산의 범위안에서 대법관회의에서 정하며 그 보수는 심급별로 지급하되, 체포 또는 구속적부심에 있어서는 심급에 관계없이 별도로 지급한다.
② 제1항의 보수는 사안의 난이, 국선변호인이 수행한 직무의 내용, 사건처리에 소요된 시간 등을 참작하여 예산의 범위안에서 당해 재판장이 이를 증액할 수 있다.
③ 공익법무관, 사법연수생, 변호사자격이 있는 장교, 군법무관시보인 국선변호인에 대하여는 보수를 지급하지 아니한다. 다만, 피고인 또는 피의자의 접견을 위한 비용 기타 재판장이 인정하는 실비를 변상할 수 있다.

국선변호에 관한 예규(재형 2003-10) 2024. 5. 24. 시행
제15조(보수의 증액 등 기준) ① 국선변호인에 대한 보수의 증액 또는 감액 지급이나 실비변상의 구체적인 기준은 다음 각호와 같다. 다만, 각급법원은 고유의 실정을 고려하여 증액지급의 항목과 기준을 달리 정할 수 있다.
6. 변론활동을 위하여 피고인 또는 피의자접견, 기록의 열람, 복사, 통역, 번역을 시행하거나 여비, 숙박비, 식비 기타 비용을 지출한 경우에는 재판장이 인정하는 범위 내에서 국선변호인이 소명하는 비용을 지급한다.
7. 재판장은 사안의 난이, 국선변호인이 수행한 직무의 내용, 사건처리에 소요된 시간과 노력, 사건처리의 결과 등을 고려하여 기본 보수액의 300%의 범위 내에서 증액하여 지급할 수 있다.
제16조(보수액 등의 결정) ② 국선변호인은 제15조제1항제4호, 제6호 및 제7호의 보수증액사유 또는 실비변상사유가 있는 경우에는 그 내역을 국선변호보수증액등신청서[전산양식B2062]에 기재하여 소명자료와 함께 변론 또는 심문 종결일(변론을 거치지 아니하고 사건이 종결된 경우에는 항소심에서는 선고일, 상고심에서는 국선변호인에 대한 선고기일 지정 통지일을 변론 종결일로 본다. 이하 같다)전까지 제출할 수 있다.
⑤ 법원사무관등은 판결선고, 결정고지, 제2항 후문의 보수증액등신청서가 제출된 후 지체없이 사건기록 및 국선변호인이 제출한 제2항의 서면을 기초로 재판사무시스템에 보수증액사항 또는 실비변상 사항을 입력한 다음 "국선변호인 명단 및 보수 등 의뢰 목록"을 출력하여 재판장에게 제출하고 재판장은 달리 보수 증감 사유가 없으면 위 목록에 기명날인하여 법원사무관등에게 교부한다.

4 국선변호인의 사선변호인으로의 전환

변호사윤리장전 (윤리규약)
제17조(국선변호인 등)
① 국선변호인 등 관련 법령에 따라 국가기관에 의하여 선임된 변호사는 그 사건을 사선으로 전환하기 위하여 부당하게 교섭하지 아니한다.
② 의뢰인의 요청에 의해 국선변호인 등이 사선으로 전환한 경우에는 별도로 소송위임장, 변호사선임신고서 등

을 제출한다.

5 국선변호인의 사임

◎ 국선변호인은 다음 각호의 어느 하나에 해당하는 경우에 '법원 또는 지방법원 판사의 허가'를 얻어 사임 가능 (형사소송규칙 제20조)

▸ (i) 질병 또는 장기여행으로 인하여 국선변호인의 직무를 수행하기 곤란할 때

▸ (ii) 피고인 또는 피의자로부터 폭행, 협박 또는 모욕을 당하여 신뢰관계를 지속할 수 없을 때

▸ (iii) 피고인 또는 피의자로부터 부정한 행위를 할 것을 종용받았을 때

▸ (iv) 그 밖에 국선변호인으로서의 직무를 수행하는 것이 어렵다고 인정할 만한 상당한 사유가 있을 때

6 국선변호인의 선정 취소

◎ 필요적 취소 사유: 법원 또는 지방법원 판사는 다음 각 호의 어느 하나에 해당하는 경우 국선변호인 선정을 취소하여야 함 (형사소송규칙 제18조 제1항)

▸ 피고인 또는 피의자에게 변호인이 선임된 때

▸ 국선변호인이 국선변호인의 자격을 상실한 때

▸ 법원 또는 지방법원 판사가 국선변호인의 사임을 허가한 때

◎ 임의적 취소 사유: 법원 또는 지방법원 판사는 다음 각 호의 어느 하나에 해당하는 경우 국선변호인 선정을 취소할 수 있음 (형사소송규칙 제18조 제2항)

▸ 국선변호인이 그 직무를 성실하게 수행하지 아니하는 때

▸ 피고인 또는 피의자의 국선변호인 변경 신청이 상당하다고 인정하는 때

▸ 그 밖에 국선변호인의 선정결정을 취소할 상당한 이유가 있는 때

6 국선변호인에 대한 평가 등

◎ 평가: 재판장은 분기별 또는 반기별로 국선변호인의 활동에 대한 평가서 작성하여 법원장에게 제출. (국선변호에 관한 예규)

◎ 감독: 법원은 국선변호인이 그 임무를 해태하여 국선변호인으로서의 불성실한 사적이 현저하다고 인정할 때에 그 사유를 대한변호사협회장 또는 소속 지방변호사회장에게 통고할 수 있음. (형사소송규칙 제21조)

◎ 국선전담변호사의 위촉 및 해촉: (국선변호에 관한 예규)

↳ 국선전담변호사는 법원행정처장에 의하여 2년의 위촉기간으로 위촉되고, 국선전담변호사가 지정된 법원은 국선전담변호사를 우선적으로 국선변호인으로 선정 가능.

↳ 법원행정처장은 국선전담변호사가 품위를 잃은 행위를 한 경우 등 사유가 있는 경우 국선전담변호사를 해촉할 수

있음.

➥ 해촉된 국선전담변호사는 <u>위촉기간 중 국선변호인으로 선정된 사건</u>에 대해서 당해 심급 종결시까지는 국선변호
<u>업무를 담당하여야.</u>

덕조윤리 개념편

법조윤리협의회

16

1 개요

1. 목적

법조윤리 확립, 건전한 법조풍토 조성을 목적으로 하는 상설 법조윤리협의기구

2. 구성 및 임기

- 구성 : 9명
  - ▶ 경력 10년 이상의 판사·검사·변호사, 법학 교수·부교수, 경험과 덕망이 있는 자 中
  - ▶ 법원행정처장 3명, 법무부장관 3명, 대한변호사협회의 장 3명 지명·위촉
- 위원장 : 대한변호사협회장 지명·위촉 위원 중 재적위원 과반수 동의로 선출
- 임기: 2년 (연임 가능)

3. 업무

변호사법
제89조(윤리협의회의 기능 및 권한)
①윤리협의회는 다음 각 호의 업무를 수행한다.
1. 법조윤리의 확립을 위한 법령·제도 및 정책에 관한 협의
2. 법조윤리 실태의 분석과 법조윤리 위반행위에 대한 대책
3. 법조윤리와 관련된 법령을 위반한 자에 대한 징계개시(懲戒開始)의 신청 또는 수사 의뢰
4. 그 밖에 법조윤리의 확립을 위하여 필요한 사항에 대한 협의

4. 법조윤리협의회의 사실 조회, 자료 제출, 출석 요구 및 현장조사 (위반 시 과태료)

변호사법
제89조(윤리협의회의 기능 및 권한)
② 윤리협의회는 제1항제3호에 따른 징계개시의 신청 또는 수사 의뢰 등 업무수행을 위하여 필요하다고 인정하면 관계인 및 관계 기관·단체 등에 대하여 관련 사실을 조회하거나 자료 제출 또는 윤리협의회에 출석하여 진술하거나 설명할 것을 요구할 수 있으며, 관계인 및 관계 기관·단체 등이 정당한 이유 없이 이를 거부할 때에는 소속 직원으로 하여금 법무법인, 법무법인(유한), 법무조합, 법률사무소, 「외국법자문사법」제2조제9호에 따른 합작법무법인에 출입하여 현장조사를 실시하게 할 수 있다. 이 경우 요구를 받은 자 및 기관·단체 등은 이에 따라야 한다.
제117조(과태료)
③ 다음 각 호의 어느 하나에 해당하는 자에게는 500만원 이하의 과태료를 부과한다.
2. 제89조제2항에 따른 윤리협의회의 요구에 정당한 이유 없이 따르지 아니하거나 같은 항에 따른 현장조사를 정당한 이유 없이 거부·방해 또는 기피한 자

5. 법조윤리협의회 위원 등의 비밀 누설 금지 (위반 ⇨ 형사처벌)

변호사법
제89조의8(비밀 누설의 금지) 윤리협의회의 위원·간사·사무직원 또는 그 직에 있었던 자는 업무처리 중 알게 된 비밀을 누설하여서는 아니 된다.
제112조(벌칙) 다음 각 호의 어느 하나에 해당하는 자는 3년 이하의 징역 또는 2천만원 이하의 벌금에 처한다.

이 경우 벌금과 징역은 병과할 수 있다.
7. 제77조의2 또는 제89조의8을 위반하여 비밀을 누설한 자

2 '공직퇴임변호사'의 수임 자료 및 처리 결과 제출

[→ 공직퇴임변호사의 수임 제한에 관하여는 제9장 "변호사의 이익충돌 회피의무" 참조.]

1. 공직퇴임변호사의 수임 자료 및 처리 결과 제출

◎ 공직퇴임변호사: 법관, 검사, 장기복무군법무관 기타 공무원 직에서 퇴직하여 변호사 개업한 자(법무법인·법무법인(유한)·법무조합·합작법무법인의 담당변호사로 지정된 경우 포함). (다만, 재판연구원, 사법연수생, 병역의무 이행을 위한 군인·공익법무관 등 근무자 제외)

◎ 제출 개요: 공직퇴임변호사(수임 자료, 처리 결과) ⇨ 소속 지방변호사회 ⇨ 법조윤리협의회
◎ 제출 기간: 퇴직일로부터 2년 동안
◎ 제출 자료: 수임 사건에 관한 수임 자료 & 처리 결과
◎ 변호사의 제출 시기:
‣ 1. 1. ~ 6. 30. : 7. 31.까지
‣ 7. 1. ~ 12. 31. : 다음 해 1. 31.까지
◎ 지방변호사회의 제출 시기: 변호사 제출 시한으로부터 1개월 내

2. 수임사건 처리 결과 등의 통지

◎ 법조윤리협의회는 지방변호사회로부터 공직퇴임변호사의 수임자료 및 처리 결과를 제출받으면 지체 없이 그 사건 목록을 관할 법원·검찰청 등의 장에게 통지.
◎ 통지를 받은 기관의 장은 통지를 받은 날부터 1개월 이내에 통지받은 사건에 대한 처리 현황이나 처리 결과를 법조윤리협의회에 통지

3. 법조윤리협의회 위원장의 징계개시 신청 및 수사 의뢰

◎ '법조윤리협의회 위원장'은 공직퇴임변호사에게 (i) 징계사유 발견 시 대한변호사협회의 장에게 징계개시 신청, (ii) 위법 혐의 발견 시 관할 수사기관의 장에게 수사 의뢰

4. 공직퇴임변호사의 수임 자료 및 처리 결과 제출 위반 시 제재 (⇨ 과태료)

◎ 거짓 자료 제출: 2,000만원 이하 과태료 (변호사법 제117조 제1항)
◎ 미제출: 1,000만원 이하 과태료 (변호사법 제117조 제1항 제8호)

3 '특정변호사'의 수임 자료 및 처리 결과 제출

1. 특정변호사의 수임 자료 및 처리 결과 제출

- ◎ '특정변호사' : 대통령령으로 정하는 수 이상의 사건을 수임한 변호사(법무법인·법무법인(유한)·법무조합·합작법무법인의 담당변호사 포함)
  - ▸ 제출기간(6개월) 내 수임건수 기준
    - (i) 형사 (30건↑) & 소속 회원 평균 수임 건수의 2.5배 이상
    - (ii) 형사 외 본안 (60건↑) & 소속 회원 평균 수임 건수의 2.5배 이상
    - (iii) 형사 외 신청 (120건↑) & 소속 회원 평균 수임 건수의 2.5배 이상

  - ▸ 공동수임은 각 1건, 법무법인 등의 경우 1/담당변호사 수(4명 이상인 경우 1/4)
- ◎ 제출 개요:
  - ▸ 지방변호사회(특정변호사의 성명, 사건 목록) ⇨ 법조윤리협의회
  - ▸ 법조윤리협회 ⇨ 특정변호사에 요구
  - ▸ 특정변호사(수임자료 및 처리결과) ⇨ 법조윤리협의회
- ◎ 지방변호사회의 제출 시기:
  - ▸ 1. 1. ~ 6. 30. : 7. 31.까지
  - ▸ 7. 1. ~ 12. 31. : 다음 해 1. 31.까지
- ◎ 지방변호사회의 제출 자료: '특정변호사'의 성명 & 사건 목록
- ◎ 법조윤리협의회의 특정변호사에 대한 자료 요구:
  - ▸ 법조윤리협의회는 사건수임 관련 규정의 위반 여부를 판단하기 위하여 수임 경위 등을 확인할 필요가 있다고 인정되면 특정변호사에게 자료 제출 요구 가능
  - ▸ 제출 요구 자료: 지방변호사회로부터 제출받은 '사건 목록'에 기재된 사건에 관한 수임 자료 & 처리 결과 (공직퇴임변호사가 제출하는 수임 자료 및 처리 결과의 기재사항 준용)
- ◎ 특정변호사의 제출 시기: 제출을 요구받은 날부터 30일 이내

2. 수임사건 처리 결과 등의 통지 (전술)

3. 법조윤리협의회 위원장의 징계개시 신청 및 수사 의뢰 (전술)

4. 특정변호사의 수임 자료 및 처리 결과 제출 위반 시 제재 (전술)

4 법무법인 등의 퇴직공직자 명단 및 전년도 업무내역서 제출

1. 법무법인 등의 퇴직공직자 명단 및 전년도 업무내역서 제출

◎ 제출 개요 : 법무법인 등(취업한 퇴직공직자 명단, 전년도 업무내역서) ⇨ 주사무소 관할 지방변호사회 ⇨ 법조윤리협의회

▸ 법무법인 등

    (i) 법무법인·법무법인(유한)·법무조합
    (ii) 법무법인 등이 아니면서 변호사 2명 이상이 변호사 업무 수행 시 통일된 형태를 갖추고 수익을 분배하거나 비용을 분담하는 형태로 운영되는 공동사무소에도 적용

◎ 취업한 퇴직공직자

▸ 퇴직공직자

    (i) 공직자윤리법제3조에 따른 재산등록의무자
    (ii) 일정 직급 이상의 직위에 재직했던 변호사 아닌 퇴직공직자

▸ 취업: 근로 또는 서비스를 제공하고 그 대가로 어떠한 명칭으로든지 금품 또는 경제적 이익을 받는 일체의 행위

◎ 법무법인 등의 제출 자료

    (i) 취업한 퇴직공직자의 명단: 성명, 주민등록번호, 퇴직 시 소속기관·직급, 법무법인 등 취업일 등
    (ii) 전년도 업무내역서: 의뢰인 및 소속원에게 제공한 자문·고문 내역, 보수 등

◎ 법무법인 등의 제출 시기

    (i) 취업한 퇴직공직자의 명단: 퇴직공직자가 취업한 때 지체 없이
    (ii) 전년도 업무내역서: 매년 1월말

◎ 지방변호사회의 제출 시기: 별도로 제출 시기에 관한 규정 없음

2. 법조윤리협의회 위원장의 징계개시 신청 및 수사 의뢰 (전술)

3. 법무법인 등의 퇴직공직자 명단 및 전년도 업무내역서 제출 위반 시 제재 (과태료 X)

◎ 법무법인 등이 취업한 퇴직공직자 명단과 전년도 업무내역서를 제출하지 않거나 그에 관한 거짓 자료를 제출하더라도 <u>과태료를 부과할 규정이 없음</u>(입법 미비)

5 법조윤리협의회의 국회 보고 및 자료 제출

변호사법
제89조의9(국회에 대한 보고) ① <u>윤리협의회는 매년 제89조제1항의 업무수행과 관련한 운영상황을 국회에 보고</u>하여야 한다.
② 윤리협의회는 제89조의8에도 불구하고 「인사청문회법」에 따른 인사청문회 또는「국정감사 및 조사에 관한 법률」에 따른 국정조사를 위하여 국회의 요구가 있을 경우에는 제89조의4제3항 및 제89조의5제2항에 따라 제출받은 자료 중 다음 각 호의 구분에 따른 자료를 국회에 제출하여야 한다.
1. 제89조의4제3항에 따라 제출받은 자료 : 공직퇴임변호사의 성명, 공직퇴임일, 퇴직 당시의 소속기관 및 직위, 수임일자, 사건명, 수임사건의 관할 기관, 처리 결과
2. 제89조의5제2항에 따라 제출받은 자료 : 변호사의 성명, 사건목록(수임일자 및 사건명에 한한다)

덕조윤리 개념편

변호사에 대한 징계

17

1 변호사에 대한 징계의 개요

1. 의의

변호사가 규율이나 의무 등을 위반하였을 때 변호사단체 내부적으로 일정한 제재를 가하는 것

2. 요건

가. 징계 대상일 것

- ◎ = 변호사 또는 **법무법인, 법무법인(유한), 법무조합** (징계에 관한 변호사법 제10장 준용 O)
- ◎ 등록한 변호사는 모두 포함:
  - ▸ 대한변호사협회에 등록한 이상, 개업신고를 하지 않았거나 휴업신고를 하고 법률사무를 하지 않는 자도 징계대상이 될 수 있음. 준회원도 징계대상에 포함됨.
- ◎ 결격 사유가 있는 경우의 처리:
  - ▸ 판례는 변호사에게 결격 사유(변호사법 제5조)가 있는 경우에는 바로 변호사로서의 신분 또는 자격을 상실하는 것으로서 변호사명부의 등록이 취소되지 아니하고 남아있다 하더라도 이는 변호사라 할 수 없고, 변호사의 직무를 행할 수 없음(대법원 1974. 5. 14. 선고 74누2 판결). → 변호사가 금고 이상의 형이 확정되어 결격 사유가 발생한 경우 그 자는 변호사가 아니므로 대한변호사협회에게 징계권이 없고, 이 경우 징계개시 청구가 있더라도 각하결정.
- ◎ [참고] 형사처벌을 받은 변호사에 대한 징계는 헌법상 일사부재리 원칙의 위반이 되지 않음.

나. 징계 사유가 존재할 것

- ◎ 징계 유형 및 사유 (변호사법 제90조, 제91조, 변호사징계규칙 제9조)

징계 유형		징계 사유
1. 영구제명		1. <u>변호사의 직무와 관련 2회 이상 금고 이상의 형 선고 & 그 형 확정된 경우</u> (<u>집행유예 포함 / 과실범 제외</u>)
		2. 2회 이상 정직 이상 징계처분 + 다시 징계사유 + 변호사 직무를 수행하는 것이 현저히 부적당하다고 인정되는 경우
그 외	2. 제명 3. 정직 (3년 이하) 4. 과태료 (3천만원 이하) 5. 견책	1. 변호사법 위반
		2. 소속 지방변호사회 회칙 또는 대한변호사협회 회칙 위반 [*]
		3. 직무 내외 막론 변호사로서의 품위 손상 행위
		4. 변호사징계규칙에 따라 출석, 경위서, 소명자료 제출 등의 요구를 받고도 2회 이상 불응한 경우

- ▸ [*] 변호사윤리장전에 위반한 행위는 '대한변호사협회 회칙 위반'의 징계 사유에 해당할 수 있음.

  대한변호사협회 회칙
  제9조 [회원의 의무] ① 모든 회원은 이 회의 회칙, 규칙, 규정 및 결의를 준수하여야 하며, 이 회로부터 지정 또는 위촉받은 사항을 신속·정확하게 처리하여야 한다.

▸ [참고] 헌법재판소는 '징계사유와 징계종류를 결부시켜 규정하지 않은 징계종류조항'에 대하여 명확성원칙에 위배되지 않는다고 판단함.

> 헌재 2012. 11. 29. 2010헌바454 [구 변호사법 제90조 제1항 제2호 등 위헌소원]
> 징계사유와 징계의 종류를 법률에서 구체적으로 결부시킬지 아니면 징계사유에 따른 징계의 종류선택을 징계권자의 재량에 맡길지는 <u>입법자의 입법재량에 속하는 것</u>으로서 이러한 입법재량권 행사가 법 집행자의 자의적인 법령 적용을 초래할 정도로 현저하게 불합리하고 불공정한 것이 아닌 한헌법에 위반된다고 할 수 없다. 그런데 동일한 징계사유라 하더라도 그 구체적인 발생 경위, 행위의 태양, 의무위반의 정도, 결과의 경중 등이 다를 수 있어서 이를 세분하여 법률에 규정하는 것이 입법기술상 어려울 뿐만 아니라, 법률에서 징계사유와 징계의 <u>종류를 구체적으로 결부시키는 것이 오히려 적정한 징계권 행사를 방해할 우려</u>도 있다. 그러므로 징계사유와 징계의 종류를 결부시키지 아니한이 사건 징계종류조항이 입법재량의 범위를 일탈하여 <u>현저하게 불합리하고 불공정하다고 할 수 없다</u>. 따라서 이 사건 징계종류조항은 명확성원칙에 위배되지 아니한다.
> <u>의사, 공인중개사, 건축사, 공인노무사, 기술사, 법관, 검사, 변리사, 세무사, 관세사는 변호사와 그직무의 내용 및 성질, 목적 또는 사명, 자격요건, 의무 등에 차이가 있어서 본질적으로 동일한 비교집단이라고 할 수 없으므로,</u> 이들과 변호사를 청구인의 주장과 같이 다르게 취급한다 하더라도 이는 본질적으로 같지 않은 것을 다르게 취급하는 것에 불과하여 <u>차별 자체가 존재한다고 할 수 없다</u>.

◉ 징계의 감경 및 면제

▸ 종래에는 변호사징계규칙 제31조 제3항에서 징계양정의 참작사유에 관하여만 규정하고 있었으나, 2024. 1. 22. 변호사징계규칙 일부개정으로 제31조의2 신설, 2024. 1. 8. 변호사징계양정규정 제정으로 변협징계위원회의 변호사 징계의 감경 기준과 견책 이하의 결정(불문(경고) 가능, 징계 면제도 가능)을 위한 근거가 마련되었음.

↘ 경위, 공적, 정상 등 고려: 징계의 **감경** 의결 가능.

↘ 직무와 관련 없는 사고로 인한 비위 및 이에 준하는 사안으로 사회통념상 품위 손상이 없었다고 인정되는 경우: 징계의결 **면제** 가능.

3. 법적 성질

◉ 변호사 징계결정은 '공권력적 행정처분'에 해당 O (법관에 의한 재판 X) → 행정소송으로 불복

> 헌재 2000. 6. 29. 99헌가9(변호사법 제81조 제4항 등 위헌제청)
> 변호사징계결정은 대한변호사협회변호사징계위원회의 징계결정이나 그에 불복하여 열리는 <u>법무부변호사징계위원회의 징계결정이나 모두 기본적으로 공권력적 행정처분</u>이라 할 것임 … 대한변호사협회변호사징계위원회나 법무부변호사징계위원회의 징계에 관한 결정은 비록 그 징계위원 중 일부로 법관이 참여한다고 하더라도 이를 <u>헌법과 법률이 정한 법관에 의한 재판이라고 볼 수 없다</u>.

2 징계 절차 (이하 변호사법, 변호사법 시행령, 변호사징계규칙 주요 내용 정리)

징계 절차 (종합 정리)
1. **징계개시 신청 청원**: 의뢰인, 법정대리인, 배우자, 직계친족, 형제자매 → 소속 지방변호사회장 징계개시 신청 재청원: 청원인 → 대한변호사협회장
2. **징계개시 신청**: 지방검찰청 검사장, 고위공직자범죄수사처장, 지방변호사회의 장, 법조윤리협의회 위원장 → 대한변호사협회장

징계개시 신청에 대한 이의신청: 징계개시 신청인 → 대한변호사협회변호사징계위원회(이하 이 장에서 "변협징계위원회")

3. **징계개시 청구:** 대한변호사협회장 → 변협징계위원회 (청구 시효 3년)

4. **징계 심의·결정:** 변협징계위원회 (6개월 이내, 위원 과반수 찬성으로 의결)

　▶ 징계 의결 결과 통지: 변협징계위원회 → 징계혐의자, 징계청구자, 징계개시신청인

　▶ 징계 결정 보고: 대한변호사협회장 → 법무부장관

5. **변협징계위원회 결정에 대한 이의신청:** 징계혐의자, 징계개시 신청인 → 법무부변호사징계위원회(이하 이 장에서 "법무부징계위원회") (변협징계위원회의 징계 결정 통지 후 30일 이내)

6. **이의신청에 대한 결정:** 법무부징계위원회 (위원 과반수 찬성으로 의결: 기각 또는 스스로 징계결정)

7. **법무부징계위원회 결정에 대한 행정소송:** 징계혐의자 → 행정법원 (징계 결정 통지받은 날부터 90일 이내, 징계 결정일로부터 1년 이내 (행정소송법))

8. **징계의 효력 발생:** (i) 이의신청기간이 만료한 때, (ii) 법무부징계위원회의 이의신청에 대한 결정이 난 때

9. **징계의 집행:** 대한변호사협회장

항목	변협징계위원회	법무부징계위원회
변협징계위원회와 법무부징계위원회의 구성 (종합 정리)		
구성	총 9명 ▶ 판사 1명, 검사 1명, 변호사 3명(변호사자격 취득 후 10년 이상) ▶ 변호사 아닌 법학교수 1명 ▶ 변호사 아닌 경험·덕망 있는 자 3명(법원행정처장, 법무부장관, 대한변호사협회장 각 1명 추천)	총 9명 ▶ 법무부장관 ▶ 판사 2명, 변호사 1명 ▶ 법무부차관, 검사 및 고위공무원단에 속하는 일반직공무원 중에서 2명 ▶ 변호사가 아닌 법학교수 또는 경험·덕망이 있는 자 3명
위원장	▶ 위원 중 호선 (변호사자격 취득 후 10년 이상) [주의] "대한변호사협회장 임명"이 아님에 유의할 것!	법무부장관
임기	2년	2년
심의권한	「변호사법」 제91조 징계사건	변협징계위원회 징계 결정에 대한 이의신청 사건
의결	위원 과반수의 찬성	위원 과반수의 찬성
상호겸직	변협징계위원과 법무부징계위원은 겸직 X	

1. 징계개시 신청 청원

◉ 청원인: <u>의뢰인, 법정대리인, 배우자, 직계친족, 형제자매</u> ([주의] 동거인 X!)

◉ 심사기관: <u>지방변호사회의 장</u>

◉ 절차: 지체 없이 징계개시 신청 여부를 결정, 그 결과와 이유를 청원인에게 통지

◉ 재청원:

▸ (i) 청원 기각, (ii) 청원이 접수된 날부터 3개월이 지나도 징계개시 신청 여부 결정되지 아니한 경우

▸ 청원인은

▸ 통지를 받은 날 또는 청원이 접수된 지 3개월이 지난 날부터 14일 이내에 <u>대한변호사협회의 장</u>에게 재청원할 수 있음

2. 징계개시 신청

◎ 신청인:

▸ <u>지방검찰청 검사장 또는 고위공직자범죄수사처장, 지방변호사회의 장</u> (징계개시 신청의무가 있음!)

▸ <u>법조윤리협의회 위원장</u> (징계개시 신청권이 있으나 의무는 부여되지 않음)

> **Quiz** 대한변호사협회 변호사징계위원회는 변호사법 소정의 기관장으로부터 징계개시의 청구를 받아야만 변호사에 대한 징계절차를 개시할 수 있다. (X) (∵ 지방검찰청 검사장, 고위공직자범죄수사처장도 징계개시를 신청할 수 있음.)

◎ 심사기관: <u>대한변호사협회의 장</u>

◎ 이의신청:

▸ (i) 신청 기각 , (ii) 신청이 접수된 날부터 3개월이 지나도 징계개시 청구 여부 결정되지 아니한 경우

▸ 신청인은 통지를 받은 날 또는 신청이 접수된 지 3개월이 지난 날부터 14일 이내에 <u>변협징계위원회</u>에 이의신청을 할 수 있음

3. 징계개시 청구

◎ 청구권자: <u>대한변호사협회의 장</u> (합헌)

> 헌재 2012. 11. 29. 2020헌바454(구 변호사법 제90조 제1항 제2호 등 위헌소원)
> <u>징계사유가 있으면 징계개시 신청이나 재청원의 존재 여부와 관계없이 대한변호사협회장이 징계개시의 청구를 하도록 한 이 사건 징계개시청구조항은 그 의미내용이 명확하므로 명확성원칙에 위배되지 아니한다.</u>

◎ 청구 대상: <u>변협징계위원회</u>

◎ 절차: 단독 결정, 필요하면 조사위원회로 하여금 징계혐의 사실 조사하도록 할 수 있음. 징계개시 청구 결정 시 지체 없이 그 사유를 신청인이나 재청원인에게 통지.

◎ 청구 시효: 징계 사유가 발생한 날부터 3년 (제척기간)

4. 변협징계위원회의 심의·결정

◎ 절차 개시: (i) 대한변호사협회의 장의 징계개시 청구, 또는 (ii) 징계개시 신청인의 이의신청

▸ [주의] 일단 개시된 징계절차는 대한변호사협회의 장이 징계개시 청구를 철회하여도 계속 진행

◎ 직권탐지주의: 징계개시 청구 사실에 한정되지 않음.

◎ 심의 절차에서 관계인의 지위

▸ 징계혐의자: 출석 / 구술·서면으로 유리한 사실 진술 / 필요한 증거 제출 / 특별변호인(변호사, 학식·경험있는 자) 선임(보충진술과 증거제출) / 최종 의견 진술 기회 / 징계혐의자가 출석명령을 받고 징계심의기일에 출석하지 아니하면 서면 심의

▸ 징계개시 청구자·징계개시 신청인: 직접 또는 대리인을 통해 구술·서면으로 의견 진술 / 증거 신청·제출권 인정 X

◎ 심의 정지: 징계혐의가 징계청구된 징계혐의사실로 공소제기되어 있을 때. 다만, (i) 징계사유에 관한 명백한 증명자료가 있는 경우, (ii) 징계혐의자의 심신상실·질병등의 사유로 형사재판절차가 진행되지 아니할 때 제외.

◎ 비밀엄수:

▸ 위원장·위원·예비위원·간사·서기 등은 변협징계위원회의 심의·의결에 관하여 직무상 알게 된 사실을 비밀로 엄수하여야 함. (위반 시 형사처벌 X, 과태료 X)

▸ 징계위원 또는 예비위원들은 직무 수행 전에 서약서를 변협징계위원회에 제출하여야 함. (변호사징계규칙 제30조 제2항, 2024. 1. 22. 신설)

◎ 징계 결정 기간: 징계절차 개시일부터 6개월, 부득이한 사유 시 의결로 6개월 범위 내 연장 가능

◎ 징계 의결: 심의 후, 재적위원 과반수의 찬성으로써 의결

▸ 징계양정: 징계혐의자에게 기본적 인권옹호를 위한 사회공헌활동, 대한변호사협회 변호사포상 규칙에 의한 수상 등 법률문화향상에 기여한 공로가 인정된 때에는 징계양정에 참작할 수 있음.

▸ 공적에 따른 징계감경 가능 (아래 변호사징계양정규정 제3조 제1항 참조)

▸ 경위 그 밖의 정상을 고려한 징계감경 가능 (아래 변호사징계양정규정 제3조 제2항 참조)

▸ 징계 면제 가능 (아래 변호사징계양정규정 제2조 제2항 참조)

> 변호사징계규칙
> 제31조 (결정) ③ 징계위원회는 징계혐의자에게 기본적 인권옹호를 위한 사회공헌활동, 협회 변호사포상규칙에 의한 수상 등 법률문화향상에 기여한 공로가 인정된 때에는 징계양정을 함에 있어 참작할 수 있다.
> 제31조의2 (징계의 감경기준 등) 징계의 감경기준 등은 규정으로 정한다.
> 변호사징계양정규정
> 제2조 (징계의 감경 등) ① 징계위원회는 「변호사법」제90조 및 제91조의 징계의 종류 및 사유에 따른 징계혐의자에 대한 징계와 관련하여 그 경위와 공적 또는 그 밖의 정상 등을 고려하여 징계의 감경을 의결할 수 있다.
> ② 징계위원회는 직무와 관련이 없는 사고로 인한 비위 및 이에 준하는 사안으로 사회통념에 비추어 변호사의 품위를 손상하지 아니하였다고 인정되는 경우에는 징계의결을 하지 않을 수 있다.
> 제3조 (징계의 감경기준) ① 징계위원회는 징계청구된 사람에게 다음 각 호의 어느 하나에 해당하는 공적이 있는 경우에는 예외적으로 별표 1의 징계의 감경기준에 따라 징계를 감경할 수 있다. 다만, 그 변호사가 징계처분이나 이 규정에 따른 경고를 받은 사실이 있는 경우에는 그 징계처분이나 경고처분 전의 공적은 감경 대상 공적에서 제외한다.
> 1. 기본적 인권옹호를 위한 사회공헌활동
> 2. 협회 변호사포상규칙에 의한 수상
> 3. 국선변호인 활동 및 기타 이에 준하는 활동
> ② 징계위원회는 징계청구된 징계혐의자의 비위가 성실하고 능동적인 법률사무처리 과정에서 경미한 과실로 인하여 생긴 것으로 인정되거나, 직무와 관련이 없는 사고로 인한 비위라고 인정될 때, 기타 이에 준하는 사정이 있는 경우에는 예외적으로 그 정상을 참작하여 별표1 징계의 감경기준에 따라 징계를 감경할 수 있다.

[별표 1]

변호사징계규칙 제9조에 따라 인정되는 징계	변호사징계규칙 제31조의2에 따라 감경된 징계
영구제명	제명
제명	정직
정직	과태료
과태료	견책
견책	불문(경고)

◎ 송달·통지: .징계 의결 결과를 <u>징계혐의자에 송달</u> & (징계청구가 징계개시 신청인의 신청에 의한 경우) 당해 징계개시 신청인에 통지
◎ 대한변호사협회의 장의 보고·통지: <u>법무부장관 보고 & 소속 지방변호사회 통지</u>

5. 변협징계위원회 결정에 대한 이의신청

◎ 변협징계위원회의 결정에 불복하는 <u>징계혐의자 & 징계개시 신청인</u>은 통지를 받은 날부터 30일 이내에 이의신청

6. 이의신청에 대한 결정 (법무부징계위원회)

◎ 결정 기간: 이의신청을 받은 날부터 3개월, 부득이한 사유 시 의결로 3개월 범위 내 연장 가능
◎ 결정: 이의신청이 이유 있으면 변협징계위원회의 징계 결정 취소, 스스로 징계결정

7. 법무부징계위원회의 징계 결정에 대한 불복

◎ 행정소송: 법무부징계위원회의 결정에 불복하는 '징계혐의자'는 통지를 받은 날부터 90일 이내, 징계 결정이 있었던 날부터 1년 이내('정당한 사유' 예외)에 행정소송 제기 가능(행정소송법)
▸ 피고: 법무부징계위원회
▸ 취소의 대상: 법무부징계위원회의 이의신청 기각결정

8. 징계의 효력 발생시기

◎ (i) 변협징계위원회의 징계 결정 통지를 받은 후 이의신청하지 않은 경우: <u>이의신청기간(통지를 받은 날부터 30일)이 만료한 때</u>
◎ 또는 (ii) 변협징계위원회의 징계 결정 통지를 받은 후 이의신청한 경우: <u>법무부징계위원회의 이의신청에 대한 결정을 송달받은 날</u>

9. 징계의 집행 등 (대한변호사협회의 장)

◎ 징계의 집행: <u>대한변호사협회의 장이 집행</u> (단, 과태료 결정은 민사집행법에 따른 집행력 있는 집행권원과 같은 효력이

있으며, 검사의 지휘로 집행)

◎ 징계처분의 공개: 대한변호사협회의 장은 징계처분 사실을 대한변호사협회 인터넷 홈페이지에 3개월 이상 게재
  ▸ 공개 방법 (변호사법 시행령 제23조의2)
    ↳ 징계처분 확정일부터 2주일 이내 인터넷 홈페이지에 게재 & 징계처분 확정일 이후 최초로 발간하는 대한변호사
      협회 발행 정기간행물에 게재
    ↳ [참고] 인터넷 홈페이지 게재 기간

징계 유형		인터넷 홈페이지 게재 기간
영구제명 · 제명		3년
정직	3년 이하 1년 초과	정직 기간
	1년 이하	1년
과태료		6개월
견책		3개월

◎ 징계정보 제공: 대한변호사협회의 장은 '변호사를 선임하려는 자'가 해당 변호사의 징계처분 사실을 알기 위하여 징계
  정보의 열람 · 등사를 신청하는 경우 이를 제공하여야.
  ▸ '변호사를 선임하려는 자'의 범위 (변호사법 시행령 제23조의3): 해당 변호사와 면담하였거나 사건수임 계약을 체결
    하는 등 변호사를 선임하였거나 선임하려는 자 & 그 직계존비속, 동거친족 또는 대리인
  ▸ 열람·등사 신청 가능한 징계정보 기간의 제한: 신청일로부터 기산하여 일정한 기간 이내에 확정된 징계처분정보만
    신청 가능

징계 유형	열람·등사 신청일로부터 기산한 기간
영구제명 · 제명	10년
정직	7년
과태료	5년
견책	3년

변호사법
제98조의5(징계의 집행) ① 징계는 대한변호사협회의 장이 집행한다.
② 제90조제4호의 과태료 결정은 「민사집행법」에 따른 집행력 있는 집행권원과 같은 효력이 있으며, 검사의
지휘로 집행한다.
③ 대한변호사협회의 장은 징계처분을 하면 이를 지체 없이 대한변호사협회가 운영하는 인터넷 홈페이지에 3
개월 이상 게재하는 등 공개하여야 한다.
④ 대한변호사협회의 장은 변호사를 선임하려는 자가 해당 변호사의 징계처분 사실을 알기 위하여 징계정보의
열람 · 등사를 신청하는 경우 이를 제공하여야 한다.
⑤ 징계처분의 공개 범위와 시행 방법, 제4항에 따른 변호사를 선임하려는 자의 해당 여부, 열람 · 등사의 방법
및 절차, 이에 소요되는 비용에 관하여 필요한 사항은 대통령령으로 정한다

3 정직 결정 위반 시 제재

징계 가운데 '정직' 결정을 위반하여 변호사의 직무를 수행한 변호사는 형사처벌(3년 이하 징역 또는 2천만원 이하 벌금).

> 변호사법
> 제112조(벌칙) 다음 각 호의 어느 하나에 해당하는 자는 3년 이하의 징역 또는 2천만원 이하의 벌금에 처한다. 이 경우 벌금과 징역은 병과할 수 있다.
> 4. 대한변호사협회에 등록을 하지 아니하거나 제90조제3호에 따른 정직 결정 또는 제102조제2항에 따른 업무정지명령을 위반하여 변호사의 직무를 수행한 변호사

덕조윤리 개념편

변호사에 대한 업무정지명령

18

1 업무정지명령의 의의

◎ 의의: 변호사에 대한 공소제기나 징계 절차가 개시되어 그 재판이나 징계 결정의 결과 <u>그 변호사에 대해 등록취소, 영구제명 또는 제명에 이르게 될 가능성이 매우 크고</u> 장차 의뢰인이나 공공의 이익을 해칠 구체적인 위험성이 있다고 인정되는 경우, 아직 판결이나 징계 결정이 이루어지기 전이라도 해당 변호사의 <u>업무를 일정 기간 잠정적으로 정지시키는 제도</u>

  ▸ 업무정지명령은 판결이나 징계 결정이 확정되면 별도의 조치 없이 그 효력을 상실.

◎ 절차: 법무부장관의 업무정지결정 청구 – 법무부징계위원회의 업무정지결정 – 법무부장관의 업무정지명령

◎ [참고] 법무법인, 법무법인(유한), 법무조합에 대하여 변호사의 징계 및 업무정지에 관한 변호사법 제10장 준용 O

2 업무정지명령의 절차 (이하 변호사법, 변호사법 시행령 주요 내용 정리)

1. 법무부장관의 업무정지결정 청구

◎ 요건

  ▸ (i) 변호사에 대하여

  ▸ (ii) 공소제기 또는 징계절차 개시 (범죄 종류에 대한 제한은 없음. 단, 약식명령청구 X, 과실범으로 공소제기 X.)

  ▸ (iii) 재판이나 징계 결정의 결과 등록취소, 영구제명, 제명에 이르게 될 가능성이 매우 크고

  ▸ (iv) 그대로 두면 장차 의뢰인이나 공공의 이익을 해칠 구체적 위험성이 있는 경우

◎ 절차: 법무부장관은 법무부징계위원회에게 업무정지결정 청구

2. 법무부징계위원회의 업무정지결정

◎ 결정 기간: 청구를 받은 날부터 1개월 이내, 부득이한 사유 시 의결로 1개월 범위 내 연장 가능

◎ 징계절차 준용: 출석 / 구술·서면으로 유리한 사실 진술 / 필요한 증거 제출 / 특별변호인(변호사, 학식·경험있는 자) 선임(보충진술과 증거제출) / 최종 의견 진술 기회 / 징계혐의자가 출석명령을 받고 징계심의기일에 출석하지 아니하면 서면 심의

3. 법무부장관의 업무정지명령

◎ 절차: 법무부장관은 법무부징계위원회의 결정에 따라 해당 변호사에게 업무정지명령을 함

◎ 효력 발생 시기: 업무정지명령이 <u>해당 변호사에게 송달된 때</u> (변호사법 시행령 제26조)

◎ 통보: 업무정지를 명한 경우 지체 없이 대법원장, 고위공직자범죄수사처장, 검찰총장, 대한변호사협회에 통보하여야 (업무정지명령을 해제한 경우에도 동일)

4. 업무정지 기간 및 갱신

◎ 업무정지 기간: 6개월

◎ 업무정지 기간 갱신: 법무부징계위원회 의결에 따라 3개월 갱신 가능

▸ 갱신 사유: 해당 변호사에 대한 공판·징계 절차가 끝나지 않고 업무정지 사유가 없어지지 않은 경우

▸ 갱신기간을 합산한 업무정지기간 2년 초과 금지

5. 업무정지명령에 대한 불복

통지받은 날부터 90일 이내, 업무정지명령이 있었던 날부터 1년 이내('정당한 사유' 예외) 이내에 행정소송 제기 가능(행정소송법)

6. 업무정지명령 위반 시 제재

업무정지명령을 위반하여 변호사의 직무를 수행한 변호사는 형사처벌(3년 이하 징역 또는 2천만원 이하 벌금).

> 변호사법
> 제112조(벌칙) 다음 각 호의 어느 하나에 해당하는 자는 3년 이하의 징역 또는 2천만원 이하의 벌금에 처한다. 이 경우 벌금과 징역은 병과할 수 있다.
> 4. 대한변호사협회에 등록을 하지 아니하거나 제90조제3호에 따른 정직 결정 또는 제102조제2항에 따른 업무정지명령을 위반하여 변호사의 직무를 수행한 변호사

3 업무정지명령의 해제 및 실효 등

1. 업무정지명령의 해제

◎ 해제권자: 법무부장관

◎ 해제 사유: (i) 공판 절차나 징계 절차의 진행상황에 비추어 등록취소, 영구제명, 제명에 이르게 될 가능성 크지 않고, (ii) 의뢰인이나 공공의 이익을 침해할 구체적인 위험이 없어졌다고 인정할 만한 상당한 이유가 있는 경우

◎ 직권 또는 신청:

▸ 신청권자: 대한변호사협회의 장, 검찰총장, 업무정지명령을 받은 변호사

2. 업무정지명령의 실효

실효 사유: 업무정지명령을 받은 변호사에 대한 형사판결이나 징계결정 확정 (별도 조치 불요)

3. 업무정지 기간의 통산

징계 가운데 '정직' 결정을 받은 경우 업무정지 기간은 그 전부 또는 일부를 정직 기간에 산입

[→ 벌칙에 관한 변호사법 제11장(제109조~제117조)은 변호사의 각종 의무(이익충돌 회피 등) 규정과 연결하여 출제된다는 점을 감안하여, 의무에 상응하는 벌칙 규정이 있는 경우 본 교재 그 의무에 대한 설명 부분에서 벌칙 규정을 서술하였음. 기타 제112조 제2호, 제3호, 제117조 일부 규정 등 변호사법 제11장 고유의 내용이 있는 부분은 아래 조문 1독을

권유함.]

변호사법

제112조(벌칙) 다음 각 호의 어느 하나에 해당하는 자는 3년 이하의 징역 또는 2천만원 이하의 벌금에 처한다. 이 경우 벌금과 징역은 병과할 수 있다.

2. 변호사의 자격이 없이 대한변호사협회에 그 자격에 관하여 거짓으로 신청하여 등록을 한 자

3. 변호사가 아니면서 변호사나 법률사무소를 표시 또는 기재하거나 이익을 얻을 목적으로 법률 상담이나 그 밖의 법률사무를 취급하는 뜻을 표시 또는 기재한 자

제117조(과태료) ① 제89조의4제1항·제2항 및 제89조의5제2항을 위반하여 수임 자료와 처리 결과에 대한 거짓 자료를 제출한 자에게는 2천만원 이하의 과태료를 부과한다. [= 공직퇴임변호사 및 특정변호사가 수임 자료, 처리 결과를 거짓 제출]

② 다음 각 호의 어느 하나에 해당하는 자에게는 1천만원 이하의 과태료를 부과한다.

1. 제21조의2제5항(제21조의2제6항에 따라 위탁하여 사무를 처리하는 경우를 포함한다)에 따른 개선 또는 시정 명령을 받고 이에 따르지 아니한 자 [= 법률사무종사기관에 대한 시정명령 미이행]

1의2. 제22조제2항제1호, 제28조의2, 제29조, 제35조 또는 제36조(제57조, 제58조의16 또는 제58조의30에 따라 준용되는 경우를 포함한다)를 위반한 자 [= 결격 사유 있는 사무직원 채용, 수임사건의 건수 및 수임액의 보고 위반, 변호사선임서 등의 지방변호사회 미경유, 사건 유치 목적으로 법원·수사기관 등 출입, 재판·수사 기관 공무원의 사건 소개 금지 위반]

2. 제28조에 따른 장부를 작성하지 아니하거나 보관하지 아니한 자 [= 수임장부 작성·보관의무 위반]

3. 삭제 〈2017. 3. 14.〉

4. 제54조제2항, 제58조의14제2항 또는 제58조의28제2항을 위반하여 해산신고를 하지 아니한 자 [= 법무법인, 법무법인(유한), 법무조합 해산신고 의무 미이행]

5. 제58조의9제2항을 위반하여 대차대조표를 제출하지 아니한 자 [=법무법인(유한) 대차대조표 미제출]

6. 제58조의21제1항을 위반하여 규약 등을 제출하지 아니한 자 [=법무조합 규약 등 미제출]

7. 제58조의21제2항에 따른 서면을 비치하지 아니한 자 [=법무조합 서면 미비치]

8. 제89조의4제1항·제2항 및 제89조의5제2항을 위반하여 수임 자료와 처리 결과를 제출하지 아니한 자 [= 공직퇴임변호사 및 특정변호사가 수임 자료, 처리 결과를 기간 내 미제출 - 거짓 제출의 경우와 구별!]

③ 다음 각 호의 어느 하나에 해당하는 자에게는 500만원 이하의 과태료를 부과한다. 〈개정 2013. 5. 28., 2017. 3. 14.〉

1. 제85조제1항을 위반하여 연수교육을 받지 아니한 자 [=연수교육 미수료]

2. 제89조제2항에 따른 윤리협의회의 요구에 정당한 이유 없이 따르지 아니하거나 같은 항에 따른 현장조사를 정당한 이유 없이 거부·방해 또는 기피한 자 [= 법조윤리협의회 요구에 정당한 이유 없이 따르지 아니하거나, 현장조사를 정당한 이유 없이 거부, 방해, 기피]

④ 제1항부터 제3항까지에 따른 과태료는 대통령령으로 정하는 바에 따라 지방검찰청검사장이 부과·징수한다.

법관과 검사의 윤리

19

1 법관과 검사에 대한 징계

1. 법관에 대한 징계 (법관징계법)

◎ 징계의 종류

- ▸ (i) 정직, (ii) 감봉, (iii) 견책 (법관징계법 제3조 제1항)
- ▸ 파면은 헌법에 의하여 제한됨 (탄핵 또는 금고 이상의 형의 선고)

  대한민국헌법
  제106조 ① 법관은 탄핵 또는 금고 이상의 형의 선고에 의하지 아니하고는 파면되지 아니하며, 징계처분에 의하지 아니하고는 정직·감봉 기타 불리한 처분을 받지 아니한다.
  ② 법관이 중대한 심신상의 장해로 직무를 수행할 수 없을 때에는 법률이 정하는 바에 의하여 퇴직하게 할 수 있다.

◎ 징계 사유 (법관징계법 제2조)

- ▸ (i) 법관이 직무상 의무를 위반하거나 직무를 게을리한 경우
- ▸ (ii) 법관이 그 품위를 손상하거나 법원의 위신을 실추시킨 경우

◎ 징계 시효 (징계 사유별로 다름)

- ▸ 10년: 성매매 등, 성폭력범죄, 아동·청소년 대상 성범죄, 성희롱
- ▸ 5년: 재산상 이익의 취득이나 제공, 횡령, 배임, 절도, 사기 또는 유용
- ▸ 3년: 그 밖의 사유

  법관징계법
  제8조(징계등 사유의 시효) ① 징계등 청구는 징계등 사유가 발생한 날부터 다음 각 호의 구분에 따른 기간이 지나면 하지 못한다. 〈개정 2022. 1. 4.〉
  1. 징계등 사유가 다음 각 목의 어느 하나에 해당하는 경우: 10년
  가. 「성매매알선 등 행위의 처벌에 관한 법률」 제4조에 따른 금지행위
  나. 「성폭력범죄의 처벌 등에 관한 특례법」 제2조에 따른 성폭력범죄
  다. 「아동·청소년의 성보호에 관한 법률」 제2조제2호에 따른 아동·청소년대상 성범죄
  라. 「양성평등기본법」 제3조제2호에 따른 성희롱
  2. 징계등 사유가 제7조의2제1항 각 호의 어느 하나에 해당하는 경우: 5년
  3. 그 밖의 징계등 사유에 해당하는 경우: 3년
  제7조의2(징계부가금) ① 제7조에 따라 징계청구권자가 징계를 청구하는 경우 그 징계 사유가 다음 각 호의 어느 하나에 해당하는 경우에는 해당 징계 외에 다음 각 호의 행위로 취득하거나 제공한 금전 또는 재산상 이득(금전이 아닌 재산상 이득의 경우에는 금전으로 환산한 금액을 말한다)의 5배 내의 징계부가금 부과 의결을 위원회에 청구하여야 한다.
  1. 금전, 물품, 부동산, 향응 또는 그 밖에 대법원규칙으로 정하는 재산상 이익을 취득하거나 제공한 경우
  2. 다음 각 목에 해당하는 것을 횡령(橫領), 배임(背任), 절도, 사기 또는 유용(流用)한 경우
  가. 「국가재정법」에 따른 예산 및 기금
  나. 「지방재정법」에 따른 예산 및 「지방자치단체 기금관리기본법」에 따른 기금
  다. 「국고금 관리법」 제2조제1호에 따른 국고금
  라. 「보조금 관리에 관한 법률」 제2조제1호에 따른 보조금
  마. 「국유재산법」 제2조제1호에 따른 국유재산 및 「물품관리법」 제2조제1항에 따른 물품
  바. 「공유재산 및 물품 관리법」 제2조제1호 및 제2호에 따른 공유재산 및 물품
  사. 그 밖에 가목부터 바목까지에 준하는 것으로서 대법원규칙으로 정하는 것

◎ 법관징계위원회 (대법원에 설치, 총 7명) (법관징계법 제4조, 제5조)
  ▸ 위원장: 1명 (대법관 중에서 대법원장이 임명)
  ▸ 위원: 6명 (법관 3명 / 변호사 1명, 법학교수 1명, 학식과 경험이 풍부한 자 1명을 대법원장이 임명)

◎ 징계의 청구권자 (법관징계법 제7조)
  ▸ (i) 대법원장
  ▸ (ii) 대법관
  ▸ (iii) 해당 법관에 대하여 법원조직법에 따라 사법행정사무에 관한 감독권을 가지는 법원행정처장, 사법연수원장, 각급 법원장, 법원도서관장

◎ 법관징계위원회의 결정 (법관징계법 제24조)
  ▸ (i) 징계 사유 有: 징계처분 결정 (다만, 징계처분을 하지 아니하는 것이 타당하다고 인정되는 경우 불문(不問) 결정)
  ▸ (ii) 징계사유 無: 무혐의 결정

◎ 징계처분 및 집행 (법관징계법 제26조)
  ▸ 대법원장이 법관징계위원회의 결정에 따라 징계처분을 하고 집행 & 관보에 게재

◎ 징계처분에 대한 불복 (법관징계법 제27조)
징계처분이 있음을 안 날부터 14일 이내에 대법원에 <u>징계처분 취소 청구</u>

2. 검사에 대한 징계 (검사징계법)

◎ 징계의 종류
  ▸ 해임 / 면직 / 정직 / 감봉 / 견책 (검사징계법 제3조 제1항)

◎ 징계 사유 (검사징계법 제2조)
  ▸ (i) 검찰청법 제43조를 위반하였을 때 (국회 또는 지방의회의원, 정치운동 관여, 금전상 이익 목적 업무에 종사, 법무부장관 허가 없이 보수를 받는 직무에 종사)
  ▸ (ii) 직무상의 의무를 위반하거나 직무를 게을리하였을 때
  ▸ (iii) 직무 관련 여부에 상관없이 검사로서의 체면이나 위신을 손상하는 행위를 하였을 때

    검찰청법
    제43조(정치운동 등의 금지) 검사는 <u>재직 중</u> 다음 각 호의 행위를 <u>할 수 없다</u>.
    1. 국회 또는 <u>지방의회의 의원</u>이 되는 일
    2. <u>정치운동에 관여하는 일</u>
    3. <u>금전상의 이익을 목적으로 하는 업무</u>에 종사하는 일
    4. <u>법무부장관의 허가 없이 보수를 받는 직무에 종사하는 일</u>

◎ 검사징계위원회 (법무부에 설치, 총 9명) (검사징계법 제4조, 제5조)

▸ 위원장: 법무부장관
▸ 위원: 8명 (법무부차관, 법무부장관이 지명하는 검사 2명, 대한변호사협회장이 추천하는 변호사1명, 사단법인 한국
    법학교수회 회장과 사단법인 법학전문대학원협의회 이사장이 각각 1명씩 추천하는 법학교수 2명, 학식과 경험이 풍
    부한 사람으로서 변호사의 자격이 없는 사람 2명(이 경우 1명 이상은 여성이어야 함))

◉ 징계의 청구권자 = 검찰총장 (검사징계법 제7조 제1항, 제2항)
    ▸ [비교] 검찰총장인 검사에 대한 징계 또는 징계부가금 부과 청구권자: 법무부장관 (검사징계법 제7조 제3항)
        ↳ 징계부가금: 징계 사유가 금품 및 향응 수수, 공금 횡령·유용인 경우는 징계 외에 금품 및 향응 수수액, 공금 횡령
            액 · 유용금액의 5배 내의 징계부가금 부과 의결을 검사징계위원회에 청구하여야

◉ 징계혐의자 직무정지명령 (검사징계법 제8조)
법무부장관은 필요하다고 인정할 때에는 징계혐의자에게 직무 집행의 정지를 명할 수 있음. 검찰총장은 해임, 면직, 정직
사유 시 법무부장관에게 직무 집행의 정지를 요청할 수 있음.

◉ 검사징계위원회의 의결 (검사징계법 제18조)
    ▸ 검찰총장은 의결에 앞서 위원회에 의견 제시 가능
    ▸ 의결의 종류:
        ↳ (i) 징계 의결: 출석위원 과반수의 찬성
        ↳ (ii) 불문 결정 (징계사유가 있으나 징계처분을 하지 않는 것이 타당하다고 인정되는 경우)
        ↳ (iii) 무혐의 의결

◉ 징계처분 및 집행 (검사징계법 제23조)
    ▸ 해임·면직·정직·감봉: 법무부장관의 제청으로 대통령이 집행
    ▸ 견책: 징계처분을 받은 검사 소속 검찰청의 검찰총장·고등검찰청검사장·지방검찰청검사장이 집행
    ▸ 검사에 대한 징계처분을 한 때에는 관보에 게재

◉ 징계처분에 대한 불복: 행정소송 (처분성 O)

◉ 징계 시효 (징계 사유별로 다름) (검사징계법 제25조)
    ▸ 10년: 성매매 등, 성폭력범죄, 아동청소년 대상 성범죄, 성희롱
    ▸ 5년: 재산상 이익의 취득이나 제공, 횡령, 배임, 절도, 사기 또는 유용
    ▸ 3년: 그 밖의 사유

2 법관윤리강령과 검사윤리강령

1. 법관윤리강령과 검사윤리강령의 비교

구분	항목	법관윤리강령	검사윤리강령
공통	명예, 품위	제2조 법관은 명예를 존중하고 품위를 유지한다.	제4조 검사는 … 명예롭고 품위 있게 행동한다.
공통	공정성	제3조 ① 법관은 공평무사하고 … 공정성 … 의심받을 행동을 하지 아니한다.	제3조 ② 검사는 … 어떠한 압력이나 유혹, 정실에도 영향을 받지 아니하고 오로지 법과 양심에 따라 엄정하고 공평하게 직무를 수행한다.
공통	차별금지	제3조 ② 법관은 혈연·지연·학연·성별·종교·경제적 능력 또는 사회적 지위 등을 이유로 편견을 가지거나 차별을 하지 아니한다.	제3조 ② 검사는 피의자나 피해자, 기타 사건 관계인대 대하여 정당한 이유 없이 차별 대우를 하지 아니하며 …
공통	청렴성	제3조 ① 법관은 … 청렴하여야 하며, … 청렴성을 의심받을 행동을 하지 아니한다.	제4조 검사는 공·사생활의 높은 도덕성과 청렴성을 유지하고 …
공통	성실한 직무 수행	제4조 ① 법관은 맡은 바 직무를 성실하게 수행하며 …	제8조 검사는 직무를 성실 … 하게 수행함으로써 국가형벌권의 실현이 부당하게 지연되지 않도록 한다.
공통	신속한 직무 수행	제4조 ② 법관은 신속하고 능률적으로 재판을 진행하며 …	제8조 검사는 … 신속하게 수행함으로써 국가형벌권의 실현이 부당하게 지연되지 않도록 한다.
공통	직무의 적성성	제4조 ② 법관은 … 신중하고 충실하게 심리하여 재판의 적성성이 보장되도록 한다.	제7조 검사는 적법한 절차에 의하여 증거를 수집하고 법령의 정당한 적용을 통하여 공소권이 남용되지 않도록 한다.
공통	직무능력 향상 노력	제4조 ① 법관은 … 직무수행 능력을 향상시키기 위하여 꾸준히 노력한다.	제5조 검사는 변화하는 사회현상을 직시하고 높은 식견과 시대가 요구하는 새로운 지식을 쌓아 직무를 수행함에 부족함이 없도록 하기 위하여 끊임없이 자기계발에 노력한다.
공통	소송·사건 관계인에 대한 태도	제4조 ③ 법관은 당사자와 대리인 등 소송 관계인을 친절하고 정중하게 대한다.	제10조 검사는 … 피의자, 피해자 등 사건 관계인의 주장을 진지하게 경청하며 객관적이고 중립적인 입장에서 사건 관계인을 친적하게 대하도록 노력한다.
공통	소송·사건 관계인과의 접촉 제한	제4조 ④ 법관은 재판업무상 필요한 경우를 제외하고는 당사자와 대리인등 소송 관계인을 법정 이외의 장소에서 면담하거나 접촉하지 아니한다.	제11조 검사는 변호인의 변호권 행사를 보장하되 취급 중인 사건의 변호인 또는 그 직원과 정당한 이유 없이 사적으로 접촉하지 아니한다.
			제15조 검사는 자신이 취급하는 사건의 피의자, 피해자 등 사건 관계인 기타 직무와 이해관계가 있는 자와 정당한 이유 없이 사적으로 접촉하지 아니한다.
공통	대외 의견 표명 제한	제4조 ⑤ 법관은 교육이나 학술 또는 정확한 보도를 위한 경우를 제외하고는 구체적 사건에 관하여 공개적으로 논평하거나 의견을 표	제21조 검사는 수사 등 직무와 관련된 사항에 관하여 검사의 직함을 사용하여 대외적으로 그 내용이나 의견을 기고·발표하는 등 공표할 때에는 소속 기관장에게 미리 신고를 한다. 다만 수사사건의 공

구분	항목	법관윤리강령	검사윤리강령
		명하지 아니한다.	개에 관한 사항은 인권보호를 위한 수사공보준칙을 우선 적용한다.
공통	타인의 법적 분쟁 관여 금지	제5조 ② 법관은 타인의 법적 분쟁에 관여하지 아니하며 …	제18조 ② 검사는 부당한 이익을 목적으로 타인의 법적 분쟁에 관여하지 아니한다
공통	다른 사건에 영향 금지	제5조 ② 법관은 … 다른 법관의 재판에 영향을 미치는 행동을 하지 아니한다.	제18조 ① 검사는 다른 검사나 다른 기관에서 취급하는 사건 또는 사무에 관하여 공정한 직무를 저해할 수 있는 알선·청탁이나 부당한 영향력을 미치는 행동을 하지 아니한다
공통	법조인 정보 제공, 알선 제한	제5조 ③ 법관은 재판에 영향을 미치거나 공정성을 의심받을 염려가 있는 경우에는 … 변호사등 법조인에 대한 정보를 제공하지 아니한다.	제20조 검사는 직무상 관련이 있는 사건이나 자신이 근무하는 기관에서 취급 중인 사건에 관하여 피의자, 피고인 기타 사건 관계인에게 특정 변호사의 선임을 알선하거나 권유하지 아니한다.
공통	경제적 행위 제한	제6조 법관은 재판의 공정성에 관한 의심을 초래하거나 직무수행에 지장을 줄 염려가 있는 경우에는 금전대차 등 경제적 거래를 하지 아니하며 증여 기타 경제적 이익을 받지 아니한다.	제19조 검사는 제14조에 규정한 직무수행의 공정성을 의심받을 우려가 있는 자나 제15조에 규정한 사건관계인 등으로부터 정당한 이유 없이 금품, 금전상 이익, 향응이나 기타 경제적 편의를 제공받지 아니한다.
공통	정치적 중립	제7조 ① 법관은 직무를 수행함에 있어 정치적 중립을 지킨다. ② 법관은 정치활동을 목적으로 하는 단체의 임원이나 구성원이 되지 아니하며, 선거운동 등 정치적 중립성을 해치는 활동을 하지 아니한다.	제3조 ① 검사는 정치운동에 관여하지 아니하며, 직무 수행을 할 때 정치적 중립을 지킨다.
법관	사법권 독립 수호	제1조 법관은 모든 외부의 영향으로부터 사법권의 독립을 지켜 나간다.	
법관	직무의 활동 제한	제5조 ① 법관은 품위 유지와 직무 수행에 지장이 없는 경우에 한하여, 학술활동에 참여하거나 종교·문화단체에 가입하는 등 직무 외 활동을 할 수 있다.	
법관	법률적 조언 제한	제료 ③ 법관은 재판에 영향을 미치거나 공정성을 의심받을 염려가 있는 경우에는 법률적 조언을 … 하지 아니한다.	
검사	사명		제1조 검사는 공익의 대표자로서 국법질서를 확립하고 국민의 인권을 보호하며 정의를 실현함을 그 사명으로 한다.

구분	항목	법관윤리강령	검사윤리강령
검사	국민에 대한 봉사		제2조 검사는 직무상의 권한이 국민으로부터 위임된 것임을 명심하여 성실하고 겸손한 자세로 국민에게 봉사한다.
검사	인권보장과 적법절차 준수		제6조 검사는 피의자·피고인, 피해자 기타 사건 관계인의 인권을 보장하고 헌법과 법령에 규정된 절차를 준수한다.
			제10조 검사는 인권보호수사준칙을 준수하고 …
검사	사건의 회피		제9조 ① 검사는 취급 중인 사건의 피의자, 피해자 기타 사건 관계인(당사자가 법인인 경우 대표이사 또는 지배주주)과 민법 제777조의 친족관계에 있거나 그들의 변호인으로 활동한 전력이 있을 때 또는 당해 사건과 자신의이해가 관련되었을 때에는 그 사건을 회피한다.
			② 검사는 취급 중인 사건의 사건 관계인과 제1항 이외의 친분 관계 기타 특별한 관계가 있는 경우에도 수사의 공정성을 의심받을 우려가 있다고 판단했을 때에는 그 사건을 회피할 수 있다.
검사	상급자에 대한 자세		제12조 검사는 상급자에게 예의를 갖추어 정중하게 대하며, 직무에 관한 상급자의 지휘·감독에 따라야 한다. 다만, 구체적 사건과 관련된 상급자의 지휘·감독의 적법성이나 정당성에 이견이 있을 때에는 절차에 따라서 이의를 제기할 수 있다.
검사	사법경찰관리에 대한 자세		제13조 ① 검사는 수사와 관련하여 사법경찰관과 협력하여야 한다.
			② 검사는 특별사법경찰관리의 수사와 관련하여 엄정하고 합리적으로 특별사법경찰관리를 지휘하고 감독한다.
검사	외부·인사와의 교류 제한		제14조 검사는 직무 수행의 공정성을 의심받을 우려가 있는 자와 교류하지 아니하며 그 처신에 유의한다.
검사	직무 등 부당 이용 금지		제16조 ① 검사는 항상 공·사를 분명히 하고 자기 또는 타인의 부당한 이익을 위하여 그 직무나 직위를 이용하지 아니한다.
			② 검사는 직무와 관련하여 알게 된 사실이나 취득한 자료를 부당한 목적으로 이용하지 아니한다.
검사	영리행위 등 금지		제17조 검사는 금전상의 이익을 목적으로 하는 업무에 종사하거나 법무부장관의 허가 없이 보수 있는 직무에 종사하는 일을 하지 못하며, 법령에 의하여 허용된 경우를 제외하고는 다른 직무를 겸하지 아니한다.
검사	직무상 비밀유지		제22조 검사는 수사사항, 사건 관계인의 개인 정보

구분	항목	법관윤리강령	검사윤리강령
			기타 직무상 파악한 사실에 대하여 비밀을 유지하여야 하며, 전화, 팩스 또는 전자우편 그리고 기타 통신수단을 이용할 때에는 직무상 비밀이 누설되지 않도록 유의한다.
검사	직원 등의 지도·감독		제23조 검사는 그 사무실의 검찰공무원, 사법연수생, 기타 자신의 직무에 관여된 공무원을 인격적으로 존중하며, 그들이 직무에 관하여 위법 또는 부당한 행위를 하거나 업무상 지득한 비밀을 누설하거나 부당하게 이용하지 못하도록 지도·감독 한다.

2. 문제되는 구체적 예시

◎ 법관이 사법연수원·법원공무원교육원 등에서 강의를 하거나 학회 등 학술모임에서 교육과 학술 목적에서 구체적 사건의 내용을 언급: 법관윤리강령 제4조 제5항의 적용 제외 사항에 해당하므로, 법관윤리강령 위배 X.

◎ 법관이 법정에서 접촉하거나 접촉할 가능성이 큰 변호사, 사건 당사자이거나 당사자였던 자, 향후 당사자가 될 개연성이 높은 사람과 금전대차, 증여, 부동산 매매 등 경제적 거래행위: 법관윤리강령 제6조 위배 O.

◎ 법관이 특정 정당 또는 국회의원에게 소액 후원금 기부: 법관윤리강령 제7조에 비추어 바람직하지 않은 행위에 해당함.

◎ 검사는 공익의 대표자로 피고인에게 이익이 되는 사실도 조사·제출하여야 하는 객관의무를 부담함. 판례는 검사가 피고인에게 결정적으로 유리한 증거를 입수하고도 이를 법원에 제출하지 아니하고 은폐한 행위에 대하여 위법할 뿐 아니라 과실이 있다고 하여 국가배상책임을 인정하였음.

> 대법원 2002. 2. 22. 선고 2001다23447 판결 [손해배상(기)]
> [2] 검찰청법 제4조 제1항은 검사는 공익의 대표자로서 범죄수사·공소제기와 그 유지에 관한 사항 및 법원에 대한 법령의 정당한 적용의 청구 등의 직무와 권한을 가진다고 규정하고, 같은 조 제2항은 검사는 그 직무를 수행함에 있어 그 부여된 권한을 남용하여서는 아니된다고 규정하고 있을 뿐 아니라, 형사소송법 제424조는 검사는 피고인을 위하여 재심을 청구할 수 있다고 규정하고 있고, 검사는 피고인의 이익을 위하여 항소할 수 있다고 해석되므로 검사는 공익의 대표자로서 실체적 진실에 입각한 국가 형벌권의 실현을 위하여 공소제기와 유지를 할 의무뿐만 아니라 그 과정에서 피고인의 정당한 이익을 옹호하여야 할 의무를 진다고 할 것이고, 따라서 검사가 수사 및 공판과정에서 피고인에게 유리한 증거를 발견하게 되었다면 피고인의 이익을 위하여 이를 법원에 제출하여야 한다.
> [3] 강도강간의 피해자가 제출한 팬티에 대한 국립과학수사연구소의 유전자검사결과 그 팬티에서 범인으로 지목되어 기소된 원고나 피해자의 남편과 다른 남자의 유전자형이 검출되었다는 감정결과를 검사가 공판과정에서 입수한 경우 그 감정서는 원고의 무죄를 입증할 수 있는 결정적인 증거에 해당하는데도 검사가 그 감정서를 법원에 제출하지 아니하고 은폐하였다면 검사의 그와 같은 행위는 위법하다고 보아 국가배상책임을 인정한 사례.

Memo.

덕조윤리 개념편

펴낸날_ 초판인쇄 2024년 7월 12일
저자_ 심규덕
펴낸곳_ 도서출판 창조와 지식
출판등록번호_ 제2018-000027호
주소_ 서울특별시 강북구 덕릉로 144
전화_ 1644-1814
팩스_ 02-2275-8577

ISBN 979-11-6003-524-7 (13360)

정가 25,000원